中国社会工作协会
家和工程系列丛书

家和工程

婚姻家庭法律指南

HUNYIN JIATING FALÜ ZHINAN

巫昌祯　主编

中国社会出版社
国家一级出版社　全国百佳图书出版单位

编辑委员会

前　言

婚姻是人生的大事，家庭是社会的细胞，婚姻家庭处理得好坏，关系到社会、国家的利益。古人云："国强民欢乐，家和万事兴。""一家和而天下和。""要治国，先治家"，"修身齐家治国平天下"。孟子的"修身"要求个人有完善的人格，"齐家"才能有幸福的家庭，有了幸福的家庭才能促进社会的发展，最后带来世界和平。这些古训都说明家庭十分重要，家庭影响到个人，影响到社会，影响到天下。即便个人不结婚，也有父母子女兄弟姐妹，不可能没有家。婚姻家庭问题的兴衰与社会的兴衰密切相关，它涉及法律学、伦理学、社会学、心理学和生理学等各个领域，是一个综合性、世界性的永恒话题。任何国家、任何社会、任何制度，都离不开对婚姻家庭的研究。我们当前国家提倡构建和谐社会、小康社会，不管小康社会还是和谐社会，都突出一个"和"字，人们在家庭中应该和睦相处。婚姻法第四条作为基本原则中的总的指导思想，规定："夫妻应当互相忠实，互相尊重；家庭成员间应当敬老爱幼，互相帮助，维护平等、和睦、文明的婚姻家庭关系。"可见，法律要求建立平等、和睦、文明的婚姻家庭关系。这是2001年婚姻法修订新补充的一条，是社会学界、法律学界、经济学界等社会各个领域比较普遍关心的问题。所以我们需要在和谐家庭方面做一些工作，这是社会对我们的要求，也是我们建立一个和谐的小康社会的必然要求。

我国婚姻法的发展历程。新中国成立之前已有一些准备，中华苏区、抗日战争时期、解放战争时期都有相应的婚姻法，共产党政权所到之处，有法律必然有婚姻法，虽然不是全国性的，但这是解放区的特色。毛泽东同志说过：就婚姻法之角度来看，解放区和国统区是两个世界，解放区主张的婚姻自由、男女平等、一夫一妻、保护妇女儿童合法权益，与国统区主张的父母包办、男尊女卑、一夫多妻或一夫一妻多妾、家长专制、漠视子女个人利益等是截然相反的。新中国成立后60多年来，经过三次婚姻法立法活动，发挥了婚姻法的作用。

1950年婚姻法是废旧立新、奠定基础阶段。新中国成立初期百废待兴，经济需要恢复，广大群众的利益受到侵害，需要保障，在此情况下首先制定婚姻法，安定家庭，是非常重要的。毛泽东同志指出：婚姻法关系到千家万户、男女老少的切身利益，其普遍性是仅次于宪法的国家根本大法之一。宪法是国家的根本大法，婚姻法是家庭的根本大法，人人都有家，都要依婚姻法办事。婚姻法公布之前，毛主席对婚姻法非常关心。著名的革命家、老的法学家等从1948年开始讨论婚姻法立法事宜到1950年公布，做了大量的工作。1950年婚姻法第一条庄重宣布："废除包办强迫、男尊女卑、漠视子女利益的封建主义婚姻制度。实行男女婚姻自由、一夫一妻、男女权利平等、保护妇女和子女合法利益的新民主主义婚姻制度。"这一规定继承了解放区的传统，实行平等、一夫一妻，人人都有婚姻自由。当时提到了寡妇也有婚姻自由，明确规定禁止干涉寡妇再嫁。过去一夫一妻多妾受到社会认可，1950年婚姻法则完全废除多妾制度，重婚纳妾行为受到法律的制裁，从而1950年婚姻法完成了婚姻家庭领域反封建的伟大使命。当时举行过全国性的贯彻婚姻法运动，农村、城市以及各单位都要学习婚姻法，都要立家庭公约，反封建在贯彻婚姻法运动中表现突出。运动声势浩大，影响深远，出了许多优秀的文艺作品，如刘巧儿、小二黑结婚、李二嫂改嫁等。据不完全统计，1950年初期包办买卖婚姻占90%以上，父母之命、媒妁之言在城市也不能避免，婚姻不自由；婚姻法施行后（1950年末），情况完全不同，自由、半自由的婚姻占到90%以上，换了人间，这说明婚姻法起了很大作用。1950年婚姻法在国际上亦具有重要地位，国际上认为婚姻法有三次大的进步，中国1950年婚姻法与民法并列，婚姻法成为基本法，属于第三次大的进步。现在我国法学界意图使婚姻法回归民法，但婚姻法的特殊性应当保留，因为婚姻法是解决身份关系的法律，婚姻财产关系是由身份关系产生，具有身份的特色，婚姻法须考虑身份的特殊性与民法其他财产关系存在区别。

1980 年婚姻法是拨乱反正、巩固提高阶段。从 1950 年末开始，我们国家处于动荡之中，当时受法律虚无主义和极“左”思潮的影响，民主法治停滞不前。婚姻法执行得相当不利，受极“左”思潮影响，政治色彩浓厚，结婚、离婚都要考虑政治影响。农村有光棍村，地主、富农的子弟因为家庭成分问题找不到对象。城市里夫妻一方有问题或存疑未决的必须离婚，甚至领导出面勒令离婚。这一时期政治干预太大，人们的婚姻自由得不到保障，该离的离不了，不想离的被迫离婚。1970 年末，国家拨乱反正，民主法治迎来春天，开始制定刑法、诉讼法、民法等。在此之前首先考虑修改婚姻法，30 年来婚姻法出现诸多问题需要妥善解决，计划生育问题亦十分突出。基于此，1980 年婚姻法旨在强化、重申婚姻自由，尤其是离婚自由，规定如感情确已破裂，调解无效，应准予离婚；将计划生育纳入婚姻法；针对老人的问题，婚姻法保护妇女、儿童和老人的合法权益。同时国家十分重视对家庭的维护，婚姻法规定人民法院审理离婚案件应当进行调解。这一审判制度调、判结合，调解优先，以和为贵。总而言之，1980 年婚姻法起到了拨乱反正、巩固提高的作用，将过去存在的问题加以纠正，将执行得不好的原则巩固起来，需要补充的加以补充。

2001 年婚姻法修正案是与时俱进、不断完善阶段。市场经济实行了十几年，新的问题不断涌现，婚姻家庭中有好的一面，也有令人担忧的一面。总的来说，追求有爱情的自由婚姻是发展的主旋律。20 世纪 70 年代末 80 年代初，一大批农村青少年走向改革开放的深圳等地，他们的婚姻自由得到了切实保障，他们实现了经济独立、人身自由，父母左右不了他们的婚姻，结婚了的可以离婚，订婚的可以取消婚约，包办婚姻一扫而光。这说明婚姻的主旋律是好的，社会在发展、在进步，出现了一些好的、新的风貌，但是随之而来也有新的问题。一种倾向掩盖另一种倾向，这是必然的规律。新的风貌体现为：第一，价值观的改变带来了婚恋观的更新，男女应该平等，婚姻应该自由，家庭应该和睦，这是主旋律；第二，婚姻自由原则深入人心，婚姻是自己的事情，任何人不能干涉；第三，美好家庭不断涌现。20 世纪 80 年代至 90 年代有过 4 次美好家庭的评选（我担任评委），美好家庭比五好家庭要求层次更高，评选更为严格，其特点是“为大家的小家，大家、小家合二为一”，出现了退休医生免费为大家治病的“医疗之家”，音乐人免费为大家演出的“音乐之家”，教授免费为大家开放书房的“图书之家”，官员的“廉政之家”。美好家庭千姿百态，不断涌现。然而，社会也出现了一些令人忧虑的新问题：第一，婚姻中的自由走向绝对化、个体化、功利化。从个人考虑，以个人感受为主，随心所欲。然而自由是做法律允许做的事情，做法律不允许做的事情不是自由，是违法，甚至是犯罪。功利化表现突出，首先考虑对方的房子、车子、工资待遇、工作等外在因素，婚姻越来越成为一种交易。然而夫妻之间的财产关系不是一般的交易，夫妻为一个共同体，夫妻之间具有法定的权利义务。第二，离婚率逐年提高。据民政部初步统计，从 20 世纪 70 年代末到 21 世纪初，离婚率上升了五倍。离婚率高出现许多新问题，离婚问题很突出，草率型占第一位，80 后、90 后年轻人中表现得更为突出。离婚率高，复婚率也高。出现同日结婚、同日离婚，一个案例是结婚 25 分钟后离婚。还有同日离婚、同日复婚。第三，家庭暴力屡禁不止。据妇女报登载，家庭暴力 20 世纪 90 年代比 80 年代上升了 25.4%。人们的观念认为男人打老婆很正常，女人打丈夫却了不得。文化层次高的家庭中家庭暴力也时有发生。第四，婚外性关系蔓延，广东、浙江等先富起来的地方比较突出。2001 年婚姻法修正案针对这些问题，对夫妻财产和离婚等制度加以充实和细化，完善了婚姻法的基本制度。财产制度方面，确立了法定财产制，即婚后所得共同制，界定了夫妻共同财产和婚姻个人财产的范围；并充实了约定财产制，对约定财产制的内容、形式以及约定的效力等都做了明确的规定。离婚制度方面，第三十二条规定了五种离婚法定情形，一改 1980 年婚姻法过于笼统和原则的离婚法定条件，使夫妻感情破裂的认定具体化，具有了可操作性；还规定了离婚后的探望权，不直接抚养子女的父母有探望子女的权利，另一方有协助的义务。此外，2001 年婚姻法还特别关注妇女、儿童和老人的权益，对实施家庭暴力、虐待遗弃家庭成员的行为予以制裁，追究行为人的法律责任。

婚姻法修正案颁布后十多年来又出现了许多新问题。就婚外性关系而言，数量上越来越多；形式上从隐蔽走向公开化；主体上扩大化，包括农民、商人、官员等，据统计，大部分贪官有“二奶”；从后果看引发了恶性犯罪，因婚姻问题导致犯罪的，在凶杀案中占较大比重，排行第一位的是情杀，尤其女方有外遇的情形，死刑犯中因婚姻问题导致犯罪的比例亦很高。我们应对新情况应采取必要的措施，除了对法律进行完善之外，还要增强人们法律意识和加强道德文明建设，让新婚者懂得婚姻的价值，懂得婚姻在法律上有何要求，做好为人妻为人夫、为人父母的准备。同样一件事处理不当，将导致矛盾的激化。结婚后夫妻要做好经营家庭的准备，夫妻相处需要具备应有的策略和技巧，要互动，要有来有往，要有利于感情的发展，要时时更新。夫妻之间有了矛盾，要宽容，要包容，要劝告，不要进行指责；要懂得尊重别人，不要将自己的观念强加于对方。处理新的问题，要懂得在法律上怎么做，懂得道德层面的要求，甚至于懂得一些心理和生理学，如婆媳、夫妻关系怎么相处，这都是有学问的。

列宁认为家事不纯粹是私事，也是具有社会意义的大事。而今和睦家庭建设已成为社会各界的共识，家庭也需要学习，社会各界需要举办一些教育、培训和咨询活动，为家庭学习提供条件。对此，苏联创办过新婚夫妇夜大学，美国的爱家学会也做过一些家庭教育、咨询工作。与此同时，我国有关部门也已做了较多工作。北京市曾创办过新婚夫妇学校，哈尔滨有婚姻家庭讲座，上海曾办过离婚学校，效果很好，去学习的人意识到婚姻生活的美好，继而放弃离婚诉讼。20 世纪以来民政部门设立的社会工作协会，比较重视婚姻家庭问题，并成立了婚姻家庭工作委员会，举办了一些婚姻家庭问题讲座，在部分地区举行过促进家庭和睦的社会活动，取得了一定的成绩，得到社会各界好评。中国社会工作协会创建“家和工程”服务项目，以“家和，家家和，社会必和；家兴，家家兴，国家必兴”为理念，为社会公众提供婚姻社工服务。该项目引起了社会各界的高度重视，2013年3月8日上海成立“家和工程”基地，全国很多单位和媒体都参与了开幕式。然而，以后我们还需要做更多工作，如举办法律大讲坛、道德大讲坛等，来促进家庭和睦。除此之外，社会制度和机制的建立健全也十分关键。虽然我国已形成了中国特色社会主义法律体系，但是还需要不断加以完善，不但要完善婚姻法，还要完善一些社会制度。2013年的人大和政协会议出现了一些好的提案，如某政协委员认为家事也是国事，建议在有关机构设立家事委员会，常态地统筹家庭事务。这说明许多人已充分意识到了“家和”的重要性。希望有关单位引起重视，在制度及体制上更加完善，共同倡导和谐家庭建设。

本书主要从法律层面解决婚姻家庭问题。20世纪80年代由于社会引发的问题，一些妇女曾联合给中央写信，中央曾发布指示：对婚姻家庭问题，不但要用正确的法律去约束，还要靠正确的社会舆论去引导。社会舆论，即社会的道德风尚力量，比起法律来，大得不可估量。我们国家制定各项法律和形成正确的社会舆论，都是以马克思列宁主义为指导的，在婚姻家庭这个领域为了造成长久的、强大的社会舆论，管好家庭，抵制婚姻家庭封建思想残余，更需要用马克思主义、毛泽东思想这一锐利的武器，来武装全体社会成员的头脑。所以说，当前必须学法，要运用法律、道德的力量来建设我们的国家、建设我们的家庭，从而实现十八大提出的建成和谐的小康社会的宏伟目标，做到人人相爱，家家和睦。

巫昌祯
2013年3月于北京

目　录

第一章　基本知识篇

婚姻家庭关系是一种最广泛、最普遍的社会关系。每个社会成员，不论性别、年龄、民族、职业，都不可避免地置于婚姻家庭关系之中。婚姻家庭法作为规范婚姻家庭关系的法律，自然会广泛地适用于每个社会成员。为此，公众学习掌握必要的婚姻家庭法律知识确属必要。

全面理解婚姻家庭法，离不开对婚姻家庭的概念、职能以及婚姻家庭法的概念、调整对象等基本知识的把握，本章即对这些基本知识加以阐释。

一、关于婚姻家庭的基本常识

（一）如何理解婚姻家庭

1. 社会学意义上的婚姻家庭

社会学意义上的婚姻，通常是指为当时社会制度所确认的、男女两性具有配偶身份的社会关系。全面领悟婚姻，须把握以下三个方面：其一，婚姻是男女两性的结合。男女两性既有同质性，都有人的本质和人的价值；又有异质性，客观上存在生理差异。婚姻正是以此为基础缔结而成。其二，婚姻是男女双方具有配偶身份的结合。婚姻是一种男女双方以确立夫妻人身关系、永久共同生活为目的的结合，这里的共同生活包括经济、精神以及性等方面的共同生活。其三，婚姻须为当时的社会制度所认可。两性结合并非都是婚姻，只有为当时社会制度所承认，才称其为婚姻。婚姻关系到人类社会的延续和发展，关系到人类能否过上合理有序的生活。为此，古今中外的文明社会无不通过习俗、法律等手段，对两性结合加以引导和规范。

社会学意义上的家庭，通常是指以婚姻、血缘和共同经济为纽带而组成的社会组织的基本单位。其一，家庭是一个亲属团体。通常情况下，同一家庭的成员是被婚姻和血缘纽带联结在一起的，这些家庭成员长期共同生活、共同生产，构成了社会中最密切的亲属关系。其二，家庭是具有共同经济目的的生活共同体。家庭是既组织生产又组织消费，具有共同经济目的的生活单位。古代社会，生产力低下，家庭成员必须组织生产才能得以生存。随着社会的进步，家庭组织生产的职能削弱了，但组织消费的职能依然存在，是家庭成员通过劳动获得报酬，然后转化为衣食住行的生活用品与家人共同消费，人的消费基本上是通过家庭消费的形式得以实现的。

2. 法律意义上的婚姻家庭

婚姻家庭关系一经法律调整，便成为婚姻家庭法律关系，这一法律关系的主体即婚姻双方和其他家庭成员便被法定的权利义务联结起来。

依据通说，法律意义上的婚姻是指男女双方以永久共同生活为目的，以夫妻的权利义务为内容的合法结合；而家庭是指共同生活的，其成员间互享法定权利、互负法定义务的亲属团体[①]。

就婚姻家庭而言，社会学概念与法律概念本质上是一致的，社会学意义上的概念强调婚姻家庭是一种配偶以及其他亲属之间的社会关系，法律概念强调婚姻家庭是配偶双方及其他家庭成员之间的权利义务。“前者是就婚姻家庭这种社会关系而言的。这一概念适用于哲学、人类学、民族学、社会学、伦理学等诸多学科。后者是就婚姻家庭法律关系而言的，这一概念适用于法学领域。”[②]

3. 婚姻与爱情的关系

婚姻和爱情联系非常密切。建立以爱情为基础的婚姻既是社会的倡导，也是人们的愿望，我国婚姻法明确规定感情确已破裂是离婚的法定标准。

① 杨大文、龙翼飞主编:《婚姻家庭法学》，中国人民大学出版社，2006 年 5 月版，第 7 页。

② 杨大文、龙翼飞主编:《婚姻家庭法学》，中国人民大学出版社，2006 年 5 月版，第 7 页。

由此看来，婚姻应以爱情为基础，然而婚姻和爱情有所不同。其一，爱情是一种情感，喜欢谁不喜欢谁，爱谁不爱谁，这更多是自己的一种主观的感受。而婚姻是一种法律确认、调整的权利义务关系。婚姻中既有权利也有义务，甚至更多的是一种责任和义务，而爱情更多的是权利和自由。其二，爱情作为一种情感具有易变的特性，有很多的不确定性，而婚姻追求的是稳定。其三，如果说爱情还是单纯的一种情感的话，那么婚姻里面更多地注入了利益等世俗的东西，是一种权衡利弊的结果。其四，爱情基本是个道德问题，婚姻更主要是个法律问题。

（二）婚姻家庭的基本职能

婚姻家庭顺应人类社会发展的客观需要而产生，并自其产生之日起就承担起与特定社会环境相适应的社会职能。“家庭不仅是一个健康富于活力社会的基础细胞，而且对于提高国家竞争力、维护社会稳定具有基础性作用。”①

总体而言，婚姻家庭承担着人口再生产、组织经济生活、家庭教育、满足个人性爱和精神慰藉等基本职能，从而使个体获得经济上的保障与安全感，获得性的满足、情感的归属与寄托；使子女得到教育与社会化；使社会得以发展，种族得以繁衍。具体而言，其职能主要体现在如下几个方面：

其一，实现人口再生产的职能。人有生有死，只有个体的生殖行为才能使人种繁衍、种族继替，人类社会永续存在和发展。自个体婚制形成以来，人类自身的再生产在微观上主要是通过婚姻家庭的生育行为实现的。其二，组织经济生活的职能。每个孩子都需要得到长大成人的机会和保障，每个个体都需要社会和他人的扶助和照顾，而能提供这种抚育和扶助保障的最基本单位就是家庭。在古代社会，家庭是组织生产和消费的基本单位；近现代以来，其组织生产的职能逐步削弱，但家庭作为其成员长久共同生活的实体仍然是组织消费的重要中介，是养老育幼的重要支点。其三，教育的职能。家

① 孟宪范：《家庭：百年来的三次冲击及我们的选择》，选自《新华文摘》，2008 年第 15 期，第 34 页。

庭教育是人初始的覆盖全程的最为重要的教育，家庭成员间的血缘、感情和经济联系等，使家庭教育在全部教育途径中具有特殊的地位和作用。“婴孩要有机会长大成人，不但要得到适当的营养，还要得到适当的教育。这件重要的工作一定要有人负责。我们若观察任何地方孩子的生活，总能见到他周围有不少人向他负责的，并且这些人各有各的责任，不紊乱，也不常逾越。在这些人中，最主要的人物是这孩子的父母。”① 其四，满足性爱的职能。性“是人类的一个基本的生物需要”②，是人类本质的必要组成部分，满足这一基本的生理需求是人类的本能。一夫一妻的婚姻结构既有确认、维护性爱的保障功能，使人的性需求在婚内得到普遍满足；又有限制、排斥婚外性爱的否定功能，使性爱控制在一定范围内，有利于避免性失控引起的社会混乱。其五，精神慰藉的职能。精神需求主要表现为幸福心理的追求、满足和痛苦心理的摆脱。前者，诸如性生理需求的满足、盼子愿望的实现、夫妻间的互敬互爱、天伦之乐的享受等，都能在家庭中得到很好的满足。后者，生病、灾祸、遭遇挫折等，都能在家庭中得到安慰、帮助等。随着社会的发展、经济的发达，家庭的慰藉功能具有日益重要的价值。

二、关于亲属的基本常识

亲属是一个与婚姻家庭关系密切联系的基本词语，人们对亲属的认识往往由于时间、地域、文化等方面的不同而有所区别，并且常常或多或少地被多义性地使用。因此为了更准确地理解论述婚姻家庭关系，有必要明确亲属的概念、种类和范围，以确定在什么样的意义上使用“亲属”这一词语。

（一）亲属

1. 社会学意义上的亲属

泛指由血缘关系、配偶关系以及两种关系之间的组合而产生的人与人

① 费孝通著:《乡土中国·生育制度》，北京大学出版社，1998年5月版，第116页。
② 费孝通著:《乡土中国·生育制度》，北京大学出版社，1998年5月版，第100页。

之间的关系。作为社会学意义上的亲属，其范围很广，横向上无边无际，纵向上绵延不绝，相互间要么血缘同源，要么姻缘相连，如同泉有分流、树有分枝，尽管分流分枝远近不同，但却出于同源同干。

2. 法律意义上的亲属

法律意义上的亲属是“由婚姻、血缘和法律拟制而形成的，具有权利义务内容且依存于一定组织形式的特定主体之间的社会关系。”① 作为法律意义上的亲属，首先是指因婚姻、血缘和法律拟制而产生的一种人与人之间的社会关系；其次是指这种社会关系经过法律的确认和调整，在特定的主体之间形成具有法律约束力的权利义务。

理解亲属概念时，应注意把亲属和家庭成员加以区分。家庭成员一般指“同居一家共同生活并互有权利义务的亲属”②。主要包括配偶、父母、子女、祖孙、兄弟姐妹等血缘关系密切的近亲属。根据我国婚姻法的规定，同居一家的家庭成员法律地位一律平等，享有平等的权利和承担平等的义务。随着社会的发展，家庭规模日益缩小，由父母和未成年子女构成的核心家庭日趋增多，几代同堂的家庭越来越少。亲属与家庭成员的主要区别是，亲属的范围比家庭成员的范围广，家庭成员仅仅是亲属中的一小部分；就双方联系而言，家庭成员一般都是亲属，而亲属不一定是家庭成员。

（二）亲属的种类

亲属关系纵横交错，可从不同的角度加以分类。根据亲属间的联系中介，可将亲属分为直系亲与旁系亲、男系亲与女系亲、父系亲与母系亲；根据亲属的亲疏远近，可将亲属分为近亲属和一般亲属；根据亲属的辈分，可将亲属分为长辈亲、晚辈亲与同辈亲；根据亲属的发生原因，可将亲属分为配偶、血亲和姻亲。配偶、血亲和姻亲是当代各国对亲属最基本的分类。

---

① 杨大文主编:《婚姻家庭法》，中国人民大学出版社，2000 年 8 月版，第 70 页。

② 杨大文主编:《婚姻家庭法》，中国人民大学出版社，2000 年 8 月版，第 72 页。

1. 配偶

配偶即夫妻。婚姻成立之后，婚姻当事人之间首先发生所谓配偶之间的亲属身份关系，由之前不具有夫妻权利义务转为因婚姻产生夫妻之间的权利义务关系。配偶是血亲和姻亲产生的源泉和基础，在亲属关系中具有承上启下的作用。亲属关系之所以发生，婚姻是主要原因。配偶在亲属关系中居于重要的核心地位。

2. 血亲

血亲指具有血缘联系的亲属，包括自然血亲和拟制血亲。自然血亲指具有血缘联系出自于同一祖先的亲属，如父母子女、兄弟姐妹、祖孙、伯叔姑与侄子女、舅姨与外甥子女等。拟制血亲是指本无该种血亲应有的血缘关系，但法律拟制视同有该种自然血亲应有的权利义务。拟制血亲并非自然形成，而是由法律设定。现行婚姻法设定的拟制血亲有两类：一是因收养而形成的养父母与养子女关系；二是在事实上形成了抚养教育关系的继父母与继子女关系。

3. 姻亲

姻亲是指配偶一方与另一方的血亲之间因婚姻而发生的亲属关系。根据配偶和血亲之间的连接关系，可分为以下四类：其一，血亲的配偶。即己身血亲的配偶，如儿媳、女婿、姐夫妹夫、姑父、舅母、姨父、伯母等。其二，配偶的血亲。即己身配偶的血亲。如公婆、岳父母、夫的兄弟姐妹、妻的兄弟姐妹等。其三，配偶的血亲的配偶。是指己身配偶的血亲的配偶，如妯娌、连襟等。其四，血亲的配偶的血亲，是指己身血亲的配偶的血亲，如夫妻双方的父母之间，俗称“亲家”。对于姻亲关系的种类，各国立法例的规定不完全相同，有的只承认血亲的配偶和配偶的血亲两种为姻亲，有的将血亲的配偶、配偶的血亲以及配偶的血亲的配偶三种视为姻亲，有的将上述四种全部视为姻亲。我国多数学者认为姻亲只限于血亲的配偶、配偶的血亲以及配偶的血亲的配偶三种。须指出的是，我国婚姻法未调整姻亲关系，只有继承法规定，丧偶的儿媳对公婆和丧偶的女婿对岳父母尽了主要赡养义务的，可以作为第一顺序法定继承人继承公婆或岳父母的遗产。

（三）亲属的范围

我国婚姻法未从总体上对亲属的范围进行概括性的限定，而是在具体的亲属关系或法律事项上分别规定亲属的法律效力，如法律分别就禁婚亲、扶养、继承、监护等方面亲属的效力作出规定。婚姻法规定，禁止结婚的亲属的范围为直系血亲和三代以内旁系血亲；有扶养权利义务关系的亲属范围为夫妻、父母子女、兄弟姐妹、祖父母、外祖父母、孙子女、外孙子女。我国继承法规定，法定继承人的范围为配偶、父母子女、兄弟姐妹、祖父母、外祖父母，孙子女和外孙子女及其晚辈直系血亲为代位继承人；丧偶的儿媳对公婆和丧偶的女婿对岳父母，尽了主要赡养义务的，可作为第一顺序法定继承人。最高人民法院《关于贯彻执行〈中华人民共和国民法通则〉若干问题的意见（试行）》对民法通则中规定的近亲属范围作了限定，在第 12 条指出："民法通则中规定的近亲属，包括配偶、父母、子女、兄弟姐妹、祖父母、外祖父母、孙子女、外孙子女。"我国刑法、刑事诉讼法、国籍法等也从不同的角度对亲属的效力作了规定。刑事诉讼法第一百零六条明文规定："'近亲属'是指夫、妻、父、母、子、女、同胞兄弟姊妹"。

（四）我国的亲属关系亲疏远近计算法

1. 我国古代的丧服制计算法

在我国古代的亲属制度中，根据生者祭奠死者居丧期间所穿丧服的不同来反映亲属的亲疏远近，即为丧服制。"亲者、近者，其丧服重；疏者、远者，其丧服轻。重服用粗布做，轻服则用细布做。丧服共分五等，第一等叫斩衰，为三年之服；第二等叫齐衰，为三年至三月之服；第三等叫大功，为九月之服；第四等叫小功，为五月之服；第五等叫缌服，为三月之服；合称'五服'。"[①] 血缘越近，丧服越重，居丧时间越长。丧服制起源于周礼，

① 顾鉴塘、顾鸣塘著：《中国历代婚姻与家庭》，商务印书馆，1996 年 12 月版，第 68—69 页。

沿用至清末民初。

以上丧服制是维护以男子为中心的宗法制度的具体表现，具有男尊女卑、以本宗为主体等特点。例如，夫亡时，妻子要服斩衰三年；而妻死，丈夫只服齐衰。妻为丈夫的父母服一等斩衰；而夫为妻的父母则只服五等缌麻。父母死了，出嫁女服齐衰，而未嫁女服斩衰。同样的血缘远近，丧服则有很大的差别。

2. 我国现行婚姻法的计算法

我国婚姻法是以“代”来反映亲属关系的亲疏远近。如婚姻法规定，禁止三代以内的旁系血亲结婚。这里的“代”，就是我国婚姻法规定的计算亲属关系亲疏远近的单位。代即指世辈，以一辈为一代。亲属间的代数越小，亲属关系越近；反之，越远。我国同样区分直系血亲和旁系血亲分别计算亲属的代数。

直系血亲的计算。从己身开始，己身为一代，往上或往下数，有多少辈算多少代。如从己身往上数至父母为二代，则为两代直系血亲；从己身往上数至祖父母、外父母为三代，则为三代直系血亲；依此类推。往下数，至子女为二代，则为两代直系血亲；至孙子女、外孙子女为三代，则为三代直系血亲；依此类推。

旁系血亲的计算。首先找出自己与所要计算的旁系血亲的血缘同源人，按直系血亲的计算法，从己身往上数至同源人，再从同源人往下数至要计算的旁系血亲，如果两边的代数相同，即以相同的代数来确定；如果两边的代数不同，则取其多者来确定。例如，要计算自己与兄弟姐妹的代数，首先找出同源人父母，己身为一代，往上数至父母为二代；再从父母往下数至兄弟姐妹，父母为一代，数至兄弟姐妹是二代，两边代数都是二代。因此，兄弟姐妹之间是两代旁系血亲。再如，要计算己身与叔叔的代数，先找出同源人祖父母，己身为一代，往上数至父亲为二代，数至祖父母为三代，再从祖父母往下数至叔叔为二代，两边代数不同，则取代数多的一边的数字来确定。因此，己身与叔叔为三代旁系血亲。

我国以“代”来计算简便易行，但不够科学。例如自己与叔叔是三代旁系血亲，与叔叔的子女（堂兄弟姐妹）也是三代旁系血亲。表面上代数相同，但实际上，自己与叔叔的血缘关系要比自己与堂兄弟姐妹血缘关系要近。代数计算法没有准确地反映出亲属关系的亲疏远近。

三、关于婚姻家庭法的基本常识

（一）婚姻家庭法

我国婚姻家庭法是指调整婚姻家庭关系的法律规范总称。具体而言，是指调整婚姻家庭关系的发生和终止，以及由此所产生的特定范围的亲属之间的权利义务关系的法律规范总称。具体理解我国婚姻家庭法时，应注意把握以下三个方面：

1. 我国婚姻家庭法的调整对象是婚姻家庭关系

在调整对象上，我国婚姻家庭法既调整婚姻关系，又调整家庭关系。婚姻关系包括婚姻的成立、婚姻的效力和婚姻的终止。家庭关系包括夫妻关系、父母子女关系和其他家庭成员的关系。婚姻关系和家庭关系既有区别又有联系，婚姻关系是家庭关系的前提，家庭关系是婚姻关系的结果[①]。

2. 我国婚姻家庭法是所有调整婚姻家庭关系的法律规范的总称

在范围上，我国婚姻家庭法是现行法律体系中所有调整婚姻家庭关系的法律规范的总称。它不仅包括形式意义上以婚姻家庭法命名的法典形式的婚姻法，还包括其他所有调整婚姻家庭关系的法律规范。它是一个相互联系的、多层次的、具有不同表现形式或法律渊源的规范体系，其中，婚姻法是我国目前调整婚姻家庭关系的主要法律。

3. 我国婚姻家庭法属于部门法、基本法、实体法

在法律特性上，婚姻家庭法应归入部门法之列，但它“不是一个独立的法律部门，而是民法这个法律部门的组成部分，从我国的立法体制来看，

① 夏吟兰主编：《民法学卷五婚姻家庭继承法》，中国政法大学出版社，2004年9月版，第19页。

应属于广义的民事法律范畴”[①]。既然属于民法部门，则婚姻家庭法当然具有基本法的地位和效力。相对程序法而言，婚姻家庭法主要规定婚姻家庭的实体性权利义务关系，应归位于实体法，但并不因此排除某些规范带有操作程序的内容。

（二）婚姻家庭法的调整对象

每一个独立的法律部门都有归其调整的独特的具有同类性质的对象，解决特定的社会矛盾，实现该法调控社会生活所欲实现的特定目标，从而与其他法律部门相区别，这也是法律部门认定和划分的主要标准。就调整对象而言，婚姻家庭法虽属于民法部门，但与其他民法规范比较，又具有相对独立的性质，这主要是由它的特定调整对象决定的。婚姻家庭法的调整对象为婚姻家庭关系，具体可从以下两个方面来把握。

1. 调整对象的范围

婚姻家庭法既调整婚姻关系，又调整家庭关系；既包括婚姻家庭关系发生、变更和终止的动态运行的全过程，又包括由该动态运行所形成的主体之间的权利和义务。

婚姻关系因结婚而成立，又因一方死亡或离婚而终止。关于结婚的条件和程序、夫妻间的权利和义务，关于离婚的处理原则、程序、条件以及离婚后有关子女抚养、财产分割和经济帮助等问题，都属于婚姻家庭法的调整范围。

家庭关系是基于结婚、出生、法律拟制等原因而发生，又因离婚、家庭成员死亡、拟制血亲关系解除等原因而消灭。有关确认家庭成员之间的亲属身份，规定家庭成员之间的权利义务及其产生、变更和终止等方面的内容，都是婚姻家庭法的调整范围。收养关系虽因单行的收养法而貌似自成一个独立的系统，但就其性质而言，是一种因法律拟制而形成的父母子女关系，仍应归属于家庭关系的范围。因此，收养法仍属婚姻家庭法的一

① 杨大文主编:《婚姻法学》，中国人民大学出版社，1989 年版，第 53 页。

个有机组成部分[①]。

2. 调整对象的性质

婚姻家庭法的调整对象，按其性质可以分为人身关系和财产关系。其中人身关系起着决定作用，占据主导地位；财产关系以人身关系为先决条件，居于从属地位。由此，婚姻家庭法在性质上应属于身份法而非财产法。

其一，婚姻家庭法调整的人身关系。婚姻家庭法调整的人身关系，是存在于一定范围的亲属之间的身份关系，是基于一定法律事实的发生而为法律所确认的身份关系，如因结婚而产生配偶身份关系，因出生而产生亲子身份并进一步产生兄弟姐妹身份、祖孙身份等。这些社会关系本身并不直接体现经济内容，也不以追求经济利益为目的。

其二，婚姻家庭法调整的财产关系。婚姻家庭法调整的财产关系，是以人身关系为前提，直接体现一定经济内容或者以一定的财产为媒介所形成的社会关系，在法律意义上即为财产性质的权利义务关系。这种财产关系依附、从属于亲属之间的人身关系，随亲属间人身关系的产生、变更和消灭而产生、变更和消灭。如亲属间的扶养、赡养、抚养关系，亲属间的继承关系均与彼此的亲属身份密不可分。

（三）婚姻家庭法的法律渊源

婚姻家庭法的法律渊源是婚姻家庭法存在的形式。根据我国现行法律规范体系、层次和立法模式，婚姻家庭法的法律渊源包括以下几种：

1. 宪法

宪法是国家的根本大法，主要规定我国的国家制度、社会制度等根本性问题，具有最高的法律权威和法律效力，是一切法律部门共有的法律渊源和立法基础，一般都涉及其他法律的原则性内容，婚姻家庭法亦不例外。一切调整婚姻家庭关系的规范性文件，均不得与宪法的原则性条款内容相冲突。

---

① 杨大文主编:《婚姻家庭法》，中国人民大学出版社，2000 年 8 月版，第 47 页。

2. 法律

法律是狭义的严格意义上的法律，专指全国人民代表大会及其常务委员会制定的规范性文件，包括基本法律及基本法律以外的法律。法律是婚姻家庭法的主要表现形式，包括两个层次：其一，专门性法律。指直接调整婚姻家庭关系的法律，即婚姻法和收养法。其中婚姻法是婚姻家庭基本法，收养法是专门调整收养关系的具体规范，这两者是婚姻家庭法较系统、较集中的渊源。其二，其他法律。如民法、刑法、诉讼法、行政法等。在这些部门基本法中，均有涉及婚姻家庭关系的相应规范，其中，民法通则、继承法两个法律是婚姻家庭法的重要渊源。此外，妇女权益保障法、未成年人保护法、老年人权益保障法、残疾人保护法涉及特殊群体的婚姻家庭权益，也是婚姻家庭法的法律渊源。

3. 行政法规和规章

国务院是我国的最高国家行政机关，一方面负责法律的执行，另一方面根据宪法、法律和经全国人民代表大会授权可以制定与宪法和法律不相抵触的规范性文件，包括国务院制定的行政法规和国务院各个部委局制定的行政规章。在我国婚姻家庭法中，有不少规范是国务院及其所属各部、委、局制定的，如民政部颁行的《婚姻登记条例》等。

4. 地方性法规和民族自治地方的有关规定

包括省级地方人民代表大会及其常委会、省、自治区的人民政府所在地的市和经国务院批准的较大的市的人民代表大会及其常委会制定的地方性法规；民族自治地方制定的自治条例和单行条例；省级地方国家行政机关即省级地方人民政府、省、自治区的人民政府所在地的市和经国务院批准的较大的市的人民政府制定的规章。地方权力机关和行政机关在宪法、法律规定的权限内，根据本行政区域内婚姻家庭的实际情况，制定、发布具有一般性规范效力的决议、命令、实施办法、自治条例和单行条例等规范性文件，也是婚姻家庭法的法律渊源之一。

5. 最高人民法院所作的司法解释

最高人民法院作为国家最高审判机关，根据法律的基本精神，在总结审判实践经验的基础上作出的关于适用法律的司法解释和指导性文件以及确立、援用、认可的并以“批复”形式下达的各种典型判例也是婚姻家庭法的法律渊源之一。人民法院组织法第三十三条规定:“最高人民法院对于在审判过程中如何具体应用法律、法令的问题，进行解释。”目前，最高人民法院适用婚姻法的司法解释主要包括:《关于适用〈中华人民共和国婚姻法〉若干问题的解释（一）》、《关于适用〈中华人民共和国婚姻法〉若干问题的解释（二）》、《关于适用〈中华人民共和国婚姻法〉若干问题的解释（三）》（以下分别简称《婚姻法司法解释（一）》、《婚姻法司法解释（二）》、《婚姻法司法解释（三）》等。

6. 我国缔结和参加的国际条约

根据民法通则第一百四十二条，处理涉外婚姻家庭关系时可适用我国缔结或者参加的国际条约，但我国声明保留的条款除外。因此，经我国批准生效或参加的有关婚姻家庭的国际条约也是婚姻家庭法的法律渊源。

由上述可见，我国婚姻家庭法的法律渊源是一个开放的复合结构，它是一个由不同形式的规范所组成的有机联系的整体。同时应注意，作为婚姻家庭法的法律渊源的各种规范性文件，各处于不同的层次，具有不同的法律效力，在适用范围上亦相应有所区别。

（四）婚姻家庭法的基本原则

婚姻家庭法的基本原则本身属于思想观念的范畴，不具有法律规范性，但它却高度概括、浓缩或者说是抽象、整合了该法的基本价值，统领着婚姻家庭法的体系结构，指导着立法机关的立法活动和司法机关的司法活动，并具有指引、规范家事主体婚姻家庭法律行为的功能。

根据我国婚姻法的规定，指导婚姻家庭关系的基本原则包括婚姻自由、一夫一妻、男女平等、保护妇女儿童老人合法权益和实行计划生育。

1. 婚姻自由

婚姻自由是指“婚姻当事人有权根据法律的规定，自主自愿地决定自己的婚姻问题，不受任何人的强制和非法干涉。”[①] 婚姻自由具有如下法律特征：其一，婚姻自由是我国宪法及民法通则、婚姻法等法律所明确规定并受法律保护的一项基本权利，任何人不得侵犯；其二，婚姻自由是相对的，须依法行使；其三，婚姻自由是一项人身权利，专属于缔结或解除婚姻关系的当事人本人享有，任何人都不得妨碍，但父母及亲友对当事人予以帮助和指导不能视为干涉婚姻自由。

婚姻自由是人类婚姻关系本质的体现和保障。婚姻关系的产生和维系应以爱情为基础，而爱情的天性是自由的，建立在爱情基础上的婚姻理应由男女双方自主决定。从现代文明发展的历史演变看，婚姻自由已成为各国婚姻制度的一个核心立足点，也是我国社会主义婚姻制度的重要基石，我国明确将婚姻自由确立为婚姻家庭法的基本原则和公民的基本权利。宪法第四十九条规定，禁止破坏婚姻自由。民法通则第一百零三条则明确规定：“公民享有婚姻自主权，禁止买卖、包办婚姻和其他干涉婚姻自由的行为。”婚姻法第二条规定：“实行婚姻自由、一夫一妻、男女平等的婚姻制度。”

婚姻自由的内容包括结婚自由和离婚自由。结婚自由是指公民依法享有缔结婚姻关系的自由，也有依法不缔结婚姻关系的自由。离婚自由是依法解除婚姻关系的自由，但必须符合法定条件，履行法定程序，承担相应的法律后果。是否离婚，是当事人的自由权利，但是否准予离婚，却必须受到法律的限制，国家的干预。为此，婚姻家庭法对离婚的条件、程序、离婚后子女的抚养和教育、夫妻财产的分割等问题都作了明确规定，这些规定既是对离婚自由的保障，又是对当事人行使离婚自由权利的必要约束。

禁止包办、买卖婚姻和其他干涉婚姻自由的行为，禁止借婚姻索取财物。宪法、民法通则和婚姻法关于婚姻自由的规定，对保障公民婚姻自由的实现起到了重要作用。目前，我国城乡婚姻状况不断趋向正常，自主婚姻日益占据主导地位。然而，由于传统婚姻习俗和观念的影响，干涉婚姻

① 杨大文主编：《婚姻家庭法》，中国人民大学出版社，2000 年 8 月版，第 56 页。

自由的现象还时有发生。如包办、买卖婚姻，干涉寡妇再婚，老人阻挠子女的婚事，子女干涉父母再婚或复婚，强制或阻挠当事人离婚，等等。针对上述现象，我国婚姻法第三条为保障婚姻自由基本原则的贯彻实施作出了如下禁止性规定："禁止包办、买卖婚姻和其他干涉婚姻自由的行为。禁止借婚姻索取财物。"其一，禁止包办、买卖婚姻和其他干涉婚姻自由的行为。干涉婚姻自由的行为有不同的表现形式，其中包办婚姻和买卖婚姻是两种比较常见的形式。包办婚姻是指"婚姻关系以外的第三人（包括父母）违反婚姻自由原则，在完全违背婚姻当事人意愿的情况下，强迫其缔结的婚姻。"① 买卖婚姻是指"婚姻关系以外的第三人（包括父母）以索取大量财物为目的，包办、强迫他人缔结的婚姻。"② 其他干涉婚姻自由的行为是指"除包办、买卖婚姻以外的违反婚姻自由原则，阻挠、干涉他人行使婚姻自由权利的行为。"③ 如父母非法阻挠子女的婚事，阻挠非近亲的同姓男女结婚，干涉寡妇再婚，干涉男到女家落户，子女干涉父母再婚，阻碍或胁迫他人离婚，等等。对包办、买卖婚姻和其他干涉婚姻自由的第三方，应分别情况，加以处理。在处理时，应注意保护受害人的合法权益，对违法者给予批评教育，并可视情况予以相应的法律制裁。1979 年最高人民法院《关于贯彻执行民事政策法律的意见》中第 3 条指出："人民法院审理这种案件，必须指出买卖婚姻是我国法律所禁止的违法行为，对违法的有关当事人，应进行严肃的批评教育；情节恶劣，后果严重的，要依法惩处。"对暴力干涉婚姻情节严重，构成犯罪的，应根据刑法规定追究刑事责任。刑法第二百五十七条规定："以暴力干涉他人婚姻自由的，处 2 年以下有期徒刑或者拘役。犯前款罪，引起被害人死亡的，处 2 年以上 7 年以下有期徒刑。"其二，禁止借婚姻索取财物。借婚姻索取财物，主要是指男女双方自愿或基本自愿结婚，但一方却向对方索要一定的财物，并以此作为结婚条件的违法行为。在理解借婚姻索取财物时，应注意该行为和买卖婚姻以及和赠予的区别。借婚姻索取财物与买卖婚姻的区别在于：借婚姻索取财物的主

①②③ 杨大文主编：《婚姻家庭法》，中国人民大学出版社，2000 年 8 月版，第 56 页。

体一般是婚姻当事人一方，而买卖婚姻的主体是第三方。在婚姻决定权上，借婚姻索取财物的男女双方对结婚基本是自主自愿的，但买卖婚姻却违背了结婚男女双方的意愿。借婚姻索取财物与赠予的区别在于：前者是一方主动索取，给予方违心地给付财物，是违法行为；而后者是一方或双方主动赠予，是合法行为。在现实生活中，借婚姻索取财物的行为比买卖婚姻为数更多，涉及面更广，其危害性不容忽视，须严肃认真处理这类问题。对借婚姻索取财物所发生的财物纠纷，2003 年《最高人民法院关于适用〈婚姻法〉若干问题的解释（二）》第 10 条指出："当事人请求返还按照习俗给付的彩礼的，如果查明属于以下情形，人民法院应当予以支持：（一）双方未办理结婚登记手续的；（二）双方办理结婚登记手续但确未共同生活的；（三）婚前给付并导致给付人生活困难的。适用前款第（二）、（三）项的规定，应当以双方离婚为条件。"

2. 一夫一妻

一夫一妻是一男一女结为夫妻互为配偶的婚姻形式。任何人不得同时有两个或两个以上的配偶。已婚者在其配偶死亡或离婚前不得再行结婚。未婚男女不得同时与两个或两个以上的人结婚。一切公开或隐蔽的一夫多妻、一妻多夫都是非法的，受到法律的禁止和制裁①。

一夫一妻是婚姻关系本质的必然要求和体现。爱情的本性是专一的、排他的，以爱情为基础的婚姻本质上应该是一夫一妻的个体婚姻。同时，一夫一妻也是人类社会男女性别比例的自然要求。可以说，一夫一妻制是迄今为止最为文明、进步的婚姻制度，也由此成为当今世界绝大多数国家普遍实行的婚姻原则。

禁止重婚，禁止有配偶者与他人同居。为保障一夫一妻基本原则的贯彻实施，我国婚姻法第三条第二款明确规定："禁止重婚。禁止有配偶者与他人同居。"其一，禁止重婚。重婚是指有配偶者又与他人结婚的违法行为。即当事人一方或双方已存在有效的婚姻关系，或者说前一婚姻关系仍然有

① 杨大文主编：《婚姻家庭法》，中国人民大学出版社，2000 年 8 月版，第 58 页。

效存续，但有配偶者又与他人结婚，从而导致同时存在两个或两个以上的婚姻关系，后婚相对于前婚即为重婚。重婚包括法律上的重婚和事实上的重婚两种形式。重婚产生如下法律后果：首先，婚姻中一方重婚的，是法院准予离婚的法定情形之一，因重婚而导致离婚的，无过错方有权在离婚诉讼中提出离婚损害赔偿；其次，认定为重婚的两性结合不具有婚姻的法律效力；再次，按照我国刑法的规定，有配偶而重婚的，或者明知他人有配偶而与之结婚的，构成重婚罪。其二，禁止有配偶者与他人同居。有配偶者与他人同居是指不以夫妻名义同居生活，仅仅与婚外异性持续、稳定地共同生活的行为。有配偶者与他人同居也是对一夫一妻制的严重破坏。婚姻法明确规定禁止有配偶者与他人同居，并明确了相应的法律后果和法律责任。夫妻一方与他人同居，是离婚理由之一，调解无效的，应准予离婚；因有配偶者与他人同居导致离婚的，无过错的一方有权请求损害赔偿。

3. 男女平等

男女平等是一个有着丰富内涵的概念。1975 年第一次世界妇女大会通过的《关于妇女的平等地位和她们对发展与和平的贡献的宣言》(简称《墨西哥宣言》)明确“男女平等是指男女的人的尊严和价值的平等以及男女权利、机会和责任的平等”[①]。婚姻法所称男女平等是指男女两性在婚姻关系和家庭生活的各个方面都享有平等的权利，履行平等的义务。

男女两性作为人类社会的共同组成部分，在法律上是平等的。这一点已成为人类进入文明社会的理性共识，也成为现代法律与妇女解放的主流选择，为诸多不同文化背景的国家所接受。在我国，宪法及婚姻法等法律均明确规定了男女平等原则，我国政府还于 1995 年把男女平等作为我国的基本国策。宪法第四十八条明确规定：“中华人民共和国妇女在政治的、经济的、文化的、社会的和家庭的生活等各个方面享有同男子平等的权利”。婚姻法规定的男女平等原则是宪法男女平等原则的具体化和系统化。男女两性在婚姻家庭中地位平等是其社会地位平等的重要反映和缩影。以夫妻、

---

① [美]爱德华·劳森，董云虎等译:《人权百科全书》，四川人民出版社，1997 年 7 月版，第 334 页。

父母子女、兄弟姐妹和祖孙等亲属关系为核心的婚姻家庭关系是人类社会最基本最普遍的社会关系，而婚姻家庭法作为这一重要社会关系的调节器，既要注重保障婚姻家庭成员个体的基本人权，又要极大地保障男女两性在婚姻家庭中地位平等，使所有家庭成员不因性别而受到任何差别对待，以建立和维护平等和谐的婚姻家庭秩序。为此，男女平等成为指导婚姻家庭关系的一项重要基本原则，并贯穿于婚姻家庭法的始终。

根据婚姻法，男女平等基本原则体现在婚姻关系、家庭关系、收养关系等各个方面。如男女双方缔结婚姻的权利、结婚条件和结婚程序是平等的；离婚条件、离婚程序对男女双方同样适用；离婚时男女双方对夫妻共同财产有平等分割的权利，等等。

4. 保障妇女、儿童和老人合法权益

（1）保护妇女的合法权益

婚姻法中的保护妇女合法权益，主要是指在婚姻家庭关系中，法律在确认和保障妇女与男子平等享有的一般权利的基础上，着重对妇女享有的特殊权益以及妇女受侵犯比较突出的权益给以特别的重视和保护。历史上，妇女在家庭及其他各个领域中长期处于被歧视、被压迫的屈从境地；现实生活中，虽然妇女的婚姻家庭地位不断提高，但依然面临诸多问题。由此，采取法律行动保障妇女在婚姻家庭关系中的合法权益、提高妇女婚姻家庭地位依然具有现实意义。我国宪法确立了对妇女权益实行特殊保护的精神，第四十八条明确规定“国家保护妇女的权利和利益”。婚姻法保护妇女合法权益原则是贯彻宪法原则的具体体现。婚姻法在结婚、离婚、家庭关系等章节中，都贯穿着对妇女特殊保护的精神，尤其在“离婚”一章中规定得更加具体。在离婚方面，婚姻法明文规定，女方在怀孕期间、中止妊娠后6个月内或分娩后一年内，男方不得提出离婚。这是为保护妇女和胎儿、婴儿的身心健康而作出的规定。在离婚时的财产分割方面，应根据具体情况，对女方的权益予以照顾。总之，保护妇女合法权益原则和男女平等原则的精神是一致的，男女平等是基础；保护妇女合法权益是男女平等的必然要求和必要补充，二者互相配合，相辅相成。

（2）保护儿童的合法权益

婚姻法中的保护儿童合法权益，主要是指重视和保护家庭成员中 18 周岁以下未成年人的一切婚姻家庭权利和利益。由于婚姻家庭对未成年人担负着不可替代的特殊职能，因而婚姻法对儿童权益的保护尤为重要。儿童由于智力、体力都处于待发育成熟状态，其权益容易受到侵害，必须强调对儿童权益的特殊保护。婚姻法一方面在总则中确立了保护儿童合法权益的基本原则，另一方面在家庭关系、离婚等章中规定了一系列旨在保护未成年人权益的内容。首先，在处理子女抚养问题时，规定了父母对子女的抚养教育义务以及特定条件下（外）祖父母、兄姐对未成年人的抚养义务；其次，规定了不同情况的子女包括婚生子女，非婚生子女、养子女和继子女法律地位一律平等，任何人不得危害、歧视和虐待；再次，在处理离婚纠纷和解决财产分割问题时，强调了未成年人最佳利益原则，着重保护未成年人的合法权益。此外，收养法同样确立了有利于被收养的未成年人抚养、成长的原则。

（3）保护老人的合法权益

婚姻法中的保护老人合法权益，主要是指重视和保护老年家庭成员的所有婚姻家庭权利和利益。保护老人的合法权益是 1980 年婚姻法对 1950 年婚姻法在基本原则方面的重要补充。老年人随着体能的不断衰弱逐渐成为社会的弱势群体，确立保护老人合法权益的原则，体现了国家对老年人权益的关怀和保护，体现了中华民族敬老爱老的优良传统和美德，是生产力发展水平和家庭养老责任的现实要求，也是防范、惩治侵犯老年人合法权益的违法犯罪行为的必要手段。婚姻法在总则中把保护老人的合法权益作为基本原则加以规定，并在家庭关系中对老人的权益予以保护。首先，规定了子女对父母的赡养扶助义务以及特定条件下（外）孙子女对（外）祖父母的赡养义务。其次，规定了子女应当尊重父母的婚姻权利，不得干涉父母再婚以及婚后的生活。

（4）禁止家庭暴力

家庭暴力的概念及性质。家庭暴力是一个含义广泛的概念，在不同的文化、制度中，人们对家庭暴力的主观感受及理解存在差异。通常而言，家庭暴力是指侵害家庭成员身体、性、精神等造成一定损害的行为。认识家庭暴力，有必要把握以下三点：其一，家庭暴力发生在特定主体——家庭成员之间，其中，受害者多数为妇女、儿童、老人。其二，家庭暴力的表现形式多种多样，一般可分为身体暴力、性暴力、精神暴力及经济控制等形式。其三，家庭暴力给家庭成员的身体、精神、性或财产造成一定程度的损害。家庭暴力的本质属性是社会性，而非自然性；家庭暴力是社会问题，而非家务事。家庭暴力的本质是侵犯人权的行为。依据国际人权法，家庭暴力和其他社会暴力一样，本质上都是侵犯人权的强权行为。1993年的《消除对妇女暴力宣言》将基于性别的暴力明确识别为人权问题，它是国际社会第一个明确表示国家有义务防止基于性别的暴力的国际文件[①]。家庭暴力的危害广泛、严重而持久。家庭暴力不仅侵犯了公民的基本人权，使受害人的身、心、性遭受摧残；还威胁着家庭的和睦安宁，导致家庭破裂；甚至还影响到邻居等更多的人或工作场所、社区等更大的环境，严重危害着社会的和谐稳定。家庭暴力的危害也不仅局限于暴力发生之际，还往往蔓延导致受害人自杀或以暴制暴、目睹儿童成为潜在施暴者等更深远的后果。

家庭暴力的法律界定。在我国，《中华人民共和国婚姻法》在总则中明确规定“禁止家庭暴力”，《最高人民法院关于适用〈中华人民共和国婚姻法〉若干问题的解释（一）》（以下简称《婚姻法司法解释（一）》）则进一步明确，家庭暴力是指“行为人以殴打、捆绑、残害、强行限制人身自由或者其他手段，给其家庭成员的身体、精神等方面造成一定伤害后果的行为。”这是目前为止，我国关于“家庭暴力”的最明确、最权威的法律定义。须强调的是，《婚姻法司法解释（一）》所称家庭暴力仅包括身体暴力和性暴力，不包括精神暴力。之所以没有规定精神暴力，主要因为精神暴力主观性强，取证困难，难以操作，且打击面大，多数中国民众观念上还难以

① 凯利·D. 阿斯金 . 多萝安·M. 科尼格：《妇女与国际人权法》（第一卷），黄列、朱晓青译，三联书店，2007年第一版，第260页。

接受，不宜在现阶段规定为家庭暴力。

家庭暴力的法律责任。从法律上说，家庭暴力既有民事侵权行为，又有行政违法行为，还有刑事犯罪行为。目前，预防和制止家庭暴力也是综合地采取民事、行政、刑事等多方面的法律措施，这些法律措施的规定分别散见于宪法、刑法、民法通则、婚姻法、妇女权益保障法、治安管理处罚法等法律以及一些地方性法规中。其一，行政责任。实施家庭暴力，尚不够刑事处罚，受害人提出请求的，公安机关应当依照治安管理处罚的法律规定对施暴者作出处罚。首先，根据《预防和制止家庭暴力若干意见》，家庭暴力已作为单列案件类型被纳入公安机关出警工作范围。其次，对家庭暴力案件，公安机关应当根据不同情况，依法及时做出处理。《预防和制止家庭暴力若干意见》规定："对家庭暴力案件，公安机关应当根据不同情况，依法及时做出处理：对情节轻微的家庭暴力案件，应当遵循既要维护受害人的合法权益，又要维护家庭团结，坚持调解的原则，对施暴者予以批评、训诫，告知其应承担的法律责任及相应的后果，防范和制止事态扩大；对违反治安管理规定的，依据治安管理处罚法予以处罚；对构成犯罪的，依法立案侦查，做好调查取证工作，追究其刑事责任；对属于告诉才处理的虐待案件和受害人有证据证明的轻伤害案件，应当告知受害人或其法定代理人、近亲属直接向人民法院起诉，并及时将案件材料和有关证据移送有管辖权的人民法院。"再次，公安机关对违反治安管理处罚法的施暴人应当依法予以行政处罚，处罚办法包括拘留、罚款或者警告。治安管理处罚法第四十三条规定："殴打他人的，或者故意伤害他人身体的，处五日以上十日以下拘留，并处二百元以上五百元以下罚款；情节较轻的，处五日以下拘留或者五百元以下罚款。"其二，民事责任。民法作为调整平等民事主体之间的人身关系和财产关系的法律，制止家庭暴力方面的职能，主要是通过民事救济，使受害人的损失得到补偿和救济，并且可以获得结束暴力关系所需的法律保护。民法通则第九十八条规定："公民享有生命健康权"。施暴者承担民事责任的方式有停止侵害、赔偿损失、赔礼道歉等。就赔偿损失而言，第一百一十九条规定："侵害公民身体造成伤害的，应当赔偿医疗费、因误工减少的收入、残疾者生活补助费等费用；造成死亡的，并应当支付丧葬费、死者生前扶养的人必要的生活费等费用。”侵权责任法第二十一条则直接将三者表述为侵犯人身权的责任方式：“侵权行为危及他人人身、财产安全的，被侵权人可以请求侵权人承担停止侵害、排除妨碍、消除危险等侵权责任。”婚姻法则为遭受暴力的已婚受暴者提供了特别救济，根据婚姻法，因家庭暴力导致夫妻感情破裂的，属于离婚的法定情形之一，人民法院可以在调解无效的情况下视为夫妻感情确已破裂，判决准予离婚。因实施家庭暴力导致离婚的，无过错方还有权依法提起离婚损害赔偿。妇女权益保障法第五十八条规定，违反本法规定，对妇女实施家庭暴力，受害人可以依法向人民法院提起民事诉讼。其三，刑事责任。严重的家庭暴力是针对个人和社会的犯罪行为，应受到刑事司法的控制，使施暴者受到与对陌生人实施犯罪一样的法律惩罚。根据刑法，施暴者实施家庭暴力行为，因所侵犯的客体不同，可构成如下不同罪名：故意伤害罪、杀人罪、强奸罪、侮辱罪、非法拘禁罪、拐卖妇女儿童罪、暴力干涉他人婚姻自由罪、虐待罪、遗弃罪等。综上，根据现行法律，对家庭暴力的司法介入主要体现在三个层面：一是暴力行为发生后，在民事上产生人身伤害赔偿、离婚和离婚损害赔偿的法律后果；二是对不严重暴力行为，由公安行政机关对施暴者作出行政处罚；三是对严重暴力行为，追究施暴者的刑事责任。

5. 实行计划生育

所谓计划生育，是指通过生育机制有计划地调节人口再生产。在宏观意义上，计划生育泛指社会对人口的数量、质量、规模、结构、分布及其社会保障的全面调控和规范；在微观意义上，计划生育主要指通过生育机制有计划地调节人口增长速度，在保证人口质量的基础上提高或降低人口增长率。就我国的实际情况而言，我国实行以降低人口增长速度、控制人口数量和提高人口素质为主要目标的计划生育。

实行计划生育是我国庞大人口压力下控制人口再生产的迫切要求，是加快社会发展和经济建设的客观需要，是提高人民生活水平、提高人口素质的现实选择。实行计划生育，对我国的可持续发展具有重要意义。在党的第十二次全国代表大会上，计划生育被作为一项基本国策确定下来。而生育制度和婚姻家庭制度有着密切的内在联系，家庭作为人口再生产的基本单位，是计划生育得以贯彻执行的主要途径。所以计划生育既是基本国策，又是家庭的责任和夫妻的义务。

我国婚姻法根据宪法和基本国情规定了计划生育原则，并在家庭关系中规定了夫妻双方都有实行计划生育的义务。此外，为保证计划生育国策在收养关系中的贯彻实施，收养法在原则中规定“收养不得违背计划生育的法律、法规”，在收养条件中强调“收养人只能收养一名子女”和“送养人不得以送养子女为理由违反计划生育的规定再生育子女”，这是计划生育作为婚姻家庭法基本原则的具体表现。需要指出的是，理解夫妻的计划生育义务，应辩证认识计划生育义务和生育权的关系。我国宪法第四十九条规定：“夫妻双方有实行计划生育的义务”。婚姻法第十六条规定：“夫妻双方都有实行计划生育的义务”。妇女权益保障法第四十七条规定：“妇女有按照国家有关规定生育子女的权利，也有不生育的自由”。人口与计划生育法第十七条规定：“公民有生育的权利，也有依法实行计划生育的义务，夫妻双方在实行计划生育中负有共同的责任”。依据上述法律规定，夫妻双方有权生育，但须符合国家的计划生育政策；反之，夫妻在生育上的计划义务，是以有权生育为基础的。根据人口与计划生育法，夫妻双方按照国家有关规定计划生育，有关部门应当提供安全、有效的避孕药具和技术，保障实施节育手术的妇女的健康和安全。国家实行婚前保健、孕产期保健制度，发展母婴保健事业。各级人民政府应当采取措施，保障公民享有计划生育技术服务，提高生殖健康水平。对不符合计划生育要求而生育子女的公民，人口与计划生育法规定，应当依法缴纳社会抚养费。

我国计划生育的基本要求是：少生、优生、优育和适当地晚婚晚育。具体表现为：在目前和今后相当长的时期内，提倡一对夫妻只生一个孩子；合理安排和严格控制第二胎生育；禁止多胎和计划外二胎生育；对于人口稀少的少数民族，有关生育的限制可以按照规定适当放宽。

夫妻双方都有实行计划生育的义务。为了贯彻执行计划生育原则，婚姻法特别指出：夫妻双方都有实行计划生育的义务。对此，应从三个方面来理解和把握：第一，计划生育是夫妻的法定义务，是每对夫妻、每个家庭对社会所承担的义务和责任，具有强制性；第二，计划生育是夫妻双方共同的义务，夫妻双方应共同协商、相互配合，任何一方不得拒绝履行该项义务；第三，有关部门要承担落实计划生育的责任，为育龄夫妇履行计划生育的义务提供保障。

（五）婚姻家庭中法律与道德的关系

由于婚姻家庭本身是一个伦理实体，一个民族的文化传统和伦理道德对婚姻家庭法的影响要比对其他法的影响更深一些，因而在婚姻家庭领域，法律与道德的协调显得更加重要，家庭成员遵守法律的同时必须遵守伦理道德也显得更为突出。在这个问题上，两种倾向都是错误的：一种是片面强调法律的至高无上，希望国家法律无微不至，希望国家法律能够解决所有问题，列出所有答案，而自己只要不违法就可以了；另一种观点则片面强调“德治”，认为婚姻家庭是私人领域，是与法律无涉的特区，应由道德来调整，反对法律介入其中，认为法律介入婚姻家庭领域是堕落，是“法律道德主义”，而法律道德主义是“残酷与虚伪”的，强烈主张“把道德的东西还给道德”。我们认为，在婚姻家庭领域，“法治”与“德治”应该相辅相成，协调统一，并形成良性互动。婚姻家庭是一个复杂的系统，它需要法律、道德、习惯、宗教等各种力量来共同维系。一方面，婚姻家庭需要法律的调整。在婚姻家庭当中，很多的问题都涉及法律问题。比方说父母子女关系，夫妻关系，祖孙之间的关系，兄弟姐妹的关系，这其中有很多涉及法律上的权利。例如结婚，有法定的结婚条件、法定的结婚程序；结婚成为夫妻了，那夫妻之间有法律上的权利、义务，然后再生育子女了，又形成父母、子女关系，他们既有财产上的关系，又有人身方面的关系。这些关系没有必要的法律来调整是不行的，这就是为什么历朝历代都有调整婚姻家庭的法律的原因。在我国，“依法治国”是党中央确立的基本治国方略，是建设有中国特色社会主义的重要内容，也是国家走向富强、民主、文明、和谐，社会实现自由、平等、公正、法治的必由之路。因此，作为社会主义法律体系不可缺少的组成部分，婚姻家庭立法必须贯彻和实践“依法治国”的思想，体现依法治家的精神。当然，在看到婚姻家庭需要法律的同时，也必须认识到，法律只是人们众多行为规范中的一种，而且是最低标准的道德，只有非用国家强制力保障实施不可实现时才能动用法律，否则，法律的滥用就会出现适得其反的效果。如果非要把本该由道德调整的东西纳入到法律规则中，则不仅不会提高道德的权威性，反而可能导致有法不依的结果，最终损害法律本身的尊严。婚姻家庭问题需要由法律来调整，但法律不可能解决婚姻家庭中的所有问题，有些问题也不可能因婚姻法的制定而消亡。所以那种认为法律万能，希望借助法律来解决所有问题的人不可避免地会失望。那种认为只要遵守了法律就万事大吉而漠视伦理道德的人，也不会成为人们称颂的对象和学习的楷模，因为社会主义的伦理道德不仅是调整婚姻家庭的规范，同时也是社会主义婚姻法灵魂。一个漠视伦理道德的人，是不可能真正全面遵守社会主义法律的。在一个只要法律，没有人情、亲情的家庭，则不可能有温馨，也不可能有真正的和睦和谐。婚姻家庭领域的法律应该反映婚姻家庭领域道德的要求，为弘扬社会主义的伦理道德提供制度上的保障，对于那些在道德上具有正当性、合理性的内容，法律上就应该提倡；对于那些违反道德特别是那些严重违反道德，民众反映强烈的行为，法律就应该否定，直至让其承担相应的法律责任。2001 年修订后的婚姻法在总则中增加了“夫妻应当互相忠实，互相扶助；家庭成员间应当敬老爱幼，互相帮助，维护平等、和睦、文明的婚姻家庭关系”等内容，这在道德上是一种提倡，在法律上是一种宣言。这一规定，体现了立法机关发挥法律与道德各自作用的重视，也昭示着夫妻双方在遵守法律的同时也必须遵守婚姻家庭领域的伦理道德。

四、婚姻家庭中需要警惕的几种倾向

当前我国婚姻家庭领域的主流是好的，婚姻自由、一夫一妻、男女平等、保护妇女、儿童、老人合法权益已成为社会共识和绝大多数人基本行为规范。但与此同时，下列几种倾向应当引起我们的警惕。

其一，需要警惕个人主义在婚姻家庭领域泛滥。个人主义作为一种以个人为中心对待社会或他人的思想，其核心的内容就是一切从个人需要出发，反对统一的社会价值标准，其发展到极端，就会为了个人利益而不择手段地损害社会和他人。在婚姻家庭领域，婚姻是个人的事情，也不是个人的事情，它必须有两人的合法结合才能构成。而亲属则是以血缘、婚姻为纽带所产生的社会关系，无论是在婚姻间还是在一定范围亲属组成的家庭间，彼此之间都必须有集体主义精神，通过付出、奉献和履行责任才能和睦相处，才能使家庭充满温暖，婚姻保持稳定；否则，个人主义盛行，以自我为中心，一事当前先考虑满足自我愿望，那等待他们的往往是亲属的冷漠，婚姻的破裂。所以在婚姻家庭中，也需要有集体主义精神，甚至是共产主义精神。然而现实生活中，个人主义在婚姻家庭领域的泛滥已成趋势。姑且把未成年人的小皇帝现象放在一边，仅就从赡养老人来说，有多少纠纷不是子女强调自己的条件、自己的能力、自己的获得、自己的好恶、自己的吃亏、自己的负担等等引起的呢?！如果多少能够站在对方的角度，能够从自己的服务需要出发，还会把父母推来推去吗?还会在兄弟姐妹间打得头破血流吗?就是把自己考虑得太多了，亲情也就疏远了，就是只想自己合适了，结果大家都不合适了。从这个意义上来说，个人主义害死人，个人主义是婚姻家庭解体的罪魁祸首。

其二，警惕市场经济规则在婚姻家庭领域泛滥。婚姻家庭是一个伦理实体，在这个实体中遵循的应当是互相尊重、敬老爱幼、互相帮助的伦理道德，而不是等价交换的市场规则，更不是弱肉强食的竞争关系。然而，随着市场经济的发展，市场经济规则不仅在经济领域发挥着主导作用，在其他领域包括婚姻家庭领域也产生了无处不在的渗透力，目前不仅夫妻财产关系要讲契约、约定，就连人身关系也要忠诚协议；有些父母子女之间的抚养、赡养中也充斥着等价交换的味道。不仅离婚时的财产分割要求你争我夺，就连代表着“家”的房子也要通过最市场的方式——竞价拍卖，来确定最终的得主。一些人更多地去关注婚姻家庭财产的市场价值，却把这种财产的感情纽带彻底抛弃了。人们在处理这种财产关系时，也往往遵循有利于资产拥有者或者实际占有者的原则；当婚姻家庭财产牵扯到其他人时，保障交易安全又成了首要考虑。上述种种情况实际上是市场经济规则在婚姻家庭的普遍适用，是资本主义的价值观念在发挥主导作用，对此我们应保持必要的警惕。

其三，警惕财产关系在婚姻家庭领域反客为主。婚姻家庭领域中有人身关系也有财产关系，但归根到底最基本和起决定作用的应该是人身关系，是因为有了婚姻，有了夫妻身份才有了夫妻财产，所以婚姻家庭领域人身关系是本，财产关系是末；人身关系是皮，财产关系是毛。从这个意义上来说，是人身关系决定财产关系。正因为如此，在婚姻家庭领域的财产关系要适用特别的规定。合同法就明确规定：“本法所称合同是平等主体的自然人、法人、其他组织之间设立、变更、终止民事权利义务关系的协议。婚姻、收养、监护等有关身份关系的协议，适用其他法律的规定。”物权法也规定：“其他相关法律对物权另有特别规定的，依照其规定。”然而在现实生活中甚至在司法实践中，财产关系的附属性却荡然无存，我们看到的是财产关系已经反客为主，不仅可以决定婚姻的开始，而且左右了婚姻的结局。这种情况在某种意义上来说并不是社会的进步，而是一种倒退。这一点也需要警惕。

其四，警惕封建主义在婚姻家庭领域死灰复燃。新中国第一部婚姻法的主旨是反封建，它明确规定：“废除包办强迫、男尊女卑、漠视子女利益的封建主义婚姻制度。实行男女婚姻自由、一夫一妻、男女权利平等、保护妇女和子女合法利益的新民主主义婚姻制度。”“禁止重婚、纳妾。禁止童养媳。禁止干涉寡妇婚姻自由。禁止任何人藉婚姻关系问题索取财物。”

通过50年婚姻法的贯彻落实，封建的婚姻家庭制度土崩瓦解了。可是到了21世纪的今天，在我们目之所及的范围内，却又重新到处充斥着变相的包办婚姻、买卖婚姻和借婚姻索取财物，这种现象应引起高度的重视。我们必须警惕封建主义在婚姻家庭领域死灰复燃，特别是要防止封建的婚姻，警惕一新的形式死灰复燃。

其五，警惕婚姻家庭领域中的老少失衡。我国已步入老龄化时代，老年人的权益问题不容忽视。在婚姻家庭领域，老年人权益更多受到来自家庭成员的侵犯，有的是干涉父母再婚，有的是不赡养父母，有的是抢夺父母的财产，有的是虐待殴打父母等等。五花八门想都想不到的事情引人深思。相较于当下父母对子女的宠爱有加，老年人的生活似乎缺少了基本的温暖。在这个已经步入老龄化的时代，老年人的问题应引起高度的关注，我们在关怀下一代的同时，也要呼吁“关心上一代”。

第二章　结婚篇

一、结婚条件

依据现行婚姻法第二至第七条的规定，在我国，婚姻的有效要件具体包括五项，即："结婚必须男女双方完全自愿，不许任何一方对他方加以强迫或任何第三者加以干涉。"（第五条）"结婚年龄，男不得早于二十二周岁，女不得早于二十周岁。"（第六条）"有下列情形之一的，禁止结婚：（一）直系血亲和三代以内的旁系血亲；（二）患有医学上认为不应当结婚的疾病。"（第七条）并规定：实行一夫一妻的婚姻制度（第二条）；禁止重婚（第三条）。其中，前两项是结婚的必备要件（积极要件），后三项是结婚的禁止要件（消极要件）。

（一）结婚须具备的条件

1. 男女双方必须有结婚的合意

结婚的合意，是指男女双方当事人在完全平等、自愿的基础上，就缔结婚姻关系所达成的内心真实意思表示的一致。结婚合意是婚姻成立和婚姻有效的基础。缺乏合意的婚姻包括：当事人无意思能力、意思表示不自由、意思表示错误及虚假的意思表示所缔结的婚姻。它们都属于有瑕疵的婚姻，将归于婚姻的无效或可撤销。当代婚姻制度以个人为本位，倡导婚姻自由，反对父母或其他长辈亲属将家庭利益强加给婚姻当事人，包办其婚姻。男女双方有结婚合意的要件是结婚条件中的首要要件。

我国婚姻法第五条所谓"结婚必须男女双方完全自愿"，包括三层含义：（1）是双方自愿而不是一方愿意；（2）是双方本人愿意而不是父母或者其他第三人愿意;（3）是双方完全自愿而不是勉强同意，或迫于对方、外界压力，做出不真实的意思表示。

男女结婚应当具有理解婚姻的意义和后果的能力，这种能力称为婚姻行为能力，而意思能力则是男女双方具有婚姻行为能力的基础。所谓意思能力，也称判断能力或识别能力，是指自然人认识自己行为的动机与结果，并据此认识决定其正常意思的能力。意思能力为法律赋予自然人具有民事行为能力的前提。有意思能力，则有民事行为能力；无意思能力，则无民事行为能力。然而，对于婚姻当事人双方而言，只具有意思能力尚不足以构成完全的婚姻行为能力。从婚姻的本质和目的出发，男女只有达到一定婚龄，才具备结婚的生理条件和心理条件，才能对婚姻问题做出理性判断，并在婚后承担起对配偶、子女和家庭的责任。所以，达到法定婚龄、具有意思能力是自然人结婚行为能力的两个基本条件。

2. 男女双方必须达到法定婚龄

法定婚龄又称适婚年龄，是法律规定的准予男女结婚的最低年龄。法律关于法定婚龄的规定属于强制规范，人人必须遵守。男女只有分别达到法定婚龄，才具有结婚的行为能力。我国婚姻法第六条所谓“结婚年龄，男不得早于22周岁，女不得早于20周岁”，是指在我国，男性满22周岁、女性满20周岁，才具备结婚的行为能力，才可行使缔结婚姻的权利。

我国现行婚姻法在确立男女最低结婚年龄时，考虑到了计划生育这一基本国策。我国是世界人口大国，人口增长的速度远远超过了生产力发展水平。这样不但制约了社会发展，而且影响到社会经济的可持续发展。家庭是人口再生产的基本单位，男女结婚年龄高低直接影响到人口增长的速度。我国1980年在制定新婚姻法时适当提高男女法定婚龄，是降低人口出生率的重要措施之一[①]。

---

① 1950年我国颁行了第一部婚姻法，该法确立的男女最低结婚年龄分别是20周岁、18周岁。1980年我国颁行的第二部婚姻法，即现行婚姻法，将男女法定婚龄分别提高两周岁。现行婚姻法第五十条规定，民族自治地区的人民代表大会有权结合本地民族婚姻家庭的具体情况，对法定婚龄做变通规定。从现有的各少数民族自治地区关于婚姻法的变通规定看，多对本地少数民族男女结婚的最低年龄变通为男20周岁、女18周岁。

男女结婚必须达到法定婚龄，是各国立法的通例。但男女法定婚龄的确定又与各国社会条件、自然条件，如气候、习俗、人口、经济状况多种因素密切相关。因此，法定婚龄的确立是立法者综合自然因素和社会因素的结果。我国现行1980年婚姻法，在1950年婚姻法基础上将男女法定婚龄分别提高两周岁，也是综合考虑我国人口与社会经济发展状况的结果。再者，各国对男女法定婚龄的规定一般都是男性比女性大两岁，这一现象被称为“习惯婚龄差”。曾有人认为法律这样规定有男女不平等之嫌，应当提倡男女婚龄相同。但通常认为，男女生理成熟年龄不同，女性比男性一般早发育两年，法律之所以这样规定并不是性别歧视，而是尊重客观事实。

我国婚姻法在规定法定婚龄的同时，又规定“晚婚晚育应予鼓励”。前者是强制性规定，后者为鼓励提倡性规定。实践中不能用晚婚年龄代替法定婚龄，但要宣传和提倡适当晚婚晚育对于控制人口过快增长的重要性。

（二）结婚必须排除的条件

1. 有配偶者不得结婚

一夫一妻制是我国婚姻制度的根本。现行婚姻法第三条明确“禁止重婚”。民政部婚姻登记条例要求结婚双方当事人在婚姻登记时，须向婚姻登记机关出示无配偶的证明材料；如果一方或者双方有配偶，婚姻登记机关不予登记。基于婚姻法和婚姻登记条例的精神，“有配偶者不得再行结婚，或者无配偶者，始得结婚，应当是不言而喻的，属于结婚的消极要件之一。”[①] 如果有配偶者再婚，其法律后果有两个方面，一是在民事上将导致婚姻无效；二是在刑事上将构成重婚罪，依法追究重婚者的刑事责任。可见，有配偶者不得结婚，应当是我国婚姻法确立的结婚禁止要件之一。

2. 一定范围内的亲属间不得结婚

禁止一定范围内的亲属之间结婚，是人类婚姻制度产生之初就有的禁例。我国婚姻法第七条规定的禁止结婚的血亲是“直系血亲和三代以内的

---

① 梁慧星主编:《中国民法典草案建议稿附理由 亲属编》，法律出版社，2006年版，第25页。

旁系血亲”。这些亲属总体上可分为两类：（1）直系血亲。包括父母子女、祖父母与孙子女、外祖父母与外孙子女。基于法律规定，凡上下各代直系血亲，不论亲等，一律禁止结婚。（2）三代以内的旁系血亲。指同出于祖父母、外祖父母的除直系血亲以外的血亲。具体可分为下列三类亲属：第一，同源于父母的兄弟姐妹，包括同父同母的全血缘兄弟姐妹，也包括同父异母或同母异父的半血缘兄弟姐妹；第二，同源于祖父母或外祖父母的不同辈分的姑伯叔与侄子女、姨舅与外甥子女；第三，同源于祖父母与外祖父母的同辈分的堂兄弟姐妹和表兄弟姐妹。

在遗传学上，“近亲”的本质在于他们之间相同的基因较多。父母子女之间有 1/2 基因相同，是一亲等的血亲；祖孙、同胞兄弟姐妹之间有 1/4 基因相同，是二亲等的血亲；叔、伯、姑、舅、姨与侄子女、甥子女之间 1/8 基因相同，是三亲等的血亲；堂、姑、姨表兄弟姐妹之间 1/16 基因相同，是四亲等的血亲。法律禁止这些亲属结婚，主要是基于优生的考虑，避免由于夫妻血缘联系太近，相同基因比例较高，双方相同的致病基因在子代身上“纯合”而发病。我国古代关于“男女同姓，其生不藩”的说法，就反映了这一原理。

法律禁止近亲结婚除基于遗传学和优生学原理外，还考虑到人类伦理道德观念的要求。近亲结婚有悖于人们长期形成的婚姻道德观念，更容易造成亲属身份的混乱，例如，你的姨母如果和你的哥哥结婚的话，他们就会分别成为你的嫂子或者姨夫，这简直是难以想象的场景。所以，世界各国法律均根据本民族的风俗习惯，禁止一定范围内的亲属间通婚。

至于拟制血亲之间、直系姻亲之间可否通婚的问题，我国现行婚姻法没有明文规定，学术界对此有不同认识。

第一，关于禁止拟制血亲结婚的问题。我国婚姻法规定，养父母与养子女、继父母与受其抚养教育的继子女之间的权利和义务，适用婚姻法关于亲生父母子女关系的规定。养父母与养子女、继父母与受其抚养教育的继子女之间是拟制直系血亲，他们之间与自然直系血亲之间具有完全相同的法律上的权利和义务。据此可以判断，婚姻法对于直系血亲缔结婚姻的限制，应适用于养父母与养子女和有抚养关系的继父母子女之间。即使抚养关系结束后，他们之间也不得结婚。这是因为拟制直系血亲之间没有生物学上的血缘联系，他们结婚后虽然不会引起优生问题，但是会引起伦理上的问题，因为他们是不同辈分的人。对于社会热议的拟制旁系血亲（养子女之间、继子女之间）结婚的问题，他们之间结婚既无优生问题，也无辈分上的伦理障碍，法律没有将其列入禁止结婚的行列，因此，双方是可以结婚的。比如，再婚夫妻各自带来的原婚姻所生子女，他们无血缘关系，也同辈分，他们之间可以结婚。拟制旁系血亲关系是由于拟制直系血亲关系的设立而发生的附随事实，因他人设定拟制亲子关系便致使他们之间不能结婚，是有悖常理的。

第二，关于直系姻亲间的通婚问题。直系姻亲，是指公公与儿媳、岳母与女婿、未形成抚养关系的继父母与继子女之间的关系。按照我国传统习惯，禁止直系姻亲结婚，旁系姻亲结婚则不受限制。直系姻亲虽不具有直系血亲的法律地位，但是他们之间结婚有悖于道德伦理和风俗习惯，如果婚后生有子女，会导致亲属间的辈分更加混乱。我国现行婚姻法没有将直系姻亲列入禁止结婚的行列，但由于伦理的要求，还是尽量限制其结婚为宜。现实生活中，会出现这样的现象，夫妻一方死亡后，如果儿媳与公公、女婿与婆婆继续在同一屋檐下共同生活，难免日久生情，乃至产生结婚意愿。早在20世纪50年代，最高人民法院曾发布公公与媳妇、继母与儿子、女婿与岳母等可否结婚的批复，指出婚姻法虽然对这些人之间无禁止结婚的规定，但为了照顾群众影响，尽量劝其不要结婚；如果双方态度异常坚决，说服无效，可以双方“迁居”为条件，许可结婚[①]。也就是说，男女双方必须离开原居住地，搬迁到一个新环境中生活，民政部门方准予其结婚。这种解决方法在我国20世纪是切合实际的。当今，随着人们婚姻观念的转变，直系姻亲间通婚的社会影响相对减小，现行婚姻法也没有针对这类人群做出以“迁居”为结婚先决条件的规定。

---

① 刘素萍主编:《婚姻法学参考资料》，中国人民大学出版社，1989年版，第191页。

3. 患有特定疾病的人不得结婚

法律禁止患有特定疾病的人结婚，目的在于防止当事人所患疾病传染或遗传给下一代，这不仅有利于保护当事人利益，也有利于维护社会公益。为贯彻落实婚姻法第七条第二款“患有医学上认为不应当结婚的疾病的，禁止结婚”的规定，民政部婚姻登记条例第六条规定：“患有医学上认为不应当结婚的疾病的，是婚姻登记机关不予登记的情形之一。”

然而，哪些疾病属于医学上认为不应当结婚疾病，在我国一直未有相应的立法解释。目前只有母婴保健法中涉及有关内容，所以我们只能以以下这些项作为评判的标准。根据母婴保健法及相关规定，婚前医学检查包括以下几种疾病：第一，指定传染病，具体是指传染病防治法规定的艾滋病、淋病、梅毒以及医学上认为影响结婚和生育的其他传染病；第二，在发病期内的有关精神病，主要指精神分裂症，狂躁型和抑郁型精神病，及其他重型精神病；第三，严重遗传性疾病，主要是指由于遗传因素先天形成，患者全部或部分丧失自主活动能力，自带再现风险高。医学上认为不宜生育的疾病；第四，其他与婚育有关的疾病，如重要脏器疾病和生殖系统疾病等。经过检查，如果患有以上这些类型的疾病，医师会向受检者提出医学意见：建议不宜结婚，建议不宜生育，建议暂缓结婚。

婚前医学检查是我国母婴保健法推行的婚期保健服务措施，目的是让更多的家庭可以优生优育、减少出生缺陷，从全民的角度来看，也可以提高人口健康素质。2003 年民政部婚姻登记条例不再将婚检作为男女结婚前的必需程序，但这不表明我国取消了婚前健康检查的制度，恰恰相反，目前越来越多的省市开始推行免费婚检。婚检福利化是政府处理婚检中的公共利益与个人利益的有益尝试。为保障当事人婚姻美满幸福、家庭和睦、子女健康，政府应广泛宣传婚检的意义，鼓励提倡男女婚前自觉进行健康检查。

二、我国结婚登记的程序

（一）结婚的形式要件

结婚的形式要件又称结婚的程序，是指法律规定结婚必须采取的方式。关于婚姻成立有效的方式，历来有事实婚主义和形式婚主义两种。事实婚主义是指只要当事人具有共同生活的意愿和以夫妻名义共同生活的事实，婚姻即为有效成立，法律承认其婚姻的效力。形式婚主义则要求当事人结婚应当具备一定的仪式或程序，婚姻方为有效成立，而不论双方有无事实上的婚姻共同生活。事实婚主义的优点在于结婚的事实关系与法律关系一致，缺点在于不具备公示性，难以证明婚姻有效成立的时间。我国为避免事实婚姻在形式方面的缺失，采取形式婚主义，以保障婚姻的公示性。

形式婚主义又分为礼俗婚主义（仪式制）和法律婚主义（登记制）两种。（1）礼俗婚主义，是指结婚不许公权力介入，只需进行一定的公开仪式即可成立有效。纯粹的礼俗婚主义的缺点在于完全缺乏国家公权力的监督，在人口流动频繁的现代社会很难避免重婚和骗婚这类事件的发生。（2）法律婚主义，是指公权力积极介入，以结婚登记为婚姻成立有效的要件。我国从1950年婚姻法开始，摒弃传统的礼俗婚主义，采取法律婚主义。为了完善婚姻登记制度，民政部先后颁布《婚姻登记办法》（1986年）、《婚姻登记管理条例》（1994年）和《婚姻登记条例》（2003年），逐步规范了婚姻登记的具体程序。

结婚是以确定配偶身份为目的的行为，当事人双方的合意是其基本要素，按理说国家公权力无须对其特别许可。婚姻登记仅是对当事人结婚这一民事法律行为成立有效的证明，而非国家对其结婚的许可。所以，在民法上结婚登记仅具有公示婚姻关系有效成立的作用。由于婚姻登记只具有证明作用，因此，婚姻登记机关颁发给当事人的结婚证书中一般不会使用“批准结婚”和“准予结婚”等词语，这是为了避免对结婚登记法律性质有所混淆。我国对设立结婚的行为设定专门的登记程序，还在于防止当事人有重婚和骗婚等不符合结婚实质要件的行为，保护对方及第三人利益。

基于结婚登记的法律性质，如果男女仅举办了民间认可的结婚仪式，没有在民政部门办理结婚登记，由此形成的婚姻原则上对国家利益不会有所损害，但会影响当事人在法律上权利的享有与实现。

（二）我国的结婚登记制度

我国婚姻法第八条规定："要求结婚的男女必须亲自到婚姻登记机关进行结婚登记，符合本法规定的，予以登记，发给结婚证，取得结婚证，即确立夫妻关系。"可见，结婚登记是我国结婚的法定程序，男女双方只有履行结婚登记程序，其婚姻才产生法律效力。无论当事人是否举行婚礼等民间仪式，只要依法取得结婚证，便发生夫妻间的权利义务关系。

1. 结婚登记机关

《婚姻登记条例》第二条第一款规定"内地居民办理结婚登记的机关是县级人民政府或者乡（镇）人民政府，省、自治区、直辖市人民政府可以按照便民原则确定农村居民办理结婚登记的具体机关。"由此可见，如果登记结婚，应去当事人户籍所在地的结婚登记机关进行办理。结婚当事人双方的户口在同一地区的，应当到共同的户口所在地的婚姻登记机关办理结婚登记；结婚当事人双方的户口不在同一地区的，可以到任何一方的户口所在地的婚姻登记机关办理结婚登记。

对于中国公民与外国人、内地居民与港澳台同胞在中国（内地）办理结婚登记手续的，依《婚姻登记条例》第二条第二款，有权办理此类结婚登记的机关"是省、自治区、直辖市人民政府民政部门或者省、自治区、直辖市人民政府民政部门确定的机关"。

2. 结婚登记程序

结婚登记程序分为申请、审查和登记三个环节。

（1）申请

结婚登记是确立当事人之间具有配偶身份的行为，不能由他人代理进行办理，一方也不可以用书面意见代替本人到场，当事人双方必须亲自到结婚登记机关申请办理结婚登记。办理结婚的男女当事人，应当到一方的户口所在地或者双方共同的户口所在地的结婚登记机关提出结婚登记的申请。《结婚登记条例》规定了当事人应当出具哪些证件和证明材料，不同的人有不同的规定。内地居民办理结婚登记的，应当出具的证件和证明材料包括：①本人的户口簿、身份证；②本人无配偶以及与对方当事人没有直系血亲和三代以内旁系血亲关系的签字声明。香港居民、澳门居民、台湾居民在内地办理结婚登记的，应当出具的证件和证明材料有：①本人的有效通行证、身份证；②经居住地公证机构公证的本人无配偶以及与对方当事人没有直系血亲和三代以内旁系血亲关系的声明。华侨在我国办理结婚登记的，应当出具的证件和证明材料有：①本人的有效护照；②居住国公证机构或者有权机关出具的、经中华人民共和国驻该国使（领）馆认证的本人无配偶以及与对方当事人没有直系血亲和三代以内旁系血亲关系的证明，或者中华人民共和国驻该国使（领）馆出具的本人无配偶以及与对方当事人没有直系血亲和三代以内旁系血亲关系的证明。外国人在我国办理结婚登记的，应当出具的证件和证明材料有：①本人的有效护照或者其他有效的国际旅行证件；②所在国公证机构或者有权机关出具的、经中华人民共和国驻该国使（领）馆认证或者该国驻华使（领）馆认证的本人无配偶的证明，或者所在国驻华使（领）馆出具的本人无配偶的证明。

（2）审查

结婚当事人向婚姻登记机关提交结婚申请后，婚姻登记机关将对其申请进行审核和查证。审查内容包括两方面：①审查证件。结婚登记员会审查结婚当事人所持证件是否真实、完备，证件的内容是否与当事人本人的情况完全相符，证件是否伪造、涂改或者冒名顶替。②审查当事人双方是否符合法律规定的结婚条件。经审查申请结婚登记的当事人一方或双方有下列情形之一的，婚姻登记机关不予登记：第一，未达到法定婚龄；第二，非双方自愿；第三，已有配偶；第四，属于直系血亲或者三代以内旁系血亲；第五，患有医学上认为不应当结婚的疾病。

（3）登记

结婚登记机关对申请人的结婚申请审查后，认为符合法定条件，当场予以登记，并发给结婚证。对于复婚的或者离过婚的当事人，颁发新结婚证的同时，还应注销其原结婚证。当事人从取得结婚证之日起，确立夫妻关系。婚姻登记机关对当事人的结婚登记申请不予登记的，将以书面形式说明不予登记的理由。根据婚姻登记条例，2003 年 10 月 1 日以后内地居民申请结婚登记的，双方需要各自填写并签署《申请结婚登记声明书》。声明书除写明本人和对方姓名、性别、国籍、出生年月、民族、职业、文化程度、身份证件号码、常住人口所在地、婚姻状况等基本状况外，还需申明本人与对方均无配偶、没有直系血亲和三代以内旁系血亲关系，了解对方身体健康状况，并强调自愿结为夫妻。

结婚证是结婚登记机关签发的证明婚姻关系成立的法律文书。婚姻登记条例第十七条规定，当事人遗失或者损毁结婚证的，可以拿着户口簿、身份证向原办理婚姻登记的机关或者一方当事人常住户口所在地的登记机关申请补领。结婚登记机关会对当事人的结婚登记档案进行查证，确认属实的，则会为当事人补发结婚证。

（三）事实婚姻的效力

1. 事实婚姻的概念

事实婚姻是法律婚姻的对称。何谓事实婚姻，有不同学理解释，主要观点有两种：（1）广义说。该说认为具备婚姻的意思、有同居事实、已经公示的两性结合即构成事实婚姻。按照广义说，不论当事人是否具备实质要件，只要未进行结婚登记，即为事实婚。（2）狭义说。该说认为事实婚姻是指符合结婚实质要件的男女，未办结婚登记手续而以夫妻名义同居生活，群众也认为是夫妻关系的结合。通观我国历年最高人民法院关于事实婚姻问题的司法解释，最早对事实婚姻概念作出界定的是 1979 年最高人民法院《关于贯彻执行民事政策法律的意见》，指出：“事实婚姻是指没有配偶的男女，未进行结婚登记，以夫妻名义同居生活，群众也认为是夫妻关系的。”

这是将无配偶作为认定事实婚姻的要件，可见，我国司法实践中对事实婚姻的认定，采狭义的解释。[①] 根据司法解释，事实婚姻必须是双方当事人完全符合法定结婚的实质要件，而只是不符合结婚的形式要件。

本书持广义说。理由如下：（1）认定事实婚姻的目的在于区别它与法律婚姻的界限，并不在于肯定其是否为有效婚姻。凡履行法定结婚形式要件的是法律婚姻，未履行法定结婚形式要件的则构成事实婚姻。从这一目的出发，只要当事人双方以夫妻名义同居生活，具有婚姻的目的和共同生活的形式，便是事实婚姻。因此，不符合结婚实质要件的也可以构成事实婚姻。（2）有婚姻之实，无法律婚姻的形式，是事实婚姻的内在本质要素。事实婚姻的外延应当包括所有未履行法定结婚形式要件的婚姻。狭义说的弊端在于，无法界定那些既不具备实质要件又欠缺形式要件的两性结合是婚姻关系还是同居关系。如果将不符合结婚实质要件的事实婚姻排除在外，将会导致婚姻关系与同居关系划分标准的混乱，同时，也不利于对重婚行为的认定。所谓“重婚”，是指一人同时有两个以上的配偶。根据最高人民法院 1994 年关于“有配偶的人与他人以夫妻名义同居生活的，或者明知他人有配偶而与之以夫妻名义同居生活的，仍应按重婚罪定罪处罚”的批复，如果我国在民事上不承认有配偶者与他人以夫妻名义共同生活形成的关系是事实婚姻，也就不可能在刑事上将其认定为事实重婚，并予以定罪处罚。所以，应从婚姻的成立要件而不是有效要件出发，界定事实婚姻概念。所谓“事实婚姻”，就是男女双方欠缺法定结婚形式要件而以夫妻名义共同居住，共同生活所形成的婚姻关系。

2. 事实婚姻的效力

我国历史上长期实行仪式婚主义，有着重结婚仪式的传统。虽然 1950 年婚姻法建立了婚姻登记制度，但迄今并未杜绝只举行仪式、不办理登记的事实婚姻。因此，事实婚姻一直是与登记婚姻并存的婚姻现象。

新中国成立以来，婚姻立法与司法解释对事实婚姻的态度，大致经历

① 最高人民法院 1984 年《关于贯彻执行民事政策法律若干问题的意见》对事实婚姻的认定标准做了限制性解释，也采狭义说。

了承认主义、限制承认主义、不承认主义三个阶段。(1)承认主义阶段。这一阶段存在于1950年婚姻法施行期间。20世纪50年代，国家通过立法解释和司法解释承认事实婚姻，将因事实婚姻引起的纠纷按离婚案件处理①。(2)限制承认主义阶段。1980年婚姻法颁布后，1984年8月30日最高人民法院《关于贯彻执行民事法律政策若干问题的意见》指出，事实婚姻是违法的，对事实婚姻的认定标准作出限制性解释，将虽以夫妻名义同居生活，但起诉时双方或一方不符合结婚法定条件的排除在事实婚姻关系之外，按非法同居关系处理。1989年11月21日最高人民法院《关于人民法院审理未办结婚登记而以夫妻名义同居生活案件的若干意见》明确“在一定时期内有条件地承认事实婚姻关系”的原则。该意见第三条指出，“自民政部新的婚姻登记管理条例施行之日起，未办理结婚登记即以夫妻名义同居生活，按非法同居关系对待。”(3)不承认主义阶段。1994年2月1日民政部颁布新的《婚姻登记管理条例》，规定1994年2月1日以后，未到法定结婚年龄的公民以夫妻名义同居的，或者符合结婚条件的当事人未经结婚登记以夫妻名义同居的，其婚姻关系无效，不受法律保护。

2001年，修正后的现行婚姻法在有关结婚登记的条款中增加规定“未办理结婚登记的，应当补办结婚登记”(第八条)。这一规定在对待事实婚姻的态度上，较先前的司法解释有所缓和，是有条件地承认事实婚姻。它不但把事实婚姻纳入法律的调整范围，创造了事实婚转化为合法婚的途径，也有利于对当事人和子女利益的保护。但对于人民法院如何处理起诉“离婚”时未补办结婚登记的事实婚姻，婚姻法修正案没有明确规定。为此，2001年最高人民法院《关于适用〈中华人民共和国婚姻法〉若干问题的解释(一)》〔以下简称“司法解释(一)”〕对事实婚姻的效力作出如下解释：

第一，1994年2月1日民政部《婚姻登记管理条例》公布实施以前，

① 1953年3月19日中央人民政府法制委员会《有关婚姻问题解答》，1957年3月6日最高人民法院《关于男女双方已达婚龄未进行登记而结婚的一方提出离婚时应如何处理问题的批复》，1958年3月3日最高人民法院《关于事实上的婚姻关系应如何予以保护和一方提出离婚应如何处理等问题的复函》。

男女双方符合结婚实质要件的，按事实婚姻处理。当事人无须补办结婚登记。

第二，1994 年 2 月 1 日民政部《婚姻登记管理条例》公布实施以后，男女双方符合结婚实质要件的，人民法院应当告知其在案件受理前补办结婚登记；未补办结婚登记的，按解除同居关系处理[①]。即该日期之后，补办结婚登记是当事人婚姻合法化的必要条件。补办结婚登记具有溯及力，婚姻关系的效力从双方均符合婚姻法所规定的结婚的实质要件时起算。

显然，司法解释（一）在对事实婚姻与同居关系的认定上，参考了民政部 1994 年《婚姻登记管理条例》和最高人民法院先前司法解释的做法，以当事人婚姻形成的时间为标准。本书认为，在事实婚姻问题上，我国立法和司法解释需顾及中华民族千年来实行仪式婚的传统，在个人私益与社会公益之间寻求一种平衡。有条件地承认事实婚姻，或许是我国婚姻法在现代化与尊重民族传统之间找到的一个平衡点。因此，现行婚姻法强调补办结婚登记，对于事实婚姻转化为有效婚姻的做法值得肯定，司法解释对非婚同居关系的认定标准需要斟酌。

三、无效婚姻和可撤销婚姻

（一）无效婚姻

1. 无效婚姻的概念

无效婚姻，是指已经成立的婚姻因违反法定的结婚实质要件（主要是公益要件），经人民法院依法宣告，自始不产生法律效力的婚姻。无效婚姻制度是对欠缺婚姻有效要件的婚姻，确认其不具有法律效力的制度。它确

① 但根据 2003 年司法解释（二）第一条，当事人起诉请求解除同居关系的，人民法院不予受理。法院只对当事人同居期间财产分割和子女抚养纠纷予以受理。2008 年 4 月 1 日起施行的最高人民法院《民事案件案由规定》将此类案件定名为“同居关系析产、子女抚养纠纷”。

保了法定结婚条件与程序的实施，保障婚姻合法有效，是预防和减少婚姻无效纠纷，制裁违法婚姻的重要措施。

2. 无效婚姻的种类

婚姻无效制度是结婚制度的必要组成部分。哪些婚姻是无效婚姻，与法律确立的结婚要件紧密相关，也是法律明确列举的。2001 年我国修改后的婚姻法第十条指出："有下列情形之一的，婚姻无效：（一）重婚的；（二）有禁止结婚亲属关系的；（三）婚前患有医学上认为不应当结婚的疾病，婚后未治愈的；（四）未到法定结婚年龄的。"对于欠缺婚姻形式要件（事实婚姻）则不按无效婚姻处理。

在确定某一婚姻是否无效时，应以无效事由的存在为前提。司法解释（一）指出："当事人依据婚姻法第十条规定向人民法院申请宣告婚姻无效的申请时，法定的无效婚姻事由已经消失的，人民法院不予支持。"所以，请求权人在向法院申请宣告婚姻无效时，如果该婚姻在结婚的实质要件方面已经符合法定要件，如未达到法定婚龄的一方或双方已经达到、患有禁止结婚疾病的已经治愈、重婚的一方已与配偶解除婚姻，则无须再行确认婚姻无效。当然，在重婚这一情形下，如果当事人已构成重婚罪，并不能因此免除其刑事责任。

3. 谁可以请求宣告婚姻无效

按照民法原理，无效法律行为在任何时候都是无效的。原则上，无须通过诉讼程序作出宣告，但出于公示和保护当事人利益的目的，大多数国家的法律规定应由法院裁判，宣告婚姻无效。所以，谁可以向法院请求宣告婚姻无效又是一个法律上的问题，但我国婚姻法并没有明文列举享有婚姻无效请求权的主体。司法解释（一）第七条对此问题则做出明确解释："申请宣告婚姻无效的主体包括婚姻当事人和利害关系人。利害关系人包括：（1）以重婚为由申请宣告婚姻无效的，为当事人的近亲属及基层组织。（2）以未达到法定婚龄为由申请宣告婚姻无效的，为未达到法定婚龄者的近亲属。（3）以有禁止结婚的亲属关系为由申请宣告婚姻无效的，为当事人的近亲属。（4）以婚前患有医学上认为不应当结婚的疾病而婚后尚未治愈为由申请宣告婚姻无效的，为与患病者共同生活的近亲属。”以上所说的基层组织，一般是婚姻当事人所在的居民委员会、村民委员会及其单位；所谓近亲属，是指：婚姻当事人的父母、子女、兄弟姐妹、祖父母、外祖父母、孙子女、外孙子女。

从申请宣告婚姻无效的时间上来看，只要婚姻无效的情形存在，请求权人在任何时候都可以提出申请，甚至可以在一方当事人死后提出。按照民法一般原理，任何已经存在的民事关系会因缺少主体而解体。按以上原理，当事人一方死亡后，无效婚姻的事实已然不存在。那么，这时法律允许请求权人申请宣告婚姻无效，意义何在呢？让我们来举例说明。例如，在重婚这一情形下，当重婚一方死亡后，请求权人申请宣告婚姻无效，有利于确认死者遗产的合法继承人，保护合法配偶及死者所有子女的财产权益，同时，也有利于对无过错配偶或者弱势配偶一方利益进行保护。因此，《婚姻法司法解释（二）》第五条指出：“夫妻一方或双方死亡后一年内，生存一方或者利害关系人依据婚姻法第十条的规定申请宣告婚姻无效的，人民法院应当受理。”

4. 宣告婚姻无效的机关

依法宣告婚姻无效是法律对已经成立的婚姻关系的尊重，也是发挥婚姻无效制度的规范功能、实现立法目的的途径。对于宣告婚姻无效的机关，婚姻法没有明确规定，从司法解释（一）的相关规定出发，可理解为只有人民法院才有权宣告婚姻无效，作为婚姻登记机关的民政部门没有此项权力。换言之，人民法院是我国唯一能够宣告无效婚姻的机关。由请求权人向人民法院提起申请，法院按照法定程序宣告婚姻无效。为弥补婚姻法的漏洞，司法解释（一）第十三条补充规定：“婚姻法第十三条规定的自始无效，是指无效或者可撤销婚姻在依法宣告无效或者被撤销时，才确定该婚姻自始不受法律保护。”可见，司法解释对婚姻法的表述有重大修正，明确我国实行宣告无效制，请求权人因此无权自行宣告婚姻无效。

5. 宣告婚姻无效的程序

依司法解释（一）和司法解释（二），人民法院审理宣告婚姻无效案件适用的诉讼程序与离婚诉讼程序不同。其区别主要体现在三方面：(1)法院决定受理申请宣告婚姻无效案件后，原告申请撤诉的，不予准许；(2)法院受理离婚案件后，审查确认属于无效婚姻的，应当将婚姻无效的情形告知当事人，并依法做出宣告婚姻无效的判决；(3)法院审理过程中对婚姻效力的审理不适用调解，应当依法做出判决，判决一经做出即发生法律效力，当事人不得就婚姻效力问题提出上诉：对于涉及财产分割和子女抚养的，可以调解，达成协议的，另行制作调解书，以判决形式做出，当事人对此不服，可以上诉。

可见，目前我国法院对婚姻无效案件的审理程序，参照了《民事诉讼法》中有关特别程序的规定。司法解释（一）第九条关于对婚姻效力的判决一经做出即发生法律效力的规定，即是采纳了确认之诉的主张。因为，宣告婚姻无效不是一般的民事权益争议，而是非讼案件，若比照适用民事诉讼法关于特别程序的规定进行审理的话，便应实行一审终审。[①] 然而，宣告婚姻无效必然涉及对当事人共同生活期间财产的分割和子女的抚养等权利义务的变更，因此，司法解释（一）第九条又指出，对上述两个事项的审理在程序上适用普通程序，实行二审终审，当事人不服一审判决的可以上诉。

（二）可撤销婚姻

可撤销婚姻，是指虽已成立但因违反法定的结婚有效要件（主要指私益要件）在撤销权人依法申请撤销时，有权机关依法予以撤销的婚姻[②]。与无效婚姻一样，可撤销婚姻也以婚姻的成立为前提条件，若婚姻不成立，则谈不到可撤销。可撤销婚姻虽已成立，但因欠缺法定的有效要件，而处于效力待定状态。但是，可撤销婚姻在被撤销前，只要撤销权人不提出申请，法院未做出裁判，婚姻关系即为有效。一旦撤销权人提出申请，法院

① 黄松有主编：《最高人民法院婚姻法司法解释（二）的理解与适用》，人民法院出版社，2004 年版，第 33 页。

② 余延满：《亲属法原论》，法律出版社，2008 年版，第 201 页。

依法宣告撤销该婚姻，其即为自始无效。

1. 可撤销婚姻的种类

根据婚姻法第十一条，当事人一方因胁迫结婚所形成的婚姻为可撤销婚姻。也就是说，在我国，只有胁迫这一情形所缔结的婚姻，才可被认定为可撤销婚姻。司法解释（一）指出，“胁迫是指行为人以给另一方当事人或者其近亲属的生命、身体健康、名誉、财产等方面造成损害为要挟，迫使另一方当事人违背真实意愿结婚的情况。”可见，构成胁迫必须符合以下条件：

（1）有胁迫行为。胁迫行为的实施人可以是婚姻当事人，也可以是第三人，如当事人的父母等亲属；受胁迫者可以是婚姻当事人本人，也可是其亲近亲属；胁迫的对象既包括人的生命、身体健康，也包括人的名誉、财产。

（2）胁迫人需有胁迫的故意。即行为人有使受胁迫人陷于恐惧，并基于恐惧而做出结婚的意思表示。该意思表示由于是当事人或者其近亲属受到胁迫后做出的，因而在法律上是不真实的。

（3）当事人同意结婚与本人或者近亲属受到胁迫有因果关系。即表意人在陷入恐惧或无法反抗境地时，做出了违反内心真实意愿的结婚意思表示。

我国婚姻法确立可撤销婚姻制度的目的在于维护婚姻自由原则，保护当事人结婚自由权。然而只将“胁迫”作为婚姻撤销的事由，范围过于狭窄，判断婚姻是否为可撤销，不能仅仅以胁迫作为唯一标准，还应该包括“欺诈”。“欺诈”与“胁迫”共同构成婚姻可撤销的法定原因。所谓“欺诈”，是指故意欺罔他人，使其陷入错误判断，并基于此错误判断而为意思表示的行为。在此需注意的是，构成“婚姻可撤销的欺诈”与其他民事行为中的欺诈不同，它有着确切含义，是指一方结婚时向对方隐瞒真实情况或者告知虚假事实，例如，是否达到法定婚龄、有无配偶、有无不宜结婚的疾病等。此所谓“事实”，不是指一般的事实，而是与法定结婚实质要件相关的情况或事实。所以，受到“欺诈”或“胁迫”而结婚的，均属于非自愿的结婚，违背结婚合意这一结婚必备要件，因而属于可撤销的婚姻。

有学者认为[①]，我国应当扩大对可撤销婚姻的解释。例如，婚姻当事人无表意能力、因同一性认识错误、人身性质认识错误而结婚或虚假结婚的，这些都可归为婚姻可撤销的原因。

2. 谁可以请求撤销婚姻

与无效婚姻的请求权人不同，在我国，婚姻撤销权的主体是受到胁迫的当事人，而不能是第三人或者任何组织。这是因为法定婚姻可撤销的原因属于妨碍婚姻自由权的情形，出于对当事人意愿的尊重，应由当事人决定是否请求婚姻撤销。有时，受到胁迫的一方当事人在长期的婚姻生活中对胁迫方产生了感情，愿意继续与之共同生活，便可以不行使撤销权，从而使他们的婚姻归于有效。所以，第三人或组织不能主动提出申请撤销他人婚姻。司法解释（一）第十条强调："因受胁迫而请求撤销婚姻的，只能是受胁迫一方的婚姻关系当事人本人。"

3. 婚姻撤销权的行使

在可撤销婚姻中，撤销权人行使婚姻撤销权与无效婚姻有所不同，无效婚姻的无效性无须请求权人通过一定的程序主张其无效，因为它自始无效，法院依法宣告婚姻无效，仅在于公示该婚姻的无效性，以便于保护当事人利益。可撤销婚姻的无效性以受胁迫方主动行使撤销权为条件，经法院裁判后，才能归于无效。如果撤销权人在法定期间内没有提出撤销婚姻的申请，那么，法律就推定其认可或宽恕了这一有瑕疵的婚姻，该婚姻也因此转化成为有效婚姻。

可见，撤销权人行使婚姻撤销权的特点有两点：第一，撤销权人可以单方面行使撤销权，无须征求对方当事人意见；第二，依照我国民法通则，撤销权人不能直接向对方行使其权利，而应采取将婚姻效力的判定交由法院处理的方式。

4. 婚姻撤销权的消灭

为保护相对人（婚姻的另一方当事人）利益，撤销权人必须在法律规

① 王洪:《婚姻家庭法》，法律出版社，2003 年版，第 94 页。

定的期限内行使权利，逾期未行使的，撤销权便归于消灭。我国婚姻法第十一条指出：“因胁迫结婚的，受胁迫的一方可以向婚姻登记机关或人民法院请求撤销该婚姻。受胁迫的一方撤销婚姻的请求，应当自结婚登记之日起一年内提出。被非法限制人身自由的当事人请求撤销婚姻的，应当自恢复人身自由之日起一年内提出。”这一规定中的“结婚登记之日起一年”，便是撤销权行使期间的规定，在民法上被称为除斥期间。所谓“除斥期间”，是法律规定撤销权存续的法定期间。除斥期间经过，即发生撤销权消灭的法律效果，以此促使撤销权人尽快行使权利，并保护相对人利益。“除斥期间”不是诉讼时效，当然不适用法律关于诉讼时效中止、中断或者延长的规定。

5. 可撤销婚姻的宣告机关

婚姻的撤销与一般法律行为的撤销不同，不能仅以撤销权人的单方意思表示而实现，必须依照法定程序依法撤销。依婚姻法第十一条，婚姻登记机关和人民法院均有权撤销婚姻。换句话说，撤销权人行使撤销权表明其撤销意图时，必须向婚姻登记机关或者人民法院做出申请，而不能直接向对方实现其意图。司法解释（一）和婚姻登记条例分别对依照诉讼程序和行政程序撤销婚姻做出进一步规定。司法解释（一）指出，人民法院审理撤销婚姻案件的程序与宣告婚姻无效案件不同。根据婚姻登记条例，婚姻登记机关虽不再具有宣告婚姻无效的职能，但依然享有撤销婚姻的权力。但是，婚姻登记机关对婚姻撤销的权力是有限的，不是所有的婚姻撤销都可以通过婚姻登记机关完成，只有对不涉及子女抚养、财产及债务问题的，经审查确定当事人受胁迫结婚的情况属实，才可撤销该婚姻，宣告结婚证作废；对于涉及子女抚养、财产分割及债务问题的案件，应交由法院，通过诉讼程序裁判。我国在婚姻撤销问题上，实行诉讼程序与行政程序并行，主要为便于当事人申请撤销婚姻。

（三）无效婚姻与可撤销婚姻的后果

我国婚姻法第十二条规定：“无效或被撤销的婚姻，自始无效。当事人不具有夫妻的权利和义务，同居期间所得的财产，由当事人协议处理；协议不成时由人民法院根据照顾无过错方的原则判决。对重婚导致婚姻无效的财产处理，不得侵害合法婚姻当事人的财产权益。当事人所生子女，适用本法关于父母子女的规定。”可见，婚姻无效的后果主要体现在三个方面：无效的效力是否溯及既往；当事人同居期间的财产分割；父母子女关系。

1. 无效婚姻与可撤销婚姻的溯及力问题

依婚姻法第十二条、司法解释（一）第十三条，我国法律对无效婚姻与可撤销婚姻的效力均采取溯及既往的原则。换言之，在我国婚姻法中，婚姻被撤销与婚姻被宣告无效的法律后果相同，即：法院宣告婚姻无效或撤销婚姻判决生效后，这两类婚姻均自始无效。男女双方自始不具有夫妻间的权利和义务关系，其关系属于同居关系，财产处理当然也按照一般的财产处理原则进行。虽然司法解释（一）第十五条补充解释道：原则上当事人同居期间所得的财产，按共同共有处理，然此“共同共有”不能理解为就是婚姻法针对合法婚姻所确立的婚后所得共同共有制。

2. 当事人同居生活期间所得财产的处理

婚姻法第十二条规定，无效婚姻和可撤销婚姻中当事人的财产关系不适用夫妻财产制的规定。司法解释（一）第十五条也明确指出：“被宣告无效或被撤销的婚姻，当事人同居期间所得的财产，按共同拥有处理。但有证据证明为当事人一方所拥有的除外。”也就是说，如果一方主张双方同居期间所得财产为个人所有，那么应当承担举证责任。双方当事人若对同居期间所得财产有协议，只要该协议符合民事法律行为有效要件，就按照协议处理；双方无协议的，则按照民法通则、物权法有关共有的一般规定处理。

对于因重婚导致婚姻无效的财产处理，法律要求应保护合法婚姻当事人的财产，不得侵害合法婚姻当事人的权利。在现实中，也有些重婚者与合法婚姻当事人未约定将他们的财产实行分别财产制，即便如此，也不能将他们的财产作为重婚者与后一婚姻当事人的共同财产进行分割。司法解释（一）突破审理婚姻纠纷不列第三人的传统模式，第十六条规定：“人民法院在审理重婚导致的无效婚姻案件时，涉及财产处理的应当准许婚姻合法当事人作为有独立请求权的第三人参加诉讼。”

3. 父母子女关系

婚姻被依法宣告无效或撤销后，在父母子女关系方面，首先涉及当事人所生子女是婚生子女，还是非婚生子女的问题。理论上，既然无效婚姻和可撤销婚姻都是自始无效，那么，在该婚姻中产生的一切行为都是无效的，在无效婚姻或可撤销婚姻中出生的子女，因此是非婚生子女。如果作此推论，不仅会产生不利于未成年子女保护的社会危害，也与我国保护妇女儿童权益的立法原则相冲突。所以，我国婚姻法明确规定：“婚生子女与非婚生子女享有同等的权利，任何人不得加以危害和歧视。”这使得对无效婚姻和可撤销婚姻中所生子女是婚生子女还是非婚生子女问题的探讨，失去实际意义。换言之，无论父母的婚姻是否为可撤销婚姻或者无效婚姻，在法律上都不会给子女带来更多的伤害。婚姻法第十二条所言，婚姻无效后子女与父母之间的关系，适用婚姻法有关父母子女关系的规定，这表明亲子女关系不会受到父母婚姻无效的影响。在婚姻被宣告无效或被撤销时，子女抚养费承担、探望权等问题的处理，均准用法律关于离婚后的子女抚养的一般规定。

第三章　家庭篇

一、夫妻关系

（一）概述

1. 夫妻关系基本常识

（1）夫妻的概念和特征

夫妻是男女双方以永久共同生活为目的依法结合的伴侣。男女因结婚而成为夫妻，双方具有特定的身份，与其他两性关系有着本质的区别。

夫妻关系不仅是重要的伦理关系，而且是重要的法律关系。夫妻关系的本质特征是：

①夫妻必须是男女两性合法的结合。男女双方符合法律所规定的结婚条件，并履行了法定的结婚手续，才能结为夫妻。男女两性间任何形式的非法结合（如重婚、非法同居）都不是夫妻关系。

②夫妻必须具有永久共同生活的目的。男女双方不以永久共同生活为目的之结合，也不是夫妻关系。

③夫妻是共同生活的伴侣，必须共同承担生育和抚养子女、赡养和扶助老人等责任。

（2）夫妻关系的内容

夫妻关系的内容十分广泛，如果仅就法律关系而言，主要是指夫妻双方在人身方面和财产方面享有的权利与承担的义务。夫妻关系是家庭关系的核心，在家庭中起着承上启下、养老育幼的特殊作用，因此，法律对夫妻之间的权利和义务必然要加以具体规定。夫妻在家庭中的地位因不同的时代和社会制度而异，这在夫妻间的权利和义务问题上有着十分明显的表现。

（3）夫妻法律地位的历史变化

夫妻双方在家庭中的地位，是与男女两性的社会地位相一致的。夫妻关系的性质和特点，归根结底决定于一定的社会经济基础。随着社会经济基础及与之相适应的婚姻家庭制度的发展，夫妻在家庭中的地位也随之变化。

在资产阶级国家的法学著作中，常常用立法主义的不同来说明夫妻在家庭中法律地位的变迁。他们把夫妻关系立法分为两大类型：一种是夫妻一体主义，又称夫妻同体主义。即夫妻因婚姻成立而合为一体，双方的人格互相吸收。从表面看，夫妻的地位是平等的，实际上只是妻的人格被夫所吸收，妻处于夫权的支配之下。故夫妻一体主义不过是夫权主义的别名。此立法主义主要为古代和中世纪的亲属法所采用。我国古代也采取此说。如古籍载有“夫妇，一体也”；礼教还认为“夫者妻之天也”，“夫为妻纲”。这表明妻的人格为夫所吸收。另一种是夫妻别体主义，或称夫妻分离主义。即指夫妻婚后仍各是独立的主体，各有独立的人格。夫妻双方虽受婚姻效力的约束，仍各有法律行为能力和财产权利。资产阶级国家的亲属法多采取夫妻别体主义。但资产阶级国家早期的立法中，仍保留有一定的封建残余。随着社会的发展，许多资本主义国家对有关夫妻地位的法律作了修改，使夫妻双方的法律地位在形式上逐渐趋于平等。

由于上述分类只是以某些法律形式上的特征为依据，故它无法说明不同社会制度下夫妻关系的本质。

夫妻在家庭中的地位，与不同的社会制度相适应。可分为以下三个时期：

①男尊女卑、夫权统治时期。这是指奴隶社会、封建社会夫妻在家庭中的地位，以男尊女卑、夫权统治为特征。

②在法律形式上渐趋平等的时期。这是指资本主义社会的夫妻关系，在法律上渐趋平等。

③从法律上的平等向实际上平等的过渡时期。这是指社会主义社会的

夫妻关系，从法律上的平等向实际生活中的完全平等过渡。

2. 我国婚姻法对夫妻法律地位的规定

我国婚姻法第十三条规定：“夫妻在家庭中地位平等。”这是男女平等原则的具体体现，是对夫妻法律地位的原则性规定。我国婚姻法对夫妻关系的其他具体规定，都体现了这一原则的精神。根据我国婚姻法的规定，夫妻在人身关系和财产关系两个方面的权利和义务都是完全平等的。法律不允许夫妻任何一方只享受权利而不尽义务，或者只尽义务而不享受权利。

夫妻在家庭中地位平等，既是确定夫妻间权利和义务的总原则，也是处理夫妻间权利和义务纠纷的基本依据。对于夫妻间的权利和义务纠纷，婚姻法有具体规定的，应按具体规定处理；无具体规定的，则应按夫妻在家庭中地位平等原则的精神予以处理。

（二）夫妻在人身上的权利义务

1. 夫妻人身关系基本常识

我国婚姻法规定的夫妻人身关系，包括姓名权、人身自由权、计划生育义务三个方面的内容。

（1）夫妻姓名权

姓名权是人格权的重要组成部分，是一项重要的人身权利。所谓姓名，是姓与名的合称。姓（又称姓氏）是表示家族的字，名（又称名字）是代表一个人的语言符号。姓名虽然只是用来表示个人的特定符号，但有无姓名权却是有无独立人格的重要标志。

在我国封建社会，婚姻多实行男娶女嫁，女子婚后即加入夫宗，冠以夫姓而丧失姓名权（赘夫则冠以妻姓）。1930 年国民党政府民法亲属编第 1000 条也规定：“妻以其本姓冠以夫姓。赘夫以其本姓冠以妻姓。但当事人另有订定者，不在此限。”这里虽有但书的规定，但仍带有明显的封建残余。直到 1998 年 6 月 17 日台湾地区“民法”亲属编第 1000 条被修正，改为规定：“夫妻各保有其本姓，但得以书面约定以其本姓冠以配偶之姓，并向户政机关登记。冠姓之一方得随时回复其本姓，但于同一婚姻关系存续中以一次为限”。

中华人民共和国成立后，1950年和1980年两部婚姻法均规定：“夫妻双方都有各用自己姓名的权利。”

（2）夫妻人身自由权

夫妻有人身自由权是夫妻家庭地位平等的重要标志。在旧中国，妇女受“男女有别”、“男外女内”、“三从四德”等封建礼教的束缚，只能从事家务，伺候丈夫和公婆，没有参加工作和社会活动的权利，完全丧失了人身自由，成为家庭奴隶。这样不仅摧残了妇女本身，也阻碍了社会经济的发展。

新中国成立后，1950年婚姻法第九条规定：“夫妻双方均有选择职业，参加工作和参加社会活动的自由。”1980年婚姻法第十一条进一步规定：“夫妻双方都有参加生产、工作、学习和社会活动的自由，一方不得对他方加以限制或干涉。”

（3）夫妻计划生育义务

计划生育是我国的一项基本国策，也是社会主义家庭职能的一项重要内容。婚姻家庭担负人口再生产的重要任务，因此我国婚姻法既通过调整婚姻家庭关系来间接作用于生育关系，又直接调整生育关系。我国《婚姻法》第十二条规定：“夫妻双方都有实行计划生育的义务。”

从世界上其他国家的法律规定看，夫妻人身关系，除与我国相似的“姓名权”、“择业自由权”外，主要有“夫妻同居义务”、“夫妻忠实义务”、“夫妻日常家事代理权”等。具体内容如下：

①夫妻同居义务

夫妻同居义务，指男女双方婚后以配偶身份共同生活的义务。夫妻共同生活的内容，主要包括物质生活、精神生活以及性生活等方面。也就是说，夫妻同居，除了有共同的婚姻住所外，还包括夫妻间的性生活、夫妻共同的精神生活（相互理解、慰藉）、夫妻互相扶助（救助）和共负家庭生活责任等内容。亲属法理论认为，同居是夫妻间的本质性义务，是夫妻关系固有的基本要求，是婚姻成立的当然后果及婚姻维系的基本条件。但夫妻同居义务得在一定条件下暂时或部分中止履行。外国立法关于停止同居义务的原因，可分为两种情形：

a. 因正常理由暂时中止同居。如一方因处理公私事务的需要在较长的时间内合理离家；一方因生理方面的原因对同居义务部分或全部的不履行等。一般来说，这种中止原因对夫妻关系不产生实质性影响，当中止的原因消失后，夫妻同居义务便自然恢复。故法律通常对此不作专门的规定。

b. 因法定事由而停止同居。这些事由包括，一方擅自将住所迁至国外或在不适当的地点定居，一方的健康、名誉或经济状况因夫妻共同生活受到严重威胁，一方提起离婚或分居的诉讼以及婚姻关系已破裂等。如《墨西哥民法典》第 163 条规定：如果一方并非出于公务需要或社团业务需要将自己的住所迁移至国外，或是在不卫生或不恰当的地点定居，法院可以因此免除配偶他方的这种（同居）义务。《瑞士民法典》第 175 条规定：配偶一方，在其健康、名誉或者经济状况因夫妻共同生活而受到严重威胁时……有权停止共同生活；提起离婚或分居的诉讼后，配偶双方在诉讼期间均有停止共同生活的权利。

此外，一些国家还规定了无故违反夫妻同居义务的法律后果，大体可分为两种：一种是申请法院裁决，由不履行义务的一方承担损害（包括财产损害和精神损害）的赔偿责任，如法国之立法；另一种是把不履行同居义务视为遗弃行为，成为司法别居的一个法定理由，如英国之立法。当然，同居义务不得强制履行，这是各国立法通例。

②夫妻忠实义务

外国立法中的夫妻忠实义务，主要是指贞操义务，即专一的夫妻性生活义务。广义的解释还包括不得恶意遗弃配偶，以及不得为第三人的利益而损害或牺牲配偶他方的利益。在古代社会，仅片面地要求妻子承担贞操义务。到近代社会，早期资本主义国家立法对贞操义务的要求，是对妻严，对夫宽。如 1804 年《法国民法典》第 229、230 条规定，夫得以妻与他人通奸为由诉请离婚，而妻只能以夫与他人通奸并在婚姻住所姘居为由诉请离婚。随着社会发展，男女平等原则的实行，现代一些资本主义国家立法规定，夫妻互负忠实义务。关于违反夫妻忠实义务的法律责任，由于这种行为涉有第三人，故法律责任可分为两个方面：夫妻一方违反夫妻忠实义务，无过错方得以此为由提起离婚之诉，并可在离婚时请求对方给予精神损害赔偿。但对他方过错表示“宥恕”或超过一定期限者除外。与有配偶者通奸或姘居的第三人也应负损害赔偿责任。

第二次世界大战以来，世界上有不少国家的夫妻关系法发生了很大变化，很多国家不再规定夫妻忠实义务和违反夫妻忠实义务要承担法律责任。如英国 1970 年修正法，删除了因通奸所生的损害赔偿请求权，仅把一方与他人通奸规定为证明婚姻关系破裂的法定情形之一。美国 1976 年之后，实务上认为要已婚者因与他人有自然的、自发的性关系而负责任，已非国家所关心之事，甚至认为此种损害赔偿之请求，是侵害个人基于自然合意性关系的隐私权。

③夫妻日常家事代理权

夫妻日常家事代理权，又称夫妻相互代理权，指夫妻因日常家庭事务与第三人为一定法律行为时互为代理的权利。即夫妻于日常家庭事务范围内互为代理人，互为代理权。被代理方须对代理方从事日常家事行为所产生的债务，承担连带责任。如英国 1970 年的《婚姻程序及财产法》规定，夫妻互有家事代理权。《日本民法典》第 761 条规定：“夫妻一方就日常家事同第三人实施了法律行为时，他方对由此而产生的债务负连带责任。但是，对第三人预告不负责任意旨者，不在此限。”《德国民法典》第 1357 条除规定夫妻互有日常家事代理权外，还规定，夫妻一方有限制或禁止他方从事其效果对自己有影响的事务的权利；但此项限制或禁止为无充分理由者，监护法院得因他方请求而取消之。

2. 我国夫妻人身关系的法律规定及其适用

（1）夫妻姓名权

中华人民共和国成立后，1950 年和 1980 年两部婚姻法均规定：“夫妻双方都有各用自己姓名的权利。”这里虽然是夫妻并提，但其针对性主要是保护已婚妇女的姓名权和男到女家落户的婚姻中的男方的姓名权。这体现了男女平等原则，有利于破除旧的习俗和法律。当然，此规定并不妨碍夫妻就姓名问题另作约定。只要夫妻双方自愿达成一致的协议，无论是夫妻别姓（各用自己的姓氏）、夫妻同姓（妻随夫姓或夫随妻姓），或相互冠姓，法律都是允许的。

夫妻享有平等的姓名权对子女姓氏的确定有重要意义。我国婚姻法第二十二条规定："子女可以随父姓，也可随母姓。"子女的姓氏，应当由父母双方协调确定。在我国奴隶社会和封建社会，子女从来就是从父姓，这是宗法制度对姓氏问题的必然要求。1930年国民党政府民法亲属编也以子女从父姓，赘夫之子女从母姓为一般原则。我国婚姻法对子女姓氏的规定，体现了夫妻法律地位平等的精神，有利于改变子女只能从父姓的旧传统，有利于破除以男系为中心的宗法制度的残余影响。

（2）夫妻人身自由权

新中国成立后，1950年婚姻法第九条规定："夫妻双方均有选择职业，参加工作和参加社会活动的自由。"1980年婚姻法第十一条进一步规定："夫妻双方都有参加生产、工作、学习和社会活动的自由，一方不得对他方加以限制或干涉。"这些规定，既是夫妻地位平等的标志，又为夫妻平等地行使权利和承担义务提供了法律保障。夫妻双方都有参加生产、工作、学习和社会活动的自由。它适用于夫妻双方，任何一方都有权参加生产、工作、学习和社会活动，另一方不得对他方行使该项人身自由权利进行限制或干涉。但就其针对性而言，主要是为了保障已婚妇女享有参加生产、工作、学习和社会活动的自由权利，禁止丈夫限制或干涉妻子的人身自由。新中国成立以来，我国妇女在政治、经济、文化和婚姻家庭等方面获得了与男子平等的地位，在社会生产劳动中发挥了重要作用。但在现实生活中，由于男女在经济、文化等方面仍存在着事实上的差距，在一些家庭的夫妻关系中，封建夫权思想的残余影响还仍然存在，有的丈夫对妻子的人身自由常常加以限制。因此，进一步破除封建思想的影响，保障已婚妇女的人身自由具有积极意义。

夫妻双方都必须正当行使上述人身自由权，不得滥用权力损害他方和家庭的利益。任何一方在行使该项权利时，都必须同时履行法律规定的自己对婚姻家庭承担的义务。如果夫妻任何一方不当行使该项权利，对方有权提出意见，进行必要的劝阻。应当把善意的帮助、建议与非法的限制、干涉区别开来。

（3）夫妻计划生育义务

我国婚姻法第十二条规定："夫妻双方都有实行计划生育的义务。"其基本精神有三：

①实行计划生育是夫妻的法定义务

实行计划生育是夫妻的法定义务，必须严格履行。育龄夫妻应当按照国家有关计划生育的政策和法律规定生育子女，不得计划外生育。如果夫妻的生育行为违反计划生育法规，应承担法律责任。

②实行计划生育是夫妻双方的法定义务

实行计划生育是夫妻双方的职责，夫妻双方应自觉承担此法定义务。夫妻任何一方都不得拒绝履行该项义务，更不得将计划生育仅视为女方的义务。

③实行计划生育也是夫妻双方的法定权利

实行计划生育也是夫妻双方一项法定权利。夫妻双方享有依照有关计划生育规定生育子女的权利，受国家法律的保护，任何人不得侵犯。同时，夫妻双方也有不生育的自由，任何人包括丈夫不得强迫或干涉。夫以妻擅自中止妊娠侵犯其生育权为由请求损害赔偿的，人民法院不予支持；夫妻双方因是否生育发生纠纷，致使感情确已破裂，一方请求离婚的，人民法院经调解无效，应依照婚姻法第三十二条第三款第五项的规定处理。即将夫妻行使生育权的冲突纳入判决离婚的理由中，以保护男性的生育权。

育龄夫妻双方按照国家有关规定实行计划生育，计划生育工作部门应当提供安全、有效的避孕药具和技术，保障实施节育手术的夫妻的健康和安全。

育龄夫妇应根据国家的计划生育政策，结合考虑对家庭未来的子女以及社会应负的责任，作出是否生育和何时生育的选择。为了实行计划生育，必须破除重男轻女和只有男子才能传宗接代的旧传统观念。从历史上看，剥削阶级从来就把妇女看做是生儿育女的工具，把生育的责任单方面地加在妇女身上。我国封建社会的礼制和法律甚至把无子作为出妻的理由之一。新中国成立后，破除了旧的生育观，但其残余影响仍在一些人的头脑中存在。妇女婚后如不生育或只生育女孩，往往受公婆或丈夫的歧视或虐待，甚至成为一些男子要求离婚的原因。有些人认为，计划生育只是妇女的事，与男子无关。这不仅违背男女平等原则，也不符合生育的实际情况，以致妨碍计划生育工作的推行。因此，必须严格禁止歧视、虐待不生子女或只生女孩的妇女的行为。有关部门和人民法院应依法保护实行计划生育一方的合法权益，对违法行为一方应给予批评教育、行政处分，或法律制裁。

（三）夫妻财产制

1. 夫妻财产制基本常识

（1）夫妻财产制的概念

夫妻财产制又称婚姻财产制，是指规定夫妻财产关系的法律制度。其内容包括各种夫妻财产制的设立、变更与废止，夫妻婚前财产和婚后所得财产的归属、管理、使用、收益、处分，以及家庭生活费用的负担，夫妻债务的清偿，婚姻终止时夫妻财产的清算和分割等问题。

男女因结婚产生夫妻人身关系，并随之产生夫妻财产关系。法律为确保夫妻地位平等和婚姻生活的圆满，并保障夫妻与第三人交易安全，维护社会秩序，设立夫妻财产制，调整夫妻财产关系。

夫妻财产制的种类具有一定的地域性和时代性。在古代，各国立法对夫妻财产基于夫妻一体主义的人身关系的要求，多采取“吸收财产制”，妻的财产因结婚而为夫家或夫所有，否认妻有独立的财产权。到近代、现代，夫妻财产制随社会的发展而变化，出现了多种形式。

（2）夫妻财产制的种类

①依夫妻财产制的发生根据，可分为法定财产制与约定财产制

a. 法定财产制，它指在夫妻婚前或婚后均未就夫妻财产关系作出约定，

或所作约定无效时，依法律规定而直接适用的夫妻财产制。由于各国政治、经济、文化及民族传统习惯不同，不同时代不同国家规定的直接适用的法定财产制形式也不尽相同。目前，各国采用的法定财产制主要有分别财产制、共同财产制、剩余共同财产制等形式。

b. 约定财产制。它是相对于法定财产制而言的，指由婚姻当事人以约定的方式，选择决定夫妻财产制形式的法律制度。许多国家的立法都规定了约定财产制，它具有优先于法定财产制适用的效力。但前苏联等一些国家的立法，则不允许夫妻就财产关系作出约定，法定财产制是唯一适用的夫妻财产制。在允许约定财产制的国家，立法内容不尽相同，有详略之分和宽严之别。从立法限制的程度看，大体可分为两种情况：一种是立法限制较少的，即对婚姻当事人约定财产关系的范围和内容不予严格限制，立法既未设立几种财产制形式供当事人选择，也未在程序上作特别要求，如英国、日本等国立法即属此类。另一种是立法限制较多的，即在约定财产制的范围上，明定约定时可供选择的财产制，如规定当事人只能在管理共同制、一般共同制、分别财产制等类型中选择；在约定的内容上明列不得相抵触的事由；在程序上，还要求夫妻订立要式契约，如要求书面形式并经登记或公证，如法国、德国、瑞士等国立法即属此类。

在通常情况下，依婚姻当事人双方的约定或依法律的直接规定而适用某种财产制处理财产问题，所以这些在通常情况下被采用的财产制又称为普通财产制，包括约定的财产制和法定的财产制。在有些国家和地区，为了克服共同财产制的某些缺陷，法律规定在特殊情况下，当出现法定事由时，依据法律之规定或经夫妻一方（或夫妻之债权人）的申请，由法院宣告撤销原依法定或约定设立的共同财产制，改设为分别财产制。由于在特殊情况下才能改设为分别财产制，所以此时的分别财产制又称为非常财产制（包括瑞士立法中的特别财产制，法国、德国立法中的共同财产制之撤销制度）。它是相对于普通财产制而言的。

②依夫妻财产制的内容，可分为共同财产制、分别财产制、剩余共同财产制、统一财产制和联合财产制

在各国有关夫妻财产制的立法中，他们有的被作为法定财产制直接适用，有的被作为约定财产制供当事人选择适用。

a. 共同财产制

它指婚后除特有财产外，夫妻的全部财产或部分财产归双方共同所有。依共有的范围不同，又分为一般共同制、动产及所得共同制、所得共同制、劳动所得共同制等形式。

其一，一般共同制，是指夫妻婚前、婚后的一切财产（包括动产和不动产）均为夫妻共有的财产制。

其二，动产及所得共同制，是指夫妻婚前的动产及婚后所得的财产为夫妻共有的财产制。

其三，所得共同制，是指夫妻在婚姻关系存续期间所得的财产为夫妻共有的财产制。

其四，劳动所得共同制，是指夫妻婚后的劳动所得为夫妻共有，非劳动所得的财产，如继承、受赠所得等，则归各自所有的财产制。

上述不同共有范围的共同财产制，为世界上不少国家分别采用。有的被采为法定财产制，如巴西、荷兰、法国等国；有的被采为约定财产制形式之一，如德国、瑞士等国。共同财产制符合婚姻共同生活体的本质要求，且有利于保障夫妻中经济能力较弱一方（往往是妻方，尤其是专事家务劳动的妻方）的权益，有利于实现事实上的夫妻地位平等。但在尊重夫妻个人意愿上则嫌不足，夫妻一方不能未经对方同意单独行使共同财产权。

在实行共同财产制的国家，大多对婚后所得财产共有的范围设有限制性规定，如“法律有特别规定者除外”，或“夫妻另有约定者除外”等。这些规定即属夫妻特有财产的规定。其目的是为保护夫妻个人财产所有权，并满足夫妻个人对财产关系的特殊要求。所谓夫妻特有财产，又称夫妻保留财产，是指夫妻婚后在实行共同财产制的同时，依法律规定或夫妻约定，夫妻各自保留一定范围的个人所有财产。特有财产制，就是在夫妻婚后实行共同财产制时，基于法律规定或夫妻约定，由有关夫妻各自保留一定个人所有财产的范围，夫妻对该财产的管理、使用、收益和处分，以及相应的财产责任、特有财产的效力等内容组成的法律制度。

特有财产制不同于分别财产制。分别财产制是全部夫妻财产（包括婚前财产和婚后全部财产）分别归属夫妻各自所有；特有财产是在依法或依约定实行夫妻共同财产制的前提下，夫妻各自保留一定范围的个人财产。因此，特有财产制是与共同财产制同时并存的，是共同财产制的限制和补充。根据特有财产发生的原因，可分为法定的特有财产和约定的特有财产。

法定的特有财产。它是依照法律规定所确认的婚后夫妻双方各自保留的个人财产。在外国立法中，其范围大体如下：夫妻个人日常生活用品和职业必需用品；具有人身性质的财产和财产权，包括人身损害和精神损害的赔偿金、补助金、不可让与的物及债权等；夫妻一方因指定继承或受赠而无偿取得的财产；由特有财产所生的孳息及代位物等。

此外，在实行一般共同制时，夫妻特有财产的范围包括夫妻婚前个人财产；在实行婚后所得共同制时，夫妻特有财产的范围不包括夫妻婚前个人财产。

约定的特有财产。它是夫妻双方以契约形式约定一定的财产为夫妻一方个人所有的财产。

总之，特有财产为夫妻婚后分别保留的个人财产，独立于夫妻共同财产之外，实质属于部分的分别财产，故其效力适用分别财产制的规定。即夫妻各方对其特有财产，享有独立的占有、使用、收益及处分等权利，他人不得干涉。但对家庭生活费用之负担，在夫妻共同财产不足以负担家庭生活费用时，夫妻得以各自的特有财产分担。

当代世界许多国家的立法在规定夫妻共同财产制的同时，明文列举了夫妻特有财产或婚后个人所有财产的范围，如法国、德国、瑞士、日本、前苏联、罗马尼亚等国的立法。有些国家的立法，还进一步对夫妻特有财产的管理、使用、收益、处分权利及其财产责任，特有财产的效力，特有财产的举证责任，特有财产与共同财产之间的结算等作了具体规定，从而形成特有财产制度，如德国、法国、瑞士等国的立法。特有财产制作为共同财产制的限制，其立法意旨在于保护夫妻个人财产所有权，并满足夫妻在婚姻生活中的个人特殊经济需要。它弥补了夫妻共同财产制下，夫妻一方无权独立支配共同财产的缺憾，是共同财产制不可缺少的补充。两者相辅相成，维护和保障夫妻关系和睦及婚姻生活圆满。

b. 分别财产制

它指夫妻婚前、婚后所得的财产均归各自所有，各自独立行使管理、使用、收益和处分权；但不排斥妻以契约形式将其个人财产的管理权交付丈夫行使，也不排斥双方拥有一部分共同财产。

英美法系的多数国家及大陆法系的个别国家如日本，以此制为法定财产制；还有部分国家以此制为供选择的约定财产制形式之一。分别财产制使夫妻婚前和婚后各自所得的财产均为各自所有，不因结婚而发生财产上的共有，各自保持经济独立。它尊重夫妻个人意愿，便于夫妻一方独立行使财产权，在一定意义上是有利于社会经济发展的。但也要看到，在当代社会中，男女两性的经济地位事实上仍存在差距，妇女的就业机会和经济收入大多不如男子。同时，女方承担的家庭义务往往多于男子，这也往往影响其经济收入。在此情况下实行分别财产制，往往会形成事实上的夫妻不平等。

c. 剩余共同财产制（增益共同制）

它指夫妻对于自己的婚前财产及婚后所得财产，各自保留其所有权、管理权、使用收益权及有限制的处分权；夫妻财产制终止时，以夫妻双方增值财产（夫妻各自最终财产多于原有财产的增值部分）的差额为剩余财产，归夫妻双方分享。

大陆法系的德国以剩余共同财产制作为法定财产制，法国则为约定财产制之一。此制在一定程度上兼具共同财产制和分别财产制的优点，在保障夫妻地位平等、维护婚姻共同生活和谐的同时，亦有利于维护第三人利益和交易安全。

d. 统一财产制

它指婚后除特有财产外，将妻的婚前财产估定价额，转归丈夫所有，妻则保留在婚姻关系终止时对此项财产原物或价金的返还请求权。此制为早期资本主义国家法律所采用。因其将对婚前财产的所有权转变为婚姻终止时对夫的债权，使妻处于不利地位，有悖男女平等原则，故现代国家已少有采用。

e. 联合财产制

它又称管理共同制，指婚后夫妻的婚前财产和婚后所得财产仍归各自所有，但除特有财产外，将夫妻财产联合在一起，由夫管理。夫对妻的原有财产有占有、使用、管理、收益权，必要时有处分权，而以负担婚姻生活费用为代偿；婚姻关系终止时，妻的财产由其本人收回或其继承人继承。此制源于中世纪日耳曼法，被近现代一些资本主义国家所沿用并发展。其虽较统一财产制有明显进步，但夫妻在财产关系上仍处于不平等地位，有悖男女平等原则。因此，现代社会里原采此制的一些国家如德国、日本、瑞士等，已废止此制，改行新制。

综上所述可见，夫妻财产制种类繁多，内容多样，但法定财产制与约定财产制是两种基本分类；共同财产制与分别财产制，则是夫妻财产制的两种最基本形态。在当今世界，促进夫妻平等，维护婚姻共同生活之圆满，保护第三人的利益及交易安全，已成为夫妻财产法的立法原则和目的。当代夫妻财产制立法的发展趋势是：分别财产制走向增加夫妻共享权，共同财产制引进分别财产制的因素。可以相信，兼采分别财产制与共同财产制的合理因素，将成为越来越多国家夫妻财产制的改革方向。

2. 我国现行夫妻财产制及其适用

我国现行婚姻法的法定财产制是夫妻共同财产制与夫妻个人特有财产制相结合的形式。婚姻法第十八条规定了夫妻个人特有财产的范围，以此对该法第十七条规定的夫妻共有财产的范围加以限制。此外，夫妻还可以通过约定设定夫妻个人特有财产。如果没有约定，则当然采用法定财产制，即除了法定的个人特有财产外，其余属于夫妻共同财产。

（1）法定财产制及其适用

我国的法定财产制是婚后所得共同制，我国习惯上称为夫妻共同财产制。它是指在婚姻关系存续期间，夫妻双方或一方所得的财产，除另有约定或法定夫妻个人特有财产外，均为夫妻共同所有，夫妻对共同所有的财产，平等地享有占有、使用、收益和处分的权利的财产制度。

①夫妻共同财产制

夫妻共同财产，是指夫妻双方或一方在婚姻关系存续期间所得的，除另有约定或法定夫妻个人特有财产以外的共有财产。它具有以下特征：

第一，夫妻共同财产所有权的主体，只能是具有婚姻关系的夫妻双方。由此决定了夫妻任何一方不能单独成为夫妻共同财产的所有权人，没有合法婚姻关系的男女双方也不能作为夫妻共同财产的所有权人。

第二，夫妻共同财产所有权的取得时间，是婚姻关系存续期间。即合法婚姻从领取结婚证之日起（男女未办结婚登记即以夫妻名义同居，被认定为事实婚姻的，从双方符合结婚实质要件时起），到配偶一方死亡或离婚生效时止。恋爱或订婚期间，不属婚姻关系存续期间。夫妻分居或离婚判决未生效的期间，仍为婚姻关系存续期间。例如，甲乙是夫妻，甲在婚前发表小说《昨天》，婚后获得稿费。乙在婚姻存续期间发表了小说《今天》，离婚后第二天获得稿费。甲在婚姻存续期间创作小说《明天》，离婚后发表并获得稿费。《昨天》虽然著作权是婚前取得，但其财产性收益（稿费）是婚姻关系存续期间实际取得，该稿费应认定为夫妻共同财产。《今天》是在婚姻关系存续期间发表，意味着已经明确可以取得财产性收益（稿费），该稿费应认定为夫妻共同财产。

第三，夫妻共同财产的来源，包括夫妻双方或一方所得的财产，但另有约定或法律另有规定属于个人特有财产的除外。这里的“所得”，是指对财产所有权的取得，而非对财产必须实际占有。如果婚前已取得某财产所有权（如继承已开始），即使该财产在婚后才实际占有（如婚后遗产才分割），该财产仍不属夫妻共同财产。相反，如婚后取得某财产权利，即使婚姻关系终止前未实际占有，该财产也属夫妻共同财产。例如，离婚诉讼期间，乙的父亲去世，未留有遗嘱，乙作为法定继承人继承价值32万元的汽车一辆，尚未办理过户登记，汽车亦应归夫妻共同所有，在离婚时依法分割。因为诉讼期间双方仍为夫妻关系，一方依法定继承所得的财产为夫妻共同财产。

以上三个特征同时具备，才是夫妻共同财产。

a. 夫妻共同财产的范围

依据我国婚姻法第十七条第一款的规定，在婚姻关系存续期间所得的下列财产属于共同财产：

工资、奖金。工资是指作为劳动报酬按期付给劳动者的货币或实物，奖金是为了鼓励或表扬而给予的金钱或财物。

生产、经营的收益。是指配偶一方或双方以农村承包经营户的名义从事农副业生产活动、以个体工商户的名义从事工商业生产活动、以个人合伙的名义从事合伙经营、依据独资企业法或公司法的规定从事生产经营活动所获得的财产。

知识产权的收益。是指婚姻关系存续期间实际取得或者明确可以取得的财产性收益。包括作品在出版、上演、播映后而取得的报酬，或允许他人使用而获得的报酬；专利权人转让专利权或许可他人使用其专利所取得的报酬，个体工商户或个人合伙的商标所有人转让商标权或许可他人使用其注册商标所取得的报酬。以知识产权的财产性收益明确时间是否在婚姻关系存续期间作为判断该部分收益归属的标准。知识产权的财产性收益明确时间在婚前的，即使收益实际取得在婚后，该收益为个人婚前财产；知识产权的财产性收益明确时间在婚姻存续期间的，无论收益的实际取得是在婚姻期间还是在离婚后，该收益为夫妻共同所有；知识产权的财产性收益明确时间在离婚后的，该收益为个人财产。

因继承或赠予所得的财产。因继承所得的财产是指依据继承法的规定所继承的积极财产，即以遗产清偿被继承人所欠的税款和债务后所剩余的财产。遗产包括公民个人的财产所有权、与所有权有关的财产权、债权、知识产权中的财产权，因此因继承所取得的财产也不以所有权为限。因赠予所得的财产是指基于赠予合同而取得的财产。但并非所有继承或赠予所得的财产都是共同财产，遗嘱或赠予合同中确定只归一方所有的财产属于该方所有。例如，A 的叔叔写信告诉 A 将送给他一台电脑，A 没有作任何表示，A的叔叔随后也没有送电脑给A。A和B结婚后，A的叔叔专门购买了电脑，并托人带过来给A，也未做任何说明。依照法律规定，这台电脑应当属于A、B的夫妻共同财产。如果A的叔叔明确表示赠予A一方，则属于A的个人财产。

根据最高人民法院婚姻法解释（二），当事人结婚后，父母为双方购置房屋出资的，该出资应当认定为对夫妻双方的赠予，但父母明确表示赠予一方的除外。而最高人民法院婚姻法解释（三）明确规定，婚后一方父母出资为子女购买不动产且产权登记在自己子女名下的，可视为只对自己子女一方的赠予，应认定为夫妻一方的个人财产。最高人民法院新闻发言人指出，在实际生活中，父母出资为子女结婚购房往往倾注全部积蓄，一般也不会与子女签署书面协议，如果离婚时一概将房屋认定为夫妻共同财产，势必违背了父母为子女购房的初衷和意愿，实际上也侵害了出资购房父母的利益。所以，房屋产权登记在出资购房父母子女名下的，视为父母明确只对自己子女一方的赠予比较合情合理，这样处理兼顾了中国国情与社会常理，有助于纠纷的解决。

最高人民法院婚姻法解释（三）还明确规定，由双方父母出资购买不动产，产权登记在一方子女名下的，该不动产可认定为双方按照各自父母的出资份额按份共有。婚姻法解释（三）第七条规定从我国的实际出发，将产权登记主体与明确表示赠予一方联系起来，可以使父母出资购房真实意图的判断依据更为客观，便于司法认定及统一裁量尺度，也有利于均衡保护婚姻双方及其父母的权益。

其他应当归共同所有的财产。其他应当归共同所有的财产是指夫妻单独取得或共同取得的除了上述共同财产之外的财产。目前，相当一部分家庭的财产中，除了传统意义上的储蓄存款、房屋等外，还包括在一些企业中的出资或者股份等。最高人民法院解释（二）对几种新型财产形式的认定问题作出了比较具体的规定。

根据最高人民法院婚姻法解释（二），婚姻存续期间的下列财产属于“其他应当归共同所有的财产”：第一，一方以个人财产投资取得的收益；

第二，男女双方实际取得或者应当取得的住房补贴、住房公积金；第三，男女双方实际取得或者应当取得的养老保险金、破产安置补偿费。

以养老保险金为例，婚姻法解释（二）中的“应当取得”是指当事人已经退休，具有享受养老保险金的基本条件，但由于某种原因尚未将养老保险金领取到手的情形。如离婚时夫妻一方或双方已退休，可按月定期领取养老保险金，但法院判决前因养老保险金发放时间未至，故有部分养老保险金应当取得而未取得。再如，按相关政策已一次性结算养老保险金的，虽结算手续基本办妥，但由于相关部门支付养老保险金的资金尚未到账，离婚时仍处于等待发放状态。这种可预测的应当取得的养老保险金数额明确无争议，与实际取得养老保险金并无太大的区别，领取它只是时间问题，因此完全可以作为夫妻共同财产予以分割。如果离婚时一方或双方尚未退休，按照目前养老保险金管理制度的规定，在未退休之前，将来取得养老保险金的具体数额无法进行预先测算，劳动者不可能实际取得个人账户下的养老保险金，不属于“应当取得”的情形。

由一方婚前承租、婚后用共同财产购买的房屋，房屋权属证书登记在一方名下的，应当认定为夫妻共同财产。

此外，我们认为婚姻存续期间的下列财产也应当归夫妻共同所有：第一，对个人财产加以改良后所增加的价值部分，如夫妻双方在婚姻关系存续期间对一方婚前个人房屋进行修缮、装修、重建，该房屋的所有权仍属夫或妻一方，但因修缮、装修、重建而使该房屋增值的，该增值部分可作为夫妻共同财产。第二，夫妻共同所有的动产的添附等。第三，男女双方实际取得或者应当取得的退休金、失业保险金以及解除劳动合同经济补偿金。此外还要注意：如果双方依法办理了结婚登记等手续，不管当事人是否同居生活，其后所取得的财产一般均认定为夫妻共同财产。

b. 夫妻共同财产权的行使

夫妻共同财产的性质是共同共有，因而夫妻对全部共同财产，应不分份额平等地享受权利和承担义务；不能根据夫妻双方收入的有无或高低，来确定其享有共有财产所有权的有无或多少。夫妻双方对于共同财产享有平等的占有、使用、收益、处分的权利。处分权是所有权最重要的权能，是所有权的最高表现。我国婚姻法特别规定：夫妻对共同所有的财产有平等的处理权。这一条应当理解为：第一，夫或妻在处理夫妻共同财产上的权利是平等的，因日常生活需要而处理夫妻共同财产的，任何一方均有权决定。第二，夫或妻非因日常生活需要对夫妻共同财产作重要处理决定，夫妻双方应当平等协商，取得一致意见。他人有理由相信其为夫妻双方共同意思表示的，另一方不得以不同意或不知道为由对抗善意第三人。由此给配偶造成的损失，应由擅自处分财产的配偶一方予以赔偿。婚姻法解释（三）第十一条规定：一方未经另一方同意出售夫妻共同共有的房屋，第三人善意购买、支付合理对价并办理产权登记手续，另一方主张追回该房屋的，人民法院不予支持。夫妻一方擅自处分共同共有的房屋造成另一方损失，离婚时另一方请求赔偿损失的，人民法院应予支持。

实践中经常发生这样的纠纷，如丈夫瞒着妻子将夫妻共同所有的房产卖给第三人，如果已经办理房产过户手续，那么应保护无辜配偶的利益还是保护第三人的利益？这个问题确实比较棘手，既关系到夫妻财产制度的落实和婚姻法对夫妻双方利益的保护，也关系到交易秩序的稳定和安全，关键在于如何平衡无辜配偶一方与第三人之间的利益。近年来房产交易日趋频繁，纠纷也日益增多。当夫或妻一方与第三人发生不动产物权交易时，该不动产登记在夫妻一方名下但实际属于夫妻共同财产，如果第三人尽到了必要的审查与注意义务，支付合理的房屋价款且已经办理变更登记手续，为了保护交易安全，根据善意取得制度，第三人可以取得不动产物权。物权法第一百零六条规定：“无处分权人将不动产或者动产转让给受让人的，所有权人有权追回；除法律另有规定外，符合下列情形的，受让人取得该不动产或者动产的所有权：（一）受让人受让该不动产或者动产时是善意的；（二）以合理的价格转让；（三）转让的不动产或者动产依照法律规定应当登记的已经登记，不需要登记的已经交付给受让人。”以上规定的三个构成要件是满足善意取得的前提。就第三人而言，要求其在房产交易中审查出卖人是否有配偶、处分的财产是否属于夫妻共同财产是不现实的，也不利于财产流转。基于不动产登记的公示公信力，从社会诚信以及保护善意第三人的角度考虑，对配偶一方以不知情、不同意为由主张返还房屋的诉讼请求不予支持。

夫妻之间订立借款协议，以夫妻共同财产出借给一方从事个人经营活动或用于其他个人事务的，应视为双方约定处分夫妻共同财产的行为，离婚时可按照借款协议的约定处理。

夫妻对共同财产平等地享有权利，同时平等地承担义务。夫妻共同生活费用，应以夫妻共同财产负担，若共同财产不足负担时，由夫妻双方以个人财产分担。夫妻为共同生活或为履行扶养、赡养义务等所负债务，为夫妻共同债务，应当以夫妻共同财产清偿，夫妻双方应承担连带责任。

c. 夫妻共同财产制的终止

夫妻共同财产制因夫妻一方死亡而终止，也可因离婚或其他原因，如改采用其他夫妻财产制，外国亦可依共同财产制撤销之诉等而终止。夫妻共同财产制终止，意味着夫妻共同财产关系消灭，从而发生夫妻共同财产的分割。因一方死亡而终止夫妻共同财产制时，夫妻共同财产的分割，按我国继承法第二十六条规定，即：“夫妻在婚姻关系存续期间所得的共同所有的财产，除有约定的以外，如果分割遗产，应当先将共同所有的财产的一半分出为配偶所有，其余的为被继承人的遗产。”因离婚而终止夫妻财产制时，夫妻共同财产的分割，参见“婚姻的终止”一章中有关部分。

不离婚情形下能否对夫妻共有财产请求分割？婚姻法解释（三）规定：婚姻关系存续期间，夫妻一方请求分割共同财产的，人民法院不予支持，但有下列重大理由且不损害债权人利益的除外：（一）一方有隐藏、转移、变卖、毁损、挥霍夫妻共同财产或者伪造夫妻共同债务等严重损害夫妻共同财产利益行为的；（二）一方负有法定扶养义务的人患重大疾病需要医治，另一方不同意支付相关医疗费用的。

夫妻共同财产这种共有关系是最典型的共同共有关系，共同共有人在共有关系存续期间，一般不得请求分割共同财产；只要共有关系存在，共有人对共有财产就无法划分各自的份额，无法确定哪个部分属于哪个共有人所有。只有在共有关系终止，共有财产分割以后，才能确定各共有人的份额。因此，在婚姻关系存续期间，一方请求分割夫妻共同财产的，人民法院通常不应受理。但是在某些情形下，法律应当提供夫妻一方在婚姻关系存续期间保护自己财产权利的救济途径。如持有或控制夫妻共同财产的一方，私自对夫妻共同财产进行转移、变卖，为了赌博、吸毒而单独处分共同财产等，而另一方因种种复杂的因素不想离婚，或者在起诉离婚后被法院判决不准离婚，如果绝对不允许婚姻关系存续期间分割夫妻共同财产，只能眼睁睁看着对方随意处分夫妻共同财产而无可奈何，其结果有悖公平原则。现行物权法第九十九条的规定也突破了传统民法的共有理论，即允许共同共有人在特殊情况下请求分割共有物，同时还要保持共有关系。但是，在不解除婚姻关系的前提下对夫妻共同财产予以分割只能是一种例外，必须具有“重大理由”，否则其负面效应不可低估。另外，在夫妻一方需要履行法定扶养义务（比如一方父母患重病住院急需医疗费），而另一方不同意给付时，在不解除婚姻关系的情况下，为保障一方有能力履行其法定义务，应准许分割夫妻共同财产。

实践中需要严格把握分割共有财产的限制条件。

所谓“一方有隐藏、转移、变卖、毁损、挥霍夫妻共同财产或伪造夫妻共同债务等严重损害夫妻共同财产利益行为的”。从主观上，上述行为应为夫妻一方的故意行为，通过上述行为实现侵占夫妻共同财产的目的。因过失行为导致的共同财产毁损，不适用该条规定。从本条司法解释文字表述看，夫妻一方实施上述行为，不必然支持另一方分割夫妻共同财产的主张，只有同时满足不损害债权人利益的条件，方能获得支持。如丈夫经营饭店亏损，拖欠巨额债务，为逃避债务，丈夫将夫妻共同所有的存款交给第三人，以该第三人名义存入银行，但约定该款项所有权系该丈夫所有。此时，丈夫隐藏财产的目的是逃避债权人债权，并非为侵占夫妻共同财产。丈夫与第三人约定，其交给第三人的款项所有权属于该丈夫，该笔款项依照法律规定仍属于夫妻共有财产。此时，如妻子主张分割夫妻共同财产，则不符合本条规定的“严重损害夫妻共同财产利益的行为”，且如果支持妻子的主张，则会损害债权人利益，妻子的主张不应获得支持。

所谓“一方负有法定扶养义务的人患重大疾病需要医治，另一方不同意支付相关医疗费用的。”掌握上述情况，应当准确把握以下问题：

夫妻一方负有法定扶养义务的人，包括了婚姻法规定的夫妻一方负有法定扶养、抚养和赡养义务的人。比如一方的父母患重大疾病急需治疗费用。

法定扶养义务人所患疾病应为重大。法律对何种疾病属于重大情形并无明确规定。疾病是否重大，参照医学上的认定，借鉴保险行业中对重大疾病的划定范围，一般认为，某些需要长期治疗、花费较高的疾病，如糖尿病、肿瘤、脊髓灰质炎、麻风病、结核病等，或者直接关涉生命安全的疾病等属于重大疾病。

请看下面这则案例。

薛某与陈某于 1963 年 9 月 20 日登记结婚，双方均系再婚，婚后未生育子女。婚姻关系存续期间，薛某通过继承取得房屋一套，后拆迁获得 71 万元拆迁补偿款。因双方无法就该款保管问题达成一致意见，薛某已申请法院冻结 44.6 万元，另外 26.4 万元陈某声称已取出并用完。薛某诉至法院要求分割 71 万元拆迁补偿款。

法院经审理后认为，婚姻关系存续期间，夫妻一方请求分割共同财产的，人民法院不予支持，但有重大理由且不损害债权人利益的除外。薛某于婚姻关系存续期间取得的 71 万元房屋拆迁补偿款属于夫妻共同财产。陈某曾一次性取出其中 26.4 万元款后，宣称在短时间内全部用完。因该款数额巨大，陈某对该款去向多次陈述不一，又未能提供证据证明该款的合理用途，故其行为已构成转移夫妻共同财产，侵害了薛某对该 26.4 万元享有的平等支配权。考虑到双方目前处于分居状态，故对薛某要求分割 71 万元拆迁补偿款的诉讼请求，法院予以支持。依照《最高人民法院关于适用〈中华人民共和国婚姻法〉若干问题的解释（三）》第四条第一项之规定，判决：薛某、陈某共同共有的 71 万元拆迁补偿款，其中 35.5 万元归薛某个人所有，35.5 万元归陈某个人所有。

本案之所以支持薛某在婚姻关系存续期内分割夫妻共同财产的请求，

主要基于以下三个方面的考虑。

第一，陈某的行为已构成转移夫妻共同财产，符合婚姻法解释（三）规定的重大理由。

薛某与陈某就71万元拆迁补偿款的保管问题始终无法达成一致，双方均主张该款应由自己保管、支配，导致法院冻结44.6万元因无法确定返还主体而暂存法院账户。对于陈某保管的26.4万元，陈某称其一次性取出该款后短时间内全部用完，因该款数额巨大，陈某对该款去向多次陈述不一，又未提供证据证明该款的合理用途，故对陈某的辩称法院不予采信。陈某的行为已构成转移夫妻共同财产，侵害了薛某对该26.4万元所享有的平等支配权，严重损害了薛某的利益。

第二，本案中允许在婚姻关系存续期间分割71万元拆迁补偿款，有利于实现该款的最大效用。

薛某与陈某婚后未育子女，前婚所育子女均已成年，双方父母均已过世。71万元夫妻共同财产不再担负赡养父母、抚养子女的家庭职能。陈某的月退休工资不足以支付其在养老院的开销，可见双方均需要该71万元补充养老。法院处理本案的第一要旨是如何让71万元物尽其用，成为两位高龄老人晚年生活的物质保障。薛某与陈某已于2009年9月起分居，经法院多次调解，薛某均拒绝回到无锡与陈某共同生活。双方分居后，共同生活的基础丧失，无法对71万实行共同保管。如果不支持薛某分割夫妻共同财产的诉讼请求，在双方无法协商一致的情形下，44.6万元将继续暂存法院账户，势必影响两位高龄老人的晚年生活质量。

第三，允许在婚姻关系存续期间分割71万元拆迁补偿款，并不影响陈某请求薛某履行扶养义务。

本案虽认定陈某的行为构成转移夫妻共同财产，考虑到其健康状况不佳且每月入不敷出，加上71万元拆迁补偿款中的44.6万元暂存在法院账户，薛某在本案判决后能够实现其对该71万元享有的权利，法院最终未判令陈某少分财产。虽然双方对夫妻共同财产进行了分割，但夫妻的身份并未发生变更，双方间的权利义务关系亦未发生改变。陈某在款项用尽、经济困难时可以另行起诉，要求薛某对其进行扶养。

②夫妻个人特有财产制

夫妻一方财产也叫夫妻特有财产，是指夫妻在婚后实行共同财产制时，依据法律的规定或夫妻双方的约定，夫妻保有个人财产所有权的财产。婚姻法第十八条的“夫妻一方的财产”是指法定的夫妻特有财产。确立夫妻特有财产制的立法宗旨是保护公民在婚姻家庭中的合法权益。根据我国宪法和民法通则的规定，公民个人的财产所有权不应因该公民与他人缔结婚姻关系而丧失其存在的必要，法律仍应给予承认和保护。

夫妻法定的夫妻特有财产是指夫妻一方婚前个人享有所有权的财产和在婚姻关系存续期间取得的并依法应当归夫妻一方所有的财产。法定的夫妻特有财产的性质属于公民个人财产的范畴，依法受法律保护。我国民法通则第七十五条规定：“公民的个人财产，包括公民的合法收入、房屋、储蓄、生活用品、文物、图书资料、林木、牲畜和法律允许公民所有的生产资料以及其他合法财产。公民的合法财产受法律保护，禁止任何组织或者个人侵占、哄抢、破坏或者非法查封、扣押、冻结、没收。”根据这一法律规定，我国婚姻法确立夫妻个人特有财产权制度，是对公民个人在婚姻家庭中合法财产权益的承认和维护。

a. 法定夫妻特有财产的范围

依据我国婚姻法第十八条的规定，夫妻特有财产由以下财产组成：

其一，夫妻一方所有的婚前财产。是指结婚以前夫妻一方就已经享有所有权的财产。既包括夫妻单独享有所有权的财产，也包括夫妻一方与他人共同享有所有权的财产；既包括婚前个人劳动所得的财产，也包括通过继承、受赠和其他合法渠道而获得的财产；既包括现金、有价证券，也包括购置的物品等。例如王某与赵某 2000 年 5 月结婚，2000 年 2 月，王某取得一项专利，获得 20 万元的专利转让费。2002 年 1 月，王某继承了其母亲的一处房产。王某转让专利所得的收入归其个人所有，而王某继承的房产则归夫妻共有。

婚姻法解释（三）明确夫妻一方个人财产（包括婚前个人财产、婚后个人财产）在婚后产生的孳息和自然增值是个人财产。孳息的产生依附于原物，原物属于一方个人财产，其产生的孳息亦归其所有。需要说明的是，此处“孳息”一词应从狭义概念来理解，不包括投资收益。孳息通常分为天然孳息与法定孳息两种。依照物的自然性质而产生的收益物称为天然孳息，亦有人称为直接孳息，如果树结出的果实、动物产物如鸡蛋、羊毛等均属天然孳息；依照法律规定产生的收益物称为法定孳息，亦有人称为间接孳息，如银行存款利息等。婚姻法解释（三）对孳息类型并未按天然孳息和法定孳息加以区分，一概认定为个人财产。所谓自然增值，是指该增值的发生是因通货膨胀或市场行情的变化而致，与夫妻一方或双方是否为该财产投入物资、劳动、努力、投资、管理等无关。比如，夫妻一方个人婚前所有的房屋、古董、字画、珠宝、黄金等，在婚姻存续期间因市场价格上涨而产生的增值，也认定为个人财产。

其二，因一方身体受到伤害而获得的医疗费、残疾人生活补助费等费用。根据我国民法通则第一百一十九条的规定，侵害公民身体造成伤害的，应当赔偿医疗费、因误工减少的收入、残疾人生活补助费等费用。法律之所以作出这种规定，是保护公民个人身体健康权的需要，目的是保障受害人的就医，使其能尽可能恢复健康并保障其生活。公民的身体健康权属于人格权的一种，与公民个人的人身存在具有密不可分性，因此，一旦公民的身体健康权受到侵害，受害者本人有权要求侵权行为人承担民事赔偿责任，依法获得相应的医疗费、残疾人补助费等费用。由于这类费用是公民因个人身体健康受到伤害所依法获得的补偿，理应归受到伤害的公民个人所享有。在婚姻关系存续期间，夫妻一方的身体健康受到伤害，依法所获得的医疗费、残疾人生活补助费等费用，同样也只能归受到伤害者本人所有。最高人民法院婚姻法解释（二）明确规定，军人的伤亡保险金、伤残补助金、医药生活补助费属于个人财产。例如，甲与乙是夫妻，甲在一次事故中受伤，获得3万元赔偿金。甲受伤后，许多亲朋好友来探望，共收礼金8000多元。8000多元礼金应归甲乙夫妻共同所有，而3万元赔偿金则归甲个人所有。

其三，遗嘱或赠予合同中指明归一方的财产。世界上大多数使用共同财产制的国家都规定夫妻一方继承或受赠的财产属于个人所有。我国继承法第十六条第二款和第三款规定："公民可以立遗嘱将个人财产指定由法定继承人的一人或者数人继承。公民可以立遗嘱将个人财产赠给国家、集体或者法定继承人以外的人。"依照这条法律规定，作为被继承人的公民在生前可以按照其个人意愿依法以遗嘱方式处分其个人财产，指定遗嘱继承人或受遗赠人。如果被继承人在遗嘱中指明了其遗产只归已婚的夫或妻一方继承或者受遗赠，这种指定是完全合法有效的。基于此遗嘱内容的法律效力，夫或妻一方便享有所继承或受遗赠的财产的所有权。

《中华人民共和国合同法》第一百八十五条规定："赠予合同是赠予人将自己的财产无偿给予受赠人，受赠人表示接受赠予的合同。"由于赠予合同是赠予人与特定的受赠人之间达成的协议，所赠予财产的所有权只能转移给特定的受赠人，因此，如果赠予人在赠予合同中指明其将某项财产赠予给已婚的夫或妻一方，则所赠予的财产就应当属于夫或妻一方。

根据最高人民法院婚姻法解释（二），当事人结婚前，父母为双方购置房屋出资的，该出资应当认定为对自己子女的个人赠予，但父母明确表示赠予双方的除外。

根据最高人民法院婚姻法解释（三），婚后一方父母出资为子女购买不动产且产权登记在自己子女名下的，可视为只对自己子女一方的赠予，应认定为夫妻一方的个人财产。（参见本节"夫妻共同财产制"相关内容。）

其四，一方专用的生活用品。一方专用的生活用品是指婚后以夫妻共同财产购置的供夫或妻个人使用的生活消费品，如衣物、饰物等。由于这类财产在使用价值方面具有特殊性，不是夫妻双方通用或者共用的生活用品，所以应属于夫或妻一方个人所有。

其五，其他应当归一方所有的财产。"其他应当归一方所有的财产"，是指依照其他有关法律规定而归属于特定行为人本人享有所有权的财产。夫妻在社会生活中参与的社会关系是多样的，因而可能会以其不同行为取得不同的财产所有权。例如，夫妻一方因参与体育竞赛活动取得优胜而荣获奖杯、奖牌，这类物品记载着优胜者的荣誉权，其财产所有权应当归享有该项荣誉权的夫妻一方。

根据我国现行婚姻法的精神和与现行婚姻法不相抵触的有关司法解释，认定夫妻个人特有财产时还要注意：

第一，我国婚姻法第十八条规定为夫妻一方所有的财产，不因婚姻关系的延续或共同使用、管理而转化为夫妻共同财产。但当事人另有约定的除外。夫妻一方所有的财产在婚后不论其形态发生什么变化仍然是一方所有的财产，但是夫妻一方以个人财产投资在婚后取得的收益应当归夫妻共有。

第二，原为夫妻一方的婚前个人财产，在婚姻关系存续期间虽然已经投入婚姻家庭生活之用，但该财产的原物形态仍保持，并未毁损、消耗、灭失的，仍为夫妻一方的个人财产。夫妻一方将婚前个人财产投入婚姻家庭生活之用，并已被消耗或自然毁损、灭失的，离婚时该方不得主张用夫妻共同财产抵偿。

第三，婚后购置的贵重首饰，价值较大的图书资料以及摩托车、拖拉机、汽车等生活、生产资料，虽属个人使用，也应视为夫妻共同财产。

第四，婚后一方取得的但尚未实际获得经济利益的或尚未明确能够获得经济利益的知识产权，属于个人所有。

b. 夫妻对特有财产的权利义务

夫妻特有财产是夫妻婚后依法或依约定保留的个人所有财产。故夫妻一方的特有财产，其效力等同于婚前个人财产，夫妻一方可依自己的意愿独立行使占有、使用、收益和处分的权利，不需征得对方同意；同时，对婚姻关系存续期间夫妻一方所负的个人债务及其特有财产所生债务等，均应由其特有财产负担清偿责任。

（2）约定财产制及其适用

约定财产制是关于法律允许夫妻用协议的方式，对夫妻在婚姻关系存续期间所得财产以及婚前财产所有权的归属、管理、使用、收益、处分及债务的清偿、婚姻解除时财产的清算等事项作出约定，排除法定夫妻共同财产制适用的制度。

我国夫妻约定财产制立法于1930年国民党政府民法亲属编始有规定。按其规定，夫妻得于婚前或婚后以契约形式约定夫妻财产制（须在法律规定的共同财产制、统一财产制和分别财产制中选择其一）；该项契约的订立、变更或废止，非经登记不发生对抗第三人的效力。1985年我国台湾地区“民法”亲属编被修订后，简化约定财产制为共同财产制与分别财产制两种类型。

中华人民共和国成立后，1950年婚姻法虽未对夫妻财产约定问题作出明文规定，但在立法解释上认为，婚姻法关于夫妻财产关系的概括性的规定，“不妨碍夫妻间真正根据男女权利平等和地位平等原则来作出任何种类家庭财产的所有权处理权与管理权相互自由的约定”，“对一切种类的家庭财产问题，都可以用夫妻双方平等的自由自愿的约定方法来解决”。但由于传统习惯的影响和当时经济欠发达、家庭财产不多等因素的制约，实际生活中夫妻实行约定财产关系的很少见。

随着我国社会发展，人民物质文化生活水平不断提高，公民的家庭财产日益增多，夫妻财产关系日益复杂，人们的婚姻家庭观念也发生了新变化。1980年婚姻法适应新时期调整夫妻财产关系的需要，在规定法定财产制为夫妻共同财产制的同时，又规定允许夫妻就财产关系自愿约定，以排除共同财产制的适用。我国婚姻法允许夫妻按照双方的意愿，约定处理双方的财产关系，可以满足新形势下夫妻因各种原因（如个人承包经营、再婚夫妻的财产、涉外婚姻及涉及港澳台同胞的婚姻等）以多种形式处理双方财产问题的需要，体现了夫妻享有平等的财产权利，有利于减少家庭纠纷，保护当事人的合法权益，促进家庭经济和社会经济的发展。

2001年修正后的我国婚姻法第十九条较详细地规定了约定的财产范围、约定的方式、约定的内容和约定的对内、对外效力，使约定财产制更便于广大人民接受和运用。

我国实行法定财产制与约定财产制相结合的夫妻财产制，法定财产制与约定财产制两者的适用原则是“有约定从约定，无约定从法定”。也就是说，对于夫妻财产关系，如夫妻双方有约定的，应按约定处理；如无约定或约定无效，则适用法定财产制。即约定财产制可排斥法定财产制优先适用，前者具有优先于后者适用的效力。

①夫妻约定财产制的对象

按照我国婚姻法第十九条的规定，夫妻约定财产制的对象，既包括夫或妻一方的婚前个人财产，也包括夫妻双方在婚姻关系存续期间所得的财产。法律之所以作出这种规定，是因为夫妻双方作为共同生活的当事人，有权根据自己的意愿依法对其婚前个人财产和婚姻关系存续期间所得财产进行处分，从而实现其财产利益。

②夫妻约定财产制的方式

夫妻约定财产制的约定方式，只能采用书面形式。这一法律规定的原因在于，夫妻财产制的约定不仅涉及夫妻双方的重大财产利益和婚姻家庭生活的物质保障，而且还影响到第三人的财产利益，所以，法律要求夫妻约定财产制的约定方式采用书面形式，以利于准确地表达夫妻双方关于约定财产制的真实意思表示，防止发生财产纠纷，有效地保护第三人的合法债权。

③夫妻约定财产制的内容

依据我国婚姻法第十九条的规定，约定的内容包括两个方面：a. 夫妻可以约定一方或双方的婚前个人财产归夫妻共同所有，或部分共同所有、部分各自所有。b. 夫妻可以约定婚姻关系存续期间所得的财产归夫妻双方共同所有，或者归各自所有，或者部分共同所有、部分各自所有。

④夫妻约定的财产制的对内、对外效力

夫妻之间依法达成的有关夫妻财产制的约定，对双方当事人均具有约束力。这种约束力体现在：

a. 依法达成的夫妻约定财产制的协议，非经双方同意，任何一方不得擅自修改。

b. 夫妻约定财产制的协议，双方均应认真遵守，如约履行。

c. 夫妻离婚时，对夫妻共同财产的认定和分割发生争议的，如果有夫妻约定财产制的协议，应当按照协议的约定内容加以处理。

夫妻在共同生活过程中，难免会与第三人发生债权债务关系。为了维护交易的安全，防止婚姻当事人利用夫妻约定财产制规避法律和损害第三人的合法利益，我国婚姻法第十九条第三款特别规定："夫妻对婚姻关系存续期间财产约定归各自所有的，夫或妻一方对外所负的债务，第三人知道该约定的，以夫或妻一方所有的财产清偿。"所谓"第三人知道该约定的"，夫或妻一方对此负有举证责任。可见，夫妻财产约定是否具有对外效力，应视具体情况而定。第三人事先知道相对人订立有夫妻分产制约定，相对人是以自己的财产而不是配偶的财产作为对外从事交易活动的担保时，该约定具有对抗第三人的效力。作为相对人的夫或妻一方仅以其个人财产承担民事责任。相反，第三人不知道相对人订立有夫妻分产制约定的，则相对人不得以有夫妻分产制约定为由对抗第三人。第三人是否知道相对人订立有夫妻分产制约定，由作为相对人的夫或妻一方负举证责任。不能证明第三人知道该约定的，应以夫妻双方的财产对第三人清偿债务，清偿后，夫妻中不负债的一方可以向另一方行使追偿权。例如，张某和王某系夫妻，张某想借钱炒股，王某不同意，张某说："我自己借钱自己还！"二人书面约定此后各自收入归各自所有。张某以自己名义向不知有此约定的同事孙某借钱。根据婚姻法解释（二）第二十四条规定，债权人就婚姻关系存续期间夫妻一方以个人名义所负债务主张权利的，应当按夫妻共同债务处理。但夫妻一方能够证明债权人与债务人明确约定为个人债务，或者能够证明属于婚姻法第十九条第三款规定情形的除外。孙某有权要求张某以张某和王某所有的财产还款，王某如主张是张某的个人债务，必须举证证明孙某知道她与张某之间的约定。

在适用约定财产制时应该注意以下问题：

第一，夫妻约定财产制的约定时间并无法律限制。我国婚姻法对于夫妻约定财产制的时间并无明确限制。因此，夫妻可以在结婚以前、登记结婚时或者在婚姻关系存续期间，对婚前个人财产和婚姻关系存续期间所得财产的所有权归属问题进行约定。

第二，在订立夫妻约定财产制的协议时，夫妻双方均须具备完全的民事行为能力。否则，此项关于夫妻约定财产制的协议无效。

第三，夫妻关于约定财产制的协议必须反映当事人双方的真实意思。如果一方采取欺诈、胁迫手段或者乘人之危，使对方违背其真实意思而订立夫妻约定财产制协议的，应当认定该协议无效。

第四，夫妻双方以规避法律义务或逃避对第三人偿还债务为目的订立的夫妻约定财产制协议，因其内容违法或损害第三人合法权益，应认定其无效。

第五，夫妻订立了约定财产制的协议后，如果要变更或撤销该协议，必须经双方同意方可为之。例如，甲男与乙女结婚时书面约定，双方每月各拿出2000元为共同所有，双方的其他收入归各自所有。甲男后来到外地炒房赚了200万，离婚时乙女要求撤销书面约定分割甲男财产。显然如果甲男不同意，乙女不得撤销书面约定分割甲男财产。

第六，夫妻在婚前或婚姻关系存续期间约定将一方个人所有的房产赠予另一方，但没有办理房产过户手续，后双方感情破裂起诉离婚，赠予房产的一方翻悔主张撤销赠予，另一方主张继续履行赠予合同，请求法院判令赠予房产一方办理过户手续。对此问题应当如何处理？婚姻法解释三第六条规定，婚前或者婚姻关系存续期间，当事人约定将一方所有的房产赠予另一方，赠予方在赠予房产变更登记之前撤销赠予，另一方请求判令继续履行的，人民法院可以按照合同法第一百八十六条的规定处理。

将一方所有的财产约定为另一方所有，也就是夫妻之间的赠予行为，虽然双方达成了有效的协议，但因未办理房屋变更登记手续，依照物权法的规定，房屋所有权尚未转移，而依照合同法关于赠予一节的规定，赠予房产的一方可以撤销赠予。

（四）夫妻间的扶养义务

1. 夫妻间的扶养义务基本常识

（1）扶养的概念

广义的扶养是指一定亲属间的相互供养和扶助的法定义务。扶养是一定亲属间成立的私法上的法定义务，与国家的扶助和社会的扶助有本质的区别。其以一定的亲属关系为前提。非亲属之间依据合同而负担供养义务属于一般债权债务关系。扶养请求权具有人身专属性，不得继承、转让、抵押、抵消等。亲属之间互相负担扶养义务，对于保障儿童、老人合法权益，具有重要的意义。在一方需要扶养时，另一方应自觉地履行扶养义务。我国婚姻法依据亲属的辈分不同，将广义的扶养分为长辈对晚辈的抚养，晚辈对长辈的赡养，配偶之间和兄弟姐妹之间的狭义的扶养三种。

（2）扶养的内容

依据是否需要扶养义务人付出代价为标准，可以将亲属之间的扶养立法分为两种立法主义：

其一是将扶养分为要求扶养义务人作出较大的自我牺牲的生活保持义务和不要求做出较大的自我牺牲的生活扶助义务两类。两者的区别是，生活保持义务是无条件的义务，履行生活保持义务时要求做出自我牺牲，使父母子女、夫妻之间的生活质量相等，形象地说就是，“即使是最后的一片肉、一粒米也要分而食之”。而生活扶助义务是偶然的、例外的义务，在履行生活扶助义务时，是在不牺牲自己的与地位相当的生活的限度内，给予必要的生活费。

其二是法律未作明文区别的立法主义。我国1980年婚姻法和有关的司法解释对于夫妻之间的扶养义务，父母子女之间的抚养、赡养义务，祖孙之间的抚养、赡养义务，兄弟姐妹之间的扶养义务，未作出区分。即在立法上采纳第二种立法主义。我国学者对于这两种义务之间有无先后顺序讨论不多，有的学者认为应该作出区分，说“从法理上和立法中区分开生活保持义务和一般生活扶助义务是有益的”。父母对未成年子女的抚养义务和夫妻之间的扶养义务应该要求付出较大的代价；对于其他需要扶养的人也应该要求降低甚至恶化自己需要扶养的配偶、需要抚养的子女、需要赡养的父母（即第一顺序继承人）的生活水平，来满足孙子女、外孙子女、祖父母、外祖父母、兄弟姐妹的需要。

我国婚姻法对扶养一词采狭义的解释，指夫妻之间和兄弟姐妹之间在生活上相互供养的责任。父母对子女，祖父母、外祖父母对孙子女、外孙子女的供养责任，称为抚养。子女对父母、孙子女和外孙子女对祖父母、外祖父母的供养责任，称为赡养。与婚姻法不同，我国刑法中的扶养一词采广义的解释，刑法第二百六十一条中所说的“负有扶养义务而拒绝扶养”，泛指夫妻、父母子女、祖孙、兄弟姐妹间的扶养、抚养和赡养义务。

2. 法律有关夫妻扶养义务的规定及其适用

婚姻法第二十条规定：“夫妻有互相扶养的义务。一方不履行扶养义务时，需要扶养的一方，有要求对方付给扶养费的权利。”理解夫妻间的扶养义务应当注意：

第一，夫妻之间的扶养权利和义务，是夫妻身份关系所导致的必然结果。夫妻一方向对方所负的扶养义务，从接受者的角度来看，就是接受扶养的权利。夫妻之间的扶养权利和义务是彼此平等的，任何一方不得只强调自己应享有接受扶养的权利而拒绝承担扶养对方的义务。

第二，夫妻之间接受扶养的权利和履行扶养对方的义务是以夫妻合法身份关系的存在为前提条件的。不论婚姻的实际情形如何，无论当事人的感情好坏，这种扶养权利和义务始于婚姻缔结之日，消灭于婚姻终止之时。

第三，夫妻之间的扶养义务，其内容包括夫妻之间相互为对方提供经济上的供养和生活上的扶助，以此维系婚姻家庭日常生活的正常进行。

第四，夫妻之间的扶养义务，属于民法上的强行性义务，夫妻之间不得以约定形式改变此种法定义务。在实际运作上，基于夫妻关系的特殊性，应以当事人自我调节为主，以自觉履行为普遍，而以公力干预为辅助，以司法救济为例外。

当夫妻一方没有固定收入和缺乏生活来源，或者无独立生活能力或生活困难，或因患病、年老等原因需要扶养，另一方不履行扶养义务时，需要扶养的一方有权要求对方承担扶养义务，给付扶养费，以维持其生活所必需。此为夫妻一方采用自力救济的方法实现接受扶养的权利。

当夫妻间因履行扶养义务问题发生争议时，需要扶养的一方可以向人民调解组织提出调解申请，也可以向人民法院提起追索扶养费的民事诉讼。通过民事诉讼程序强制有扶养义务的夫妻一方履行扶养义务，这是夫妻一方采用司法救济的方法维护其权利。人民法院对此类案件要做好调解工作，调解不成的，可根据夫妻双方的具体情况，判决义务人履行扶养义务。必要时，可根据当事人的申请裁定先予执行。人民法院审理扶养纠纷所作出的调解书与判决书，均具有强制执行的法律效力。

夫妻一方不履行法定的扶养义务，情节恶劣，后果严重，致使需扶养的一方陷入生活无着的境地，从而构成遗弃罪的，则在承担刑事法律责任时亦不免除其应当继续承担的扶养义务。

（五）夫妻间的遗产继承权

1. 配偶继承权的基本常识

（1）配偶继承权的概念

夫妻间的遗产继承权又称配偶继承权，指合法婚姻关系中生存一方以配偶身份享有的继承死亡一方遗产的权利。配偶继承权是婚姻效力的具体表现，配偶继承权来自于合法的婚姻关系，是基于婚姻关系而产生的一种权利。

（2）配偶继承权的意义

第一，配偶享有继承权是维护婚姻制度的重要标志。

当今世界各国的婚姻法明确规定了夫妻间的权利和义务，只有符合婚姻成立要件的两性结合才是婚姻，当事人之间才能具有配偶身份，而具有配偶身份者，才享有法定的夫妻权利并承担法定的夫妻义务。从这一意义上说，配偶是合法婚姻的代言人，是为一个国家的社会制度所认可的婚姻规范的代言人，而赋予配偶以继承权，则是维护婚姻制度的重要标志。

第二，配偶享有继承权是实现家庭职能的重要手段。

婚姻家庭关系是以两性结合为前提，以血缘联系为纽带的社会关系。配偶之间虽无血缘关系，但却是产生血亲和姻亲关系的基础。法律确认并保护配偶继承权，是对实现家庭繁衍生育职能的有效保护。

养老育幼、扶助缺乏劳动能力或没有经济来源的家庭成员，是我国家庭的传统职能，也是我国的优良传统。男女双方通过缔结婚姻关系组成家庭后，配偶共同负担养老育幼的义务，在家庭生活中起着举足轻重的作用。尤其在我国多年开展计划生育政策的背景下，夫妻两人往往肩负着双方父母和子女的赡养、抚育责任。一方死亡后，原本由夫妻共同赡养的双方的父母，一般继续由生存配偶独自照顾，原本两人共同承担的抚育子女的责任也要由生存配偶一人承担，其负担会更重。因而，对配偶继承权提供法律保护，可以保证家庭养老育幼职能的顺利进行。

第三，配偶享有继承权是夫妻之间权利义务关系的必然要求。

配偶之间具有持续存在的法定权利与义务，这是夫妻身份关系产生的必然结果。婚姻关系存续期间，双方不仅互负财产方面的权利与义务，还互负特定的人身权利与义务。多数情况下，夫妻双方既是家庭财富的共同创造者，也是相互扶助的共同生活伴侣。夫妻相互之间的付出，往往是其他亲属所无法取代的。因此，一方死亡后，使生存配偶享有继承对方遗产的继承权，既是对生存配偶权利的维护，也是对其在婚姻关系存续期间所尽义务的认可，还可以为生存配偶提供失去生活伴侣的精神慰藉。

2. 法律有关配偶继承权的规定及其适用

我国1950年和1980年的两部婚姻法都规定："夫妻有相互继承遗产的权利"。夫妻遗产继承权是婚姻效力的表现之一，它派生于配偶身份关系，是夫妻之间权利义务不可缺少的内容。夫妻互享遗产继承权，是男女平等原则的重要体现，是"继承权男女平等"在夫妻关系中的反映。在现阶段，特别应该注意保护妻子享有的继承丈夫遗产的合法权利，认真贯彻执行妇女权益保障法第三十一条的规定，即："妇女享有的与男子平等的财产继承权受法律保护。在同一顺序法定继承人中，不得歧视妇女。"最后，凡是侵害夫妻合法继承权的，应当依照民法通则第一百零六条、第一百一十七条和一百三十四条等规定承担民事责任。侵害妻方合法继承权的，还必须执行妇女权益保障法第五十二条的规定，即："侵害妇女的合法权益，造成财产损失或者其他损害的，应当依法赔偿或者承担其他民事责任”。

根据我国民法通则、继承法、婚姻法的规定，把握夫妻遗产继承权时应当注意：

第一，合法的配偶身份是夫妻遗产继承权的前提。只有婚约的男女之间、姘居的以及非法同居的男女之间、已经离婚的男女之间不享有夫妻遗产继承权。依法被认定为事实婚姻关系的，可以配偶身份继承遗产。已经领取结婚证尚未同居时一方死亡，或是已经提起离婚诉讼未获有效离婚裁决时一方死亡，生存方都可以配偶身份享有遗产继承权。

第二，配偶一方死亡，另一方系无民事行为能力人或者限制民事行为能力人的，依然享有夫妻遗产继承权。其继承权可由法定代理人代理行使或者征得法定代理人同意后行使。法定代理人代理配偶一方行使继承权，不得损害被代理人的利益，一般不得代理放弃继承权。明显损害继承人利益的代理行为无效。

第三，夫妻相互继承遗产时，应先行分割夫妻共同财产和家庭成员共有财产，确定遗产范围，防止侵害生存方和其他家庭成员的合法利益。

第四，我国实行限定继承制度，继承遗产应当清偿被继承人依法应当缴纳的税款和债务，缴纳税款和清偿债务以遗产的实际价值为限。超过遗产实际价值的死亡配偶个人债务，生存配偶不必清偿，自愿代为偿还的除外。

第五，依照我国继承法第十条的规定，夫妻互为第一顺序法定继承人。继承开始后，被继承人有子女、父母的，生存配偶一般应按份额均等原则与他们共同继承；子女先于被继承人死亡的，由其晚辈直系血亲代位继承。没有其他第一顺序法定继承人和代位继承人的，由生存配偶单独继承。

第六，继承法第十九条规定：“遗嘱应当对缺乏劳动能力又没有生活来源的继承人保留必要的遗产份额”。其中当然包括缺乏劳动能力又没有生活来源的配偶。最高人民法院《关于贯彻执行〈中华人民共和国继承法〉若干问题的意见》第三十七条规定：“遗嘱人未保留缺乏劳动能力又没有生活来源的继承人的遗产份额，遗产处理时，应当为该继承人留下必要的遗产，所剩余的部分，才可参照遗嘱确定的分配原则处理。”

第七，夫妻一方死亡后，另一方（尤其是妻子一方）不论再婚与否，均有权处分继承的遗产，任何人不得干涉。

二、父母子女关系

（一）父母子女关系的种类

父母子女间是最直接的、最近的血缘关系，是家庭关系的核心。调整父母子女关系的法律制度在婚姻家庭法中占有十分重要的地位。父母子女关系法，也叫亲子关系法。法律所调整的父母子女关系包括父母子女关系的发生、变更、终止以及父母子女之间的权利义务关系。依据父母子女关系发生的原因之不同，父母子女关系可以分为父母与亲生子女关系、继父母与继子女关系、养父母与养子女关系、父母与人工生育子女关系等几种类型，他们之间的权利义务基本相同。

按照我国婚姻法的规定，父母子女关系可以分为以下两大类。

1. 自然血亲的父母子女关系

这是基于出生的法律事实而发生的，其中包括生父母与婚生子女的关系、生父母与非婚生子女的关系。其特点是：自然血亲的父母子女关系只能因为父母子女一方死亡或者父母依法将子女送给他人抚养的原因而终止。除此以外，自然血亲的父母子女关系是不允许解除的。比如生父母因为生养了一个不孝子而要求解除父母子女关系、生父母因为亲生的成年子女经常对自己实施家庭暴力而要求解除父母子女关系、生父母因为亲生儿子强奸母亲而要求解除父母子女关系、生父母因为生子女成为了恶霸或者社会渣子而要求解除父母子女关系等，都是不可以的，既不可以采用公开宣告的方式也不可以通过诉讼的方式来解除双方自然血亲的父母子女关系。

2. 拟制血亲的父母子女关系

这是基于收养的法律行为或者父母一方再婚而与继子女之间形成事实

上的抚养关系，它是由法律人为设定的。这种父母子女关系包括：养父母和养子女的关系、继父母和受其抚养教育的继子女的关系。其特点是：拟制血亲的父母子女关系可以因为一方的死亡而终止；也可以因为养父母与养子女解除收养关系而终止；还可以因为继父（母）与生母（父）离婚及相互之间抚养关系的变化而终止。

（二）父母子女间的权利义务

我国婚姻法第二十一条至第二十七条对于父母子女间的权利和义务作了如下几个方面的规定，这些规定不仅适用于父母与亲生子女之间，也适用养父母与养子女之间以及形成抚养关系的继父母与继子女之间。

1. 父母对子女有抚养教育的义务

我国婚姻法第二十一条规定："父母对子女有抚养教育的义务……父母不履行抚养义务时，未成年的或不能独立生活的子女，有要求父母付给抚养费的权利。"这一规定表明，抚养教育子女既是子女的权利，也是父母应尽的义务。

（1）抚养教育的内容和期限

抚养，是指父母应当从物质上、经济上对子女进行养育和照料。根据我国法律法规规定，抚养包括但不限于：给付子女生活费、教育费、医疗费等费用；在生活上对子女进行帮助和照管等。这些既是父母对子女所负义务的主要内容，也是子女得以健康成长的物质基础。

父母对未成年子女的抚养是无条件的。除了法律另有规定的情形以外，比如未成年子女依法被无力抚养的生父母送养他人而使其与生父母之间的权利义务关系终止，16 周岁至 18 周岁的子女能够以自己的劳动收入作为主要生活来源并能够维持当地一般生活水平的，被视为具有完全民事行为能力，父母可以不给抚养费。其他情况下，父母对未成年子女的抚养义务是不能免除的。即使父母离婚，父母对子女的抚养义务也不能免除。

父母对成年子女的抚养义务是有条件的。通常情况下，父母对子女的抚养义务是从子女出生时起，到子女 18 周岁为止。但是，对于尚不能独立生活的成年子女，父母有给付能力的，仍然应当负担必要的抚育费。也就是说，符合下列三个条件，父母对成年子女仍然要承担抚养义务：成年子女不能独立生活；父母有给付能力；父母给付的只是成年子女必要的抚育费。按照我国婚姻法司法解释（一）第二十条的规定，成年子女“不能独立生活”主要包括两种情形：一是尚在校接受高中及其以下学历教育；二是因为丧失或未完全丧失劳动能力等非因主观原因而无法维持正常生活的成年子女。即，成年子女不能独立生活必须是由客观因素造成的，而不是其自身好逸恶劳等主观因素造成的。至于对已经有独立生活能力的成年子女，父母自愿给予经济帮助的，法律并不会干预。比如：对于已经成年的尚在校就读的大学生、硕士生、博士生或者暂时失业的成年子女，父母自愿给付学费、生活费和医疗费的，法律不会干涉；但父母没有能力给付或者父母不愿意给付的，这些子女则无权要求父母给付生活费、教育费或者医疗费。

父母对未成年子女的教育，包括智育与德育。教育仍然是现代家庭的一个重要职能。人们常说，家庭是子女的第一所学校，也是终身受教育的学校；父母是子女的第一个老师。父母不仅应当教育子女学习科学文化知识，还要对子女进行思想品德的教育，从而使子女成为爱祖国、爱人民、爱科学、爱劳动，德、智、体、美全面发展的国家有用之才。就目前父母对独生子女的抚养教育来看，父母对子女的教育义务，比物质上、经济上、生活上的抚养义务，更重要、更迫切、更深远。应当说，父母对子女的教育和影响，是学校教育和社会教育所无法取代的。父母如果真的爱自己的子女，就应当积极配合学校和社会，切实且持之以恒地做好对子女尤其是未成年子女的教育工作，而不要过于溺爱和迁就，使之健康全面地成长。

（2）对于不履行抚养义务者的强制措施。我国婚姻法第二十一条规定：“父母不履行抚养义务时，未成年的或不能独立生活的子女，有要求父母付给抚养费的权利。”婚姻法司法解释（三）第三条规定：“婚姻关系存续期间，父母双方或者一方拒不履行抚养子女义务，未成年或者不能独立生活的子女请求支付抚养费的，人民法院应予支持。”根据上述规定，如果父母不履行抚养义务，需要抚养的未成年子女或者不能独立生活的成年子女，享有向父母索要抚养费的权利。子女索要抚养费的请求可以通过父母的单位或者有关组织协助调解解决，也可以通过诉讼程序向当地人民法院提起追索抚养费的民事诉讼。我国诉讼费用交纳办法第四十五条规定："当事人申请司法救助，符合下列情形之一的，人民法院应当准予免交诉讼费用：（一）残疾人无固定生活来源的；（二）追索赡养费、扶养费、抚育费、抚恤金的……"人民法院在处理这类案件时，应当根据父母的实际抚养能力和子女的实际需要，通过调解或者判决的方式，来确定子女抚养费的数额、给付的方法和期限。必要时，人民法院可以通过裁定的方式责令父母先行给付抚养费。对于那些拒不履行抚养义务，恶意遗弃未成年子女的父母，情节恶劣、构成犯罪的，应当依法追究其刑事责任。对于有劳动能力而又拒不参加生产劳动的成年子女，父母则没有继续抚养他们的义务。

2. 父母对未成年子女有保护和教育的权利和义务

我国婚姻法第二十三条规定："父母有保护和教育未成年子女的权利和义务。在未成年子女对国家、集体或他人造成损害时，父母有承担民事责任的义务。"这一规定兼有监护和亲权的双重含义。

（1）父母对未成年子女保护和教育权利、义务的内涵

保护和教育未成年子女，既是父母的权利，也是父母应尽的法定义务。所谓保护，是指父母应当防范和排除来自自然界或者社会对未成年子女的人身或者财产的损害或者非法侵害。未成年子女缺乏对事物的理解、判断能力以及处置能力，属于无民事行为能力人或者限制民事行为能力人。法律要求父母对未成年子女进行管教和保护，一方面是为了保障未成年子女的健康与安全，另一方面也是为了防止未成年子女对他人或者社会利益造成损害。值得注意的是，父母在行使该权利时，尤其是管教或者惩戒未成年子女时，方法一定要得当，不能危害到子女的人身安全，亦不能侵害未成年子女的财产权利。

父母作为未成年子女的法定监护人，当未成年子女的人身或者财产遭受他人不法侵害时，父母有权以法定代理人的身份给未成年子女维权，进

行协商处理或者向人民法院提起诉讼，请求排除侵害，赔偿损失。当不满14周岁的子女被人拐骗、脱离家庭或者监护人时，父母有权要求司法机关追究拐骗者的刑事责任，归还子女。同时，当未成年子女从事与其年龄不相符的民事活动时，应当由父母代理或者取得父母同意。

所谓教育，是指父母按照法律和道德的要求，通过适当的方式方法，对未成年子女进行管理和教育，对其言行进行必要的约束，在思想品德、为人处世方面对其进行培养和关怀。对于独生子女而言，父母的这方面的教育尤其重要。同时，我国预防未成年人犯罪法还规定，未成年人的父母对未成年人的法制教育负有直接责任，父母不得迫使其离家出走，或者放弃监护责任。

（2）父母有对未成年子女承担民事责任的义务

在未成年子女对国家、集体、他人造成损害时，父母有义务替子女承担相关的民事责任。我国《民法通则》第一百三十三条规定："无民事行为能力人、限制民事行为能力人造成他人损害的，由监护人承担民事责任。监护人尽了监护责任的，可以适当减轻他的民事责任。有财产的无民事行为能力人、限制民事行为能力人造成他人损害的，从本人财产中支付赔偿费用；不足部分，由监护人适当赔偿，但单位担任监护人的除外。"最高人民法院《最高人民法院关于贯彻执行〈民法通则〉若干问题的意见（修改稿）》第180条规定："夫妻离婚后，未成年子女侵害他人权益的，同该子女共同生活的一方应当承担民事责任；如果独立承担民事责任确有困难的，可以责令未与该子女共同生活的一方共同承担民事责任。"第185条规定："侵权行为发生时行为人不满十八周岁，在诉讼时已满十八周岁，并有经济能力的，应当承担民事责任；行为人没有经济能力的，应当由原监护人承担民事责任。"对于已经成年但尚没有独立生活的子女造成国家、集体或者他人损害时，应当由其本人承担民事责任。《最高人民法院关于贯彻执行〈民法通则〉若干问题的意见（修改稿）》第185条规定："没有经济收入的年满十八周岁的行为人致人损害时，可由扶养人垫付；扶养人不予垫付的，应判决或者调解由行为人延期给付。"

根据民法通则第一百八十四条规定，承担民事责任的方式主要有：停止侵害、排除妨碍、消除危险、返还财产、恢复原状、赔偿损失、支付违约金、消除影响、恢复名誉、赔礼道歉等。以上承担民事责任的方式，可以单独适用，亦可以合并适用。

3．子女对父母有赡养、扶助的义务

赡养老人既是我们中华民族的传统美德，也是法律规定的义务。我国宪法第四十九条第三款规定："成年子女有赡养扶助父母的义务。"我国婚姻法第二十一条规定："子女对父母有赡养扶助的义务。"上述规定说明，父母子女间的权利义务是对等的。父母尽了抚养子女的义务，当父母年老体衰时，子女也应尽赡养父母的义务。

（1）赡养扶助的内容

赡养是指子女在物质上、经济上为父母提供必要的生活费用和条件。扶助是指子女应当给予父母精神上的慰藉和生活上的照料。比如：给老年父母提供必要的居住条件和生活条件，提供必要的生活费用和医疗费用，尊重父母、患病陪床、不和父母共同居住的子女常回家看看，等等。

子女对父母的赡养义务是无条件和无期限的，子女不能以任何借口逃避。比如：子女认为在自己小时候父或母没有尽到抚养义务、父母对自己付出不够或者对自己不好、父母在家产分配上不公平、自己无力赡养、自己放弃将来对父母遗产的继承权，等等。子女对于年老体衰、丧失劳动能力、生活确有困难的父母，应当自觉地履行赡养扶助的义务，让父母有尊严地安度晚年。子女对父母的赡养扶助义务是无期限的，只要父母需要赡养扶助，子女就应当履行这一义务。子女对父母的赡养义务，也不能因为父母的婚姻关系变化而终止。对于有劳动能力、生活不困难的父母，子女也应当常回家看看，在精神上对父母给予关照和慰藉。

赡养的方式既可以是和父母共同生活直接履行赡养义务，也可以采用经常联系、探望、照顾并提供必要的生活条件和生活、医疗费用的方式。《中华人民共和国老年人权益保障法》规定：一是老年人养老以居家为基础，家庭成员应当尊重、关心和照料老年人。二是赡养人应当履行对老年人经济上供养、生活上照料和精神上慰藉的义务，照顾老年人的特殊需要。三是赡养人应当使患病的老年人及时得到治疗和护理，对经济困难的老年人应当提供医疗费用。四是对生活不能自理的老年人，赡养人应当承担照料责任，不能亲自照料的可以按照老年人的意愿委托他人或者养老机构等照料。五是赡养人应当妥善安排老年人的住房，不得强迫老年人居住或者迁居条件低劣的房屋；老年人自有的或者承租的住房，子女或者其他亲属不得侵占，不得擅自改变产权关系或者租赁关系；老年人自有的住房，赡养人有维修的义务。六是赡养人有义务耕种或者委托他人耕种老年人承包的田地，照管或者委托他人照管老年人的林木和牲畜等，收益归老年人所有。七是家庭成员应当关心老年人的精神需求，不得忽视、冷落老年人；与老年人分开居住的家庭成员，应当经常看望或者问候老年人。八是赡养人不得要求老年人承担力不能及的劳动。九是禁止对老年人实施家庭暴力。①

（2）对拒不履行赡养义务者的强制措施。

婚姻法第二十一条第三款规定：“子女不履行赡养义务时，无劳动能力的或生活困难的父母，有要求子女付给赡养费的权利。”父母既可以直接向子女索要赡养费，也可以请求子女所在的单位或者居民委员会、村民委员会调解，说服子女给付。父母还可以直接向当地人民法院起诉，要求法院调解或者判决子女给付赡养费。对于父母追索赡养费的案件，当事人可以免交诉讼费；同时，人民法院可以在判决前裁定子女先予执行。子女有能力赡养而拒绝赡养父母，情节严重，构成犯罪的，应当依法追究子女的刑事责任。如果父母对子女犯有故意杀人罪（未遂）、虐待罪、遗弃罪或者父亲奸污女儿的，子女成年后，可以不赡养父母。但如果父母仅有虐待、遗弃子女行为，没有构成犯罪的，或者犯有其他罪行的，子女仍然应当尽赡养义务。

此外，按照我国婚姻法第三十条的规定：“子女应当尊重父母的婚姻权利，不得干涉父母再婚以及婚后的生活。”

---

① 《中华人民共和国老年人权益保障法》第十三条至十八条、第二十五条。

4. 父母子女之间有相互继承遗产的权利

我国婚姻法第 30 条规定："父母和子女有相互继承遗产的权利。"父母和子女是最近的直系血亲关系，按照我国继承法的相关规定，他们互为第一顺序的继承人。父母死亡时，子女有继承他们遗产的权利；子女死亡时，父母有继承他们遗产的权利。父母与婚生子女、非婚生子女，养父母与养子女，继父母与有抚养教育关系的继子女之间，都互有继承权。

（三）父母与婚生子女

1. 婚生子女的概念及法律地位

现实生活中，绝大多数的亲子关系属于父母与亲生子女之间的关系。父母与子女间是最近的直系血亲，包括婚生子女和非婚生子女两种。

（1）婚生子女的概念

婚生子女是亲生子女的一种。所谓婚生子女是指婚姻关系存续期间妻子受胎或者生育的子女。婚生子女应当具备以下四个要件：一是其父母之间有婚姻关系存在，这是婚生子女与非婚生子女的根本区别；二是必须是生父的妻子所分娩的；三是其受胎是在父母婚姻关系存续期间；四是必须是生母丈夫的血统。从外国的立法例来看，婚生子女主要有两种法律上的推定制度：一是受胎期的推定；二是夫之子女的推定。

（2）婚生子女的法律地位

婚生子女具有以下法律地位：父母对子女有抚养教育的义务；子女对父母有赡养扶助的义务；父母有管教和保护未成年子女的权利和义务；父母和子女有相互继承遗产的权利。

2. 婚生子女的推定与否认

亲子身份的确立是亲子间权利义务发生的前提。母亲与子女间的亲子关系是明显的，完全可以根据子女出生的事实来确定，无须经过法律手续；而父子关系的确定则相对复杂。

（1）婚生子女的推定

婚生子女的推定是指在婚姻关系存续期间妻子受胎或者生育的子女，

可以推定为婚生子女的制度。我国婚姻法中没有关于婚生子女推定的有关规定，借鉴国外的立法例，一般认为，如果妻子受胎或者生育，是在婚姻关系存续期间，或者与受胎期推算相吻合，就可以推定其所生的子女为婚生子女。对于受胎期，各国和各地区的法律规定都差不多。比如，法国民法典第311条规定："子女出生前的300—180天，受胎时间推定为该时期内的任何时刻。"日本民法典第772条规定"自婚姻成立之日起200天之后，或自婚姻解除或撤销之日300天以内出生的子女，推定为婚姻中怀胎的子女。"我国台湾地区"民法典"第1062条规定："从子女出生日回溯第181日起至第302日止，为受胎期。"

（2）婚生子女的否认

父子关系既然是一种法律上的推定，就有可能被相反的客观事实所推翻。现代社会中，婚外性行为在任何国家都普遍存在。因此，受到父子关系推定的子女有可能在客观事实上与被推定为父亲的男人之间并不存在自然血亲关系。为使法律推定与客观事实相一致，并让真正的生父履行法律义务，各国法律在规定亲子关系推定的同时，也允许当事人提出亲生子女推定的否认之诉。婚生子女推定的否认制度是指丈夫证明其在妻子受胎期内，未与妻子有同居行为，他依法享有否认子女为自己子女的诉讼请求权制度，包括否认的原因、否认权人、否认之诉的时效等内容。

否认婚生子女的原因，即否认婚生子女的事实依据，各国法律大多采用概括主义，即凡是能够提供足以推翻子女为婚生的证据即可。否认的基本原因是证明在妻子受胎期内未与妻子有同居行为，或者能够证明妻子受胎与丈夫无关。学者们将夫妻未同居分为两种情况：一是物理上未同居，即因为空间距离而不能有夫妻性生活。比如：在妻子受胎期内，丈夫因为外出两地生活、生病住院、服兵役、监狱内服刑等原因，与妻子完全没有同居的事实。二是精神上的未同居，即夫妻双方感情疏远，分床别寝，或者丈夫有生理缺陷不能发生性行为、无生殖能力、已经实施了男性结扎术等，以及妻子在与丈夫同居前就已经怀孕无从由丈夫受胎等情况。

虽然目前我国婚姻法没有关于婚生子女否认之诉的法律规定，但在司法实务中，人民法院对于否认婚生子女的诉讼是受理的，这类案件还是相对较多的。在审理过程中人民法院可以指定专门的鉴定部门进行亲子鉴定。因为目前医学上通过DNA鉴定技术否定亲子的准确率是100%，肯定率是99.9%，所以，全世界已经有120多个国家和地区将DNA鉴定结果直接作为判案的依据。司法实务中，常有一些当事人不愿意配合对方或者法院做亲子鉴定，给法院判案带来困难，也使对方当事人无法维权。为此，最高人民法院出台的婚姻法司法解释三专门对亲子鉴定问题做出了规定。其第二条规定：“夫妻一方向人民法院起诉请求确认亲子关系不存在，并已提供必要证据予以证明，另一方没有相反证据又拒绝做亲子鉴定的，人民法院可以推定请求确认亲子关系不存在一方的主张成立。当事人一方起诉请求确认亲子关系，并提供必要证据予以证明，另一方没有相反证据又拒绝做亲子鉴定的，人民法院可以推定请求确认亲子关系一方的主张成立。”这一规定说明，如果诉讼一方当事人提供的证据形成了证据链的，即使对方不配合做亲子鉴定，法院也会支持其请求，另一方不服的可以自己去做亲子鉴定来推翻；但请求方举证要达到一定的程度才行。比如：一个21岁的女孩起诉指认金某是其父亲，并提供了女孩父亲王某听见其母亲给金某经常通电话的证言和一张2008年照的其母与金某的裸照两份证据。庭审中，金某坚决否认他与原告之间有亲子关系，且不做亲子鉴定。因此，该案就不能认定原告与金某之间有亲子关系，因为原告提供的证据没有形成证据链。另一案中，某男起诉要求法院认定他与孩子之间不存在亲子关系，理由是他与孩子的血型不对，并提供了他是A型血、妻子是O型血，孩子是B型血的证明；而妻子则坚决不让孩子与丈夫做亲子鉴定。最后法院认定原告提供的证据形成了证据链，支持了原告的诉讼请求。

在适用婚姻法司法解释三的上述规定时应当注意以下问题：一是提起婚生子女否认之诉的权利人只能是夫或者妻；二是对于其父亲已经死亡，无法进行亲子鉴定取样的，一方要求与其兄弟姐妹之间进行血缘鉴定的，对方如果不配合做鉴定，在缺乏必要证据的情况下，法院不能推定一方的主张成立，因为兄弟姐妹之间的亲子关系鉴定准确率在60%—80%；三是一方私自带子女去做亲子鉴定，并没有提供其他证据印证，诉讼中对方拒绝做亲子鉴定的，法院不能推定其主张成立；因为无法确定DNA采样的真实性。

婚生子女的否认权人，各国法律一般将其分为三类：仅丈夫享有否认权；丈夫和子女享有否认权；丈夫、妻子、子女、检察官都享有否认权。

关于否认婚生子女之诉的时效，各国法律规定不一，有的规定是3至6个月，有的规定是1至2年。时效的起算，各国法律大多规定自知悉子女出生之日起开始；也有的国家规定自丈夫知悉第三人在妻子受胎期间与其同居的事实之后起算。如果否认之诉成立，丈夫可以不承担对孩子的抚养责任；负担了子女抚养费的当事人可以要求适当返还抚养费。

（四）非婚生子女

1. 非婚生子女的概念及法律地位

（1）非婚生子女的概念

非婚生子女是指没有婚姻关系的男女所生的子女。未婚男女或者已婚男女与第三人发生性行为所生的子女，无效婚姻和可撤销婚姻当事人所生的子女，经过丈夫否认为婚生子女且否认成立的人，妇女被强奸后所生的子女，都属于非婚生子女。

（2）非婚生子女的法律地位

我国婚姻法第二十五条规定："非婚生子女享有与婚生子女同等的权利，任何人不得加以危害和歧视。不直接抚养非婚生子女的生父或生母，应当负担子女的生活费和教育费，直至子女能独立生活为止。"我国继承法第十条规定："遗产按照下列顺序继承：第一顺序：配偶、子女、父母。……本法所说的子女，包括非婚生子女……"上述规定说明：对非婚生子女，任何人都不得歧视和危害；非婚生子女的生父和生母负有抚养教育非婚生子女的义务；非婚生子女有赡养和扶助生父母的义务；非婚生子女如同婚生子女一样，与生父母间有相互继承遗产的权利。总之，在我国，非婚生子女具有与婚生子女完全相同的权利和义务。

2. 非婚生子女的准正与认领

有婚姻关系的男女与子女间的亲子关系的确定适用亲子关系推定和否认制度，无婚姻关系的男女与子女间的亲子关系的确定则依赖于认领制度来保护当事人的利益。通过认领制度，可以使婚外所生的子女取得亲生子女的资格，从而确定父母子女间的亲子关系。

（1）非婚生子女的准正

非婚生子女的准正，是指已经出生的非婚生子女因为生父母结婚或者法院宣告而使其取得婚生子女资格的制度，从而确定父母子女之间的亲子关系。世界各国法律大都规定有非婚生子女的准正制度。我国婚姻法对非婚生子女的准正没有规定，但在司法实务中，生父母在子女出生后补办结婚登记手续的，子女可以视为婚生子女。

（2）非婚生子女的认领

非婚生子女的认领，是指非婚生子女的生父自愿承认或者被法院强制其承认为该子女父亲的法律行为。非婚生子女的认领，一般是在无法准正的情况下发生的。非婚生子女的认领有两种形式：自愿认领与强制认领。自愿认领，亦称任意认领，是指生父母自愿承认该子女为自己所生，并领为自己的子女的行为。自愿认领无须他人或者法律的强制。强制认领，是指非婚生子女的生父母不愿认领子女时，有关当事人起诉到人民法院，由法院依据事实和法律强制生父母予以认领子女。

我国婚姻法中没有关于非婚生子女的认领制度。现实中的做法是：基于分娩的事实，确定子女与母亲的母子关系。非婚生子女与生父的父子关系，根据以下规则确认：如果生父与生母结婚，则因父母结婚而确定父子关系（如同准正）；如果生父与生母没有结婚，则一般可由生父表示认领，也可以通过生母提出的证据或者其他证据加以证明；生父拒绝认领的，利害关系人可以起诉到人民法院请求确认父子关系。

（五）人工生育子女

1. 人工生育子女的概念和种类

人类的自然生殖过程，是女子的卵子和男子的精子，通过性行为二者合二为一，由受精卵继续发育成为新的个体。人类这一自身生产过程，在过去是不以人的意志为转移的。然而随着现代科学技术的发展，人工生殖技术日益成熟，人工生育子女越来越多。人工生育子女即通过人工授精方式生育的子女。他是根据生物遗传工程理论，运用人工方法取出卵子或者精子，再用人工方式将精子或者受精卵胚胎植入妇女子宫内，使其受孕所生育的子女。

采用人工授精技术，有体内与体外、同质与异质之分。人工体内受精，通常是不孕的原因在于丈夫，所以，可将丈夫的精子或者第三人的精子注入妻子体内受精。人工体外受精，是指将妻子或者第三人的卵子从体内取出，与丈夫（或者第三人）的精子在培养器皿中使其成为受精卵，然后再将受精卵分裂的胚胎植入妻子子宫内发育而分娩。按照这一过程而生育的子女，俗称“试管婴儿”。同质人工授精，即使用丈夫的精液和妻子的卵子进行人工授精，简称 AIH。异质人工授精，即即使用第三人的精液和妻子的卵子进行人工授精，简称 AID。

人工生殖还涉及“代孕”问题。代孕即因为妻子的子宫有障碍而无法使受精卵在其子宫着床，而需要借用第三人的子宫孕育并分娩子女。对于代孕，我国卫生部出台的人类辅助生殖技术管理办法明确规定，我国自 2001 年 8 月 1 日起禁止实行任何形式的代孕技术。大部分欧洲国家的法律都禁止代孕行为。法国全面禁止代孕，组织、策划代孕的协会或医生，将面临 3 年监禁和 4.5 万欧元的罚款。瑞士、德国、西班牙、意大利等国也对代孕行为明令禁止。在澳大利亚，代孕母亲在法律上被视为孩子的合法母亲，任何将孩子的监护权转给他人的代孕合同都属无效。

2. 人工生育子女的法律地位

在同质人工授精的情况下，由于精子和卵子来源于夫妻二人，夫妻与所生育的子女之间有自然血缘关系，因此，这时的父母子女关系与自然血亲的父母子女关系完全相同。异质人工授精的情况比较复杂。由于异质人工授精的子女与母亲的丈夫之间无任何血缘关系，因此有必要依据法律来确认双方是否有法律上的权利义务关系。体外人工授精的情形最复杂，要看卵子和精子的供体的不同而有所不同：在采用夫妻的精子、卵子于体外受精，再植入妻子的子宫内妊娠的场合，子女与父母之间具有自然血亲关系，产生与自然血亲相同的父母子女关系；在采用妻子的卵子与第三人提供的精子在体外受精，再植入妻子的子宫内妊娠的场合，与异质人工授精相同，子女会有生物学上的父亲与法律学上的父亲的不同；在采用第三人的卵子与丈夫的精子在体外受精，再植入妻子的子宫内妊娠的场合，这时，子女的母亲会有生物学上的母亲与孕育自己的生母的不同；在采用第三人提供的精子和卵子在体外受精，再植入妻子的子宫内妊娠的场合，子女会有生物学上的父母与法律学上的父母的不同。

我国婚姻法对人工授精所生子女的法律地位问题，没有作出明确规定。司法实务中，在认定父母与人工生育子女的亲子关系的问题上，一般把握以下几个方面：一是只要夫妻就实施人工生育达成协议的，无论是同质人工授精，还是异质人工授精，所生子女都是其亲生子女，他们之间存在亲子关系，适用法律关于父母子女关系的有关规定。这里的协议应当是书面的，并且必须是夫妻双方真实的意思表示。二是在同质人工授精生育子女的情况下，由于精子冷藏术的运用，如果妻子欺骗丈夫或者没有征得丈夫同意而采用人工生育手段生育子女的，从保障子女利益的角度，仍然应当认定他们之间具有父母子女关系。三是如果夫妻双方就采用同质人工授精生育子女的方式达成协议，但由于医疗单位的过失误用第三人的精液进行了人工授精，所生子女仍宜认定为夫妻双方的子女，相互间的亲子关系存在；夫妻双方可以要求医疗单位承担相应的民事责任。四是异质人工授精生育子女必须要征得夫妻双方的同意，这是以异质人工授精方式生育子女的前提条件。如果妻子在没有征得丈夫同意或者违背丈夫的意愿的情况下，采取异质人工授精方式生育子女的，由于子女是在夫妻关系存续期间受胎或者在夫妻关系存续期间出生的，所以，首先应当推定彼此之间的亲子关系成立，但是丈夫一方有权提起亲子关系推定的否认之诉。

（六）继父母与继子女

1. 继父母与继子女的概念及类型

（1）继父母子女的概念

父母一方死亡或者父母双方离婚后再婚的，子女与父母的再婚配偶之间为继父母继子女关系。所谓继父母，通常是指子女对父之后妻或母之后夫，称为继父或者继母。所谓继子女，是指配偶一方或者他方与前配偶所生育的子女。继父母子女关系产生的原因，一是由于父母一方死亡，生存的一方再婚；二是由于父母离婚，父或母再婚而形成的。子女对于父母再婚的配偶的称谓为继父或继母，夫或妻对于其再婚配偶的子女的称谓是继子或继女。

（2）继父母子女关系的类型

在实践中，继父母子女关系大致有三种类型：

一是名分型。即生父（母）与继母（父）再婚时，继子女已经成年并已独立生活；或者继子女虽然未成年但仍然由其生父母提供生活教育费，继子女并不依靠继父母抚养教育，继父母子女之间不存在抚养教育关系，而是一种直系姻亲关系。日后，继子女也不用对继父母尽赡养义务。

二是共同生活型。即生父（母）与继母（父）再婚时，子女没有成年或未独立生活，未成年或未独立生活的继子女与继父（母）共同生活时，继父或继母对其承担了部分或者全部生活教育费；或者成年继子女在事实上对继父母长期进行了赡养扶助。继子女不仅与生父母存在父母子女的权利义务关系，也与继父母之间存在抚养教育关系。

三是收养型。即继父或者继母经继子女的生父母同意，已经正式收养该继子女为其养子女。同时，该子女与共同生活的生父（母）一方仍然是直系血亲关系，存在父母子女的权利义务关系；而与不在一起共同生活的生父（母）一方的权利义务随之消灭。

2. 继父母子女的法律地位

我国婚姻法第二十七条规定："继父母与继子女间，不得虐待和歧视。"这一规定说明，继父母子女间无论是否形成抚养教育关系，都应当相互尊重、平等对待，不得虐待或者歧视。这也是我国婚姻法的基本原则中保护儿童与老人合法权益、尊老爱幼、维护平等、和睦、文明的家庭关系的要求。

婚姻法第二十七条还规定："继父或继母和受其抚养教育的继子女间的权利义务，适用本法对父母子女关系的有关规定"。这就意味着继父母与受其抚养教育的继子女之间的权利义务关系，适用法律关于父母子女关系的规定；而继父母与没有受其抚养教育的继子女之间的权利义务关系，仅为姻亲关系，不适用法律关于父母子女关系的有关规定，他们之间只是存在名义上的继父母子女关系。具体而言，形成抚养教育关系的继父母子女间的权利义务关系有：

（1）继父母对继子女有抚养教育的义务，继子女对继父母有赡养扶助的义务。继父母不履行抚养义务时，未成年的或者不能独立生活的继子女，有要求继父母付给抚养费的权利。继子女不履行赡养义务时，无劳动能力的或生活困难的继父母，有要求继子女付给赡养费的权利。

（2）继父母有保护和教育未成年继子女的权利和义务。在未成年继子女对国家、集体或他人造成损害时，继父母有承担民事责任的义务。

（3）继子女可以随继父或继母姓，也可以不改变姓名。

（4）继父母和继子女之间有相互继承遗产的权利。继子女继承了继父母遗产的，不影响其继承生父母的遗产。继父母继承了继子女遗产的，不影响继承生子女的遗产。

3. 继父母子女关系的终止

（1）继父母子女关系终止的原因。一是继父母子女关系因继父、继母、继子、继女任何一方的死亡而终止，终止的理由是法律关系的主体一方不存在。这是一种相对终止，只是一种权利义务关系的终止。二是继父母子女关系因解除而终止。这是一种绝对终止，身份关系与权利义务关系都因为解除而终止。继父母子女关系可否解除，我国现行法律中没有明确规定。从学理的角度看，继父母子女关系为姻亲关系，基于婚姻关系的成立而产生，当然也可以基于一定的原因而解除。

未形成抚养教育关系的继父母子女关系，因生父或生母与继母或继父的婚姻关系终止而解除。如果因生父或生母死亡而导致婚姻终止的，继子女与继母或继父可以自愿确定是否继续保持继父母子女关系。

（2）继父母子女关系解除的法律后果。未形成抚养教育关系的继父母子女关系解除后，双方之间的姻亲关系消除，继父母与继子女的称谓也不复存在。已形成抚养教育关系的继父母子女关系解除后，双方之间的姻亲关系消除，抚养教育关系也不再存在。但经继父母抚养长大的继子女，对缺乏劳动能力又没有生活来源的继父母有给付生活费的义务。

（七）养父母与养子女

养父母子女关系是亲子关系的一种。养父母为基于合法有效的收养关系领养他人为自己的子女的人。养子女为基于合法有效的收养关系为他人所领养的人。养父母与养子女的亲子关系的建立，是基于合法有效的收养关系。我国收养法是调整收养关系的基本法律，通过收养可以在收养人与被收养人之间建立法律拟制的直系血亲关系。自收养关系成立之日起，养父母与养子女之间的权利和义务，适用法律关于父母子女关系的规定；养子女与养父母的近亲属之间的权利义务关系，适用法律关于子女与父母的近亲属之间权利义务关系的规定。同时，养子女与生父母间的权利义务关系因收养关系的成立而解除；养子女与生父母以外的其他近亲属间的权利义务关系，因收养关系的成立而解除。有关收养关系的具体内容，将在下一节“收养”中作具体介绍。

三、收养

收养是指公民依照法律规定的条件和程序，领养他人的子女作为自己的子女，从而在收养人与被收养人之间确立父母子女关系的民事法律行为。我国于1991年12月29日颁布了《中华人民共和国收养法》，而后又对该法进行了修改，于1999年4月1日实施。该收养法是调整养父母与养子女这一拟制血亲关系的主要法律规范。

（一）收养

1. 收养的概念

收养，是指公民依法领养他人子女为自己子女，从而使收养人与被收养人之间建立拟制亲子关系的民事法律行为。领养他人子女者为收养人，即养父母；将子女或儿童送给他人收养的父母、其他监护人和社会福利机构称送养人；被他人收养的人为被收养人。

2. 收养的法律特征

收养关系的成立和终止与自然血亲不尽相同，作为一种独特的民事法律关系，收养行为具有以下法律特征：

（1）收养是一种民事法律行为

收养是确立民事法律关系的行为，其只能发生在公民之间，适用于自然人，而不适用于法人。公民之间的收养与社会福利机构对孤儿、弃儿、残疾儿的收养，不管是在性质上，还是在方式与效力上均有所不同。公民收养是一种民事法律行为，而社会福利机构的收养则是一种社会福利措施。社会福利机构的收养除了抚养、教育、监护的职能外，其与被收养人之间不产生父母子女关系；而自然人的收养将产生父母子女的亲属关系。公民收养要依法办理收养手续，而社会福利机构则可以自行决定收养，无须经过其他机关的同意或者准许。

（2）收养是一种要式法律行为

由于收养不仅涉及当事人的切身利益，而且关系到社会公共利益，所以，我国收养法明确规定收养必须要签订书面的收养协议，而且要按照法定程序办理收养登记，属于要式法律行为。

（3）收养是变更亲属身份和权利义务关系的行为

通过收养行为，使收养人与被收养人之间产生了父母子女的身份关系和权利义务关系，被收养人与其生父母之间的身份关系和权利义务关系随之消除。

（4）收养不能发生于非直系血亲关系的长辈对晚辈之间

收养的目的是为了建立父母子女关系，所以，本来就具有直系血亲关系的人（指生育自己和自己所生育的上下各代的亲属）之间的收养既没有必要亦没有意义。所以，收养只能发生于非直系血亲关系的长辈对晚辈之间。符合收养条件的旁系血亲之间是可以收养的，比如：长辈将自己的侄子女、甥子女、表侄子女收养为养子女。

（5）收养关系是一种拟制血亲关系，可以依法建立或者解除

收养使没有直系血亲关系的收养人与被收养人之间建立了拟制的父母子女关系。因为它是人为创设的一种亲属关系，所以，它既可以依法设立，也可以依法解除。

3. 收养与相关概念的区别

（1）收养与寄养的区别

寄养是指父母因为某种原因，暂时不能直接履行对子女的抚养义务，而委托他人代为抚养的行为。收养与寄养是完全不同的，它们的区别主要有：一是收养关系的成立和解除都必须要经过法律规定的程序，而寄养则不需要办理任何法定手续；二是收养关系建立后，收养人与被收养人之间就产生了拟制的父母子女的血亲关系，而寄养则不会产生父母子女关系；三是寄养关系会随着寄养原因的消除而消除，具有临时性，而收养关系则是长期甚至永久存在的。

（2）收养关系与继父母子女关系的区别

继父母与继子女关系，在“父母子女关系”一节中已作了论述，在此不再赘述。养父母子女关系与继父母子女关系的区别表现为：一是两者法律关系产生的根据不同，收养关系是依据法律规定而成立的一种法律关系；继父母子女关系则是附属于婚姻关系的一种法律关系，它是因生父或生母与继母或继父结婚而自然形成的。法律对继父母子女关系产生的条件和程

序并没有做出任何规定和要求，继父母和继子女之间是否形成抚养教育关系，完全是由双方的意愿所决定的。形成抚养教育关系的继父母子女之间属于拟制血亲关系，未形成抚养关系的继父母子女之间属于姻亲关系。二是两者法律规定的权利、义务不同。三是两者法律关系的消灭不同，收养关系可以依法成立，也可以依法解除，养父母和养子女都有依法要求解除收养关系的权利。而继父母子女关系如何解除，则分两种情况而论：没有形成抚养教育关系的继父母子女关系可以因为生父和继母或者生母和继父离婚或者继父母死亡或者生父母死亡而解除；已形成抚养教育关系的继父母子女关系，在生父和继母或者生母和继父离婚后是否解除，要取决于双方的个人意愿，如果双方都愿意保持父母子女关系则可以继续保持，反之双方之间则没有任何关系。

（二）收养制度的基本原则

1. 收养制度的基本原则

我国收养法第二条和第三条分别对收养制度的基本原则做出了明确规定，这些原则性的规定，集中体现了我国收养法的本质和特点，也是收养立法和执法的基本依据。

（1）有利于被收养的未成年人的抚养和成长的原则

儿童是祖国的未来，民族的希望。建立收养制度的主要目的就是为了保护被收养儿童的身心健康，使他们能够在德、智、体、美等方面全面发展，成为国家的栋梁之才。我国收养法第二条规定了“收养应当有利于被收养的未成年人的抚养、成长”的原则。这一原则体现在很多具体条文中。比如：要求建立收养关系时，收养人必须是具有抚养教育被收养人能力的人；收养年满10周岁以上的未成年人，应当征得被收养人本人的同意；从收养关系成立之日起，养父母与养子女之间的权利义务关系适用法律关于父母子女关系的有关规定；收养人在被收养人成年以前，不得解除收养关系，但生父母与养父母协议解除的除外；收养人不履行抚养义务，有虐待、遗弃等侵害未成年人合法权益行为的，送养人有权要求解除收养关系，等等。此外，我国收养法第五章还对借收养名义买卖儿童的行为，规定了制裁措施，构成犯罪的，要依法追究行为人的刑事责任。

（2）平等自愿的原则

收养关系的成立与解除，都是十分重要的民事法律行为。按照我国收养法第二条的规定，收养应当遵循平等自愿的原则。所谓平等原则，既包括收养关系当事人在成立或者解除收养关系的民事活动中的地位是平等的，不允许任何一方享有超越法律的特权，亦不允许任何一方强迫另一方；也包括男女两性在收养中的地位平等。所谓自愿原则，是指建立或者解除收养关系应当由收养当事人自行协商决定，不允许任何一方强迫另一方在违背自己真实意愿的情况下进行收养行为，也不允许任何一方以欺诈手段或者乘人之危与他方建立或者解除收养关系。收养关系只有在自愿平等的基础上建立，才能使收养人与被收养人之间建立起长久、稳定、和睦、幸福的父母子女关系。

（3）不得违背社会公德的原则

收养不仅关系到收养关系当事人的个人利益，也会影响到社会的公共利益。尊重社会公德，不损害社会公共利益既是我国社会主义社会公民应当遵守的道德规范和行为准则，也是我国收养法所确立的一项基本原则。我国收养法规定的无配偶的男性收养女性，双方的年龄应当相差40周岁；收养人虐待、遗弃被收养人的，可以解除收养关系等等，都是本原则的具体体现。

（4）不得违背计划生育的法律、法规的原则

实行计划生育是我国宪法规定的一项基本国策，也是我国婚姻法规定的一项基本原则。为了使计划生育能够得到更好的贯彻实施，防止借收养之名破坏计划生育政策的行为发生，我国收养法第三条明确规定：“收养不得违背计划生育的法律、法规。”同时，收养法对收养人与送养人的条件进行了必要的限制。比如：一般中国公民作为收养人的，必须是年满30周岁的无子女的人；中国公民收养时只能收养一名子女。但是，如果是收养孤儿或者残疾儿童时，则不受收养人无子女或者只能收养一名的限制。同时，

还规定送养人不得以送养子女为理由，违反计划生育规定再生育子女。

2. 收养的意义

收养制度作为家庭关系产生的一种方式和生育制度的补充，在现实生活中发挥着积极的作用，其意义主要有以下四个方面：

（1）可以使丧失父母的孤儿、因特殊原因不能与父母共同生活的子女，在养父母的培养教育下，能够享受家庭的温暖，健康快乐地成长。

（2）通过收养，可以使那些没有子女或者已经丧失子女的人，能够在感情上得到慰藉，心理上得到满足，使养父母能够在其晚年时老有所养、老有所依，充分享受天伦之乐。

（3）由于我国目前经济尚不够发达，社会福利机构相对有限，所以，允许公民之间的收养行为，可以减轻国家的经济负担，使社会问题能够得到及时有效的解决，从而促进社会的和谐稳定。

（4）收养制度是亲属制度不可缺少的组成部分，在任何类型的社会里，都有与其经济制度相适应的收养制度为其服务。通过收养，可以弘扬社会成员之间相互扶助的道德风尚，实现幼有所育、老有所养，完善了家庭关系，对促进我国社会主义和谐社会建设有着十分重要的意义。

（三）收养须符合的条件

作为民事法律行为之一的收养行为，成立时必须同时具备两个方面的条件，才能发生法律效力。一方面是收养关系当事人必须具备一定的条件，即成立收养时的实质要件；另一方面是当事人依法应当履行一定的收养程序，即成立收养时的形式要件。依据我国收养法的规定，收养行为有一般收养和特殊收养两种，因此，收养成立时的实质要件亦被划分为一般收养成立的条件和特殊收养成立的条件。

1. 一般收养成立的法定条件

按照我国收养法的规定，一般情况下，收养行为所涉及的收养人、被收养人和送养人三方都应当具备一定的条件。

（1）被收养人应当具备的条件

按照我国收养法第四条的规定，被收养人应当符合下列条件：

①被收养人应当是不满十四周岁的丧失父母的孤儿。

②被收养人应当是不满十四周岁的，查找不到生父母的弃婴和儿童。

③被收养人应当是不满十四周岁的、生父母有特殊困难无力抚养的子女。

这里的“孤儿”是指父母死亡的不满 14 周岁的未成年人；“弃婴和儿童”是指被父母或其他监护人丢弃而脱离家庭或监护人的未满 14 周岁的未成年人。从实践看，被生父母丢弃的儿童大多是女婴、残疾儿童及非婚生子女。而残疾儿童又主要是视力残疾、听力语言残疾、肢体残疾、智力残疾、精神残疾的儿童。此外，收养年满 10 周岁以上的未成年人，应当征得被收养人的同意。因为年满 10 周岁的未成年人，属于限制民事行为能力人，他们具备一定的判定、辨明一些事务的能力。所以，在建立收养关系时，尊重他们自己的意愿，对于建立幸福和睦的养父母子女关系十分重要。

（2）收养人应当具备的条件

按照我国收养法第六条的规定，收养人应当同时具备下列条件：

①收养人必须年满 30 周岁。这一规定基于以下理由：一是对收养人年龄限制的普遍性要求，世界上大多数国家都对收养人有最低年龄的起点要求；二是因为收养是建立父母子女关系的法律行为，收养人为人父母，其年龄不宜过轻。值得注意的是，收养人必须年满 30 周岁，是对有配偶者双方和无配偶者的共同要求。

②收养人必须是无子女的人。基于我国宪法和婚姻法关于计划生育的要求，这里的收养人无子女，是指夫妻双方或者一方因为不愿生育或者不能生育而没有子女，或者是因为所生育的子女死亡而失去了子女，或者是收养人因为无配偶而没有子女的情况。

③收养人必须有抚养教育被收养人的能力。为了保证被收养人的健康成长，对收养人抚养、教育能力的要求包括两个方面：一是收养人应当具有良好的思想道德品质；二是收养人要有保证被收养人成长的物

质生活条件。

④收养人未患有医学上认为不应当收养子女的疾病，即没有影响被收养人健康成长的精神病或其他严重疾病。

⑤有配偶者收养子女，必须是夫妻双方共同收养。法律之所以做出这样的规定，主要是为了保证被收养人能够在一个和睦、温暖的家庭环境中健康成长，以免因为夫妻单方收养而造成另一方不接纳被收养人，进而影响到夫妻关系的和睦和养子女的健康成长。

⑥收养人只能收养一名子女。对收养人的这一要求，主要是为了贯彻、推行我国的计划生育政策。

⑦收养人必须是自愿收养。收养子女必须是收养人内心真实的意思表示，如果收养人是在受到欺诈、胁迫或者在他人乘其之危的情况下做出的意思表示并实施了收养行为的，收养人可以请求宣告收养行为无效。

（3）送养人应具备的条件

按照我国收养法的规定，送养人包括下列公民和社会组织：

①孤儿的监护人。当被收养人的父母死亡后，由孤儿的监护人作为送养人。根据我国民法通则第十六条的规定，下列人员可以作为孤儿的监护人：祖父母、外祖父母、兄、姐等近亲属；关系密切的其他亲属、朋友愿意担任监护人的，须经未成年人的父、母的所在单位或者未成年人住所地的居民委员会、村民委员会的同意；对担任监护人有争议的，由孤儿父母的所在单位或者孤儿住所地的居民委员会、村民委员会在其近亲属中指定，对指定不服提起诉讼的，由人民法院裁决。如果没有上述监护人，由孤儿父母的所在单位或者孤儿住所地的居民委员会、村民委员会或者民政部门担任监护人。

为了保护孤儿的合法权益，我国收养法对监护人送养孤儿作了必要的限制性规定："监护人送养未成年孤儿的，须征得有抚养义务的人同意。有抚养义务的人不同意送养、监护人不愿意继续履行监护职责的，应当依照《中华人民共和国民法通则》的规定变更监护人。"这里所称的"有抚养义务的人"，是指孤儿的有监护能力和抚养能力的祖父母、外祖父母、兄、姐。

②社会福利机构。社会福利机构是各级人民政府的民政部门所兴办的慈善机构。如社会福利院等。对于那些因为父母死亡、其他亲属又无力抚养的孤儿或者查找不到生父母的弃婴和儿童，按照我国未成年人保护法的规定，由社会福利机构进行收容抚养。当收养人在符合条件的情况下，自愿收养由福利机构抚养的孩子时，社会福利机构就可以成为送养人。

③有特殊困难无力抚养子女的生父母。父母对子女有抚养教育的义务，这一法定义务在通常情况下是不能免除的，但如果父母确有特殊困难（如重疾、高残、丧失劳动能力又无经济来源等情况）无力承担抚养义务的，法律允许生父母将子女送养他人。按照我国收养法的规定，生父母送养子女时，无论双方是否离婚，都必须是夫妻双方共同送养；除因生父母一方下落不明或者查找不到时，才允许生父母一方单方送养；生父母一方死亡的，生存方可以单方送养。值得注意的是，生父母不能以送养子女后自己无子女为理由而违反计划生育规定再生育子女。

按照我国收养法规定，有下列情况之一的，公民或社会组织不得作为送养人：一是未成年人的父母均不具备完全民事行为能力的，该未成年人的监护人不得将其送养，但父母对该未成年人有严重危害可能的除外。二是监护人送养未成年孤儿的，必须征得其他有抚养义务的人同意。有抚养义务的人不同意送养、监护人不愿意继续履行监护职责的，应当按照《中华人民共和国民法通则》的规定变更监护人。三是在配偶一方死亡后，死亡方的父母要求优先行使抚养未成年的孙子女或者外孙子女权利的，生存方不能将该未成年人送养他人。

2. 特殊收养成立的法定条件

基于收养关系主体身份的多样性，从有利于收养关系和家庭关系的正常发展之需要出发，我国收养法对一些特殊情况下的收养条件，做出了一些放宽性或者限制性的特殊规定。

（1）无配偶男性收养女性的，除了要符合一般性的收养条件外，收养人与被收养人的年龄应当相差 40 周岁以上。这一规定主要是为了防止日后发生违反社会公德的事件。无配偶的男性收养男性，无配偶的女性收养男性或者女性子女，则没有上述年龄上的限制。如果是无配偶的男性公民或者华侨收养三代以内同辈旁系血亲的女儿的，亦不受上述年龄上的限制。

（2）对三代以内同辈旁系血亲的子女的收养。我国收养法第七条规定："年满 30 周岁的无子女的公民收养三代以内同辈旁系血亲的子女，可以不受本法第四条第三项、第五条第三项、第九条和被收养人不满十四周岁的限制。"华侨收养三代以内同辈旁系血亲的子女，还可以不受收养人无子女的限制。上述规定说明，收养的对象，仅是指自己兄弟姐妹或者是堂、表兄弟姐妹之子女，因为收养的人具有特殊性，因而被收养人可以是生父母无力抚养的子女，也可以是生父母有能力抚养的子女；或者送养人可以是有能力抚养子女的父母，也可以是没有能力抚养子女的父母。被收养人可以不受"不满 14 周岁的限制"，亦即凡是收养三代以内旁系血亲之子女的，被收养人可以是成年人。

（3）对孤儿、残疾儿童或者弃婴和儿童的收养。我国收养法第八条规定："收养孤儿、残疾儿童或者社会福利机构抚养的查找不到生父母的弃婴和儿童，可以不受收养人无子女和收养一名的限制。"按照这一规定，有子女的收养人收养的是上述规定所列举的被收养人，收养一名或数名均可。

（4）继父母对继子女的收养。我国收养法第十四条规定："继父或者继母经继子女的生父母的同意，可以收养继子女，并可以不受本法第四条第三项、第五条第三项、第六条和被收养人不满十四周岁以及收养一名的限制。"即不受"生父母有特殊困难无力抚养的子女"、"有特殊困难无力抚养子女的生父母"、"收养人无子女、有抚养教育被收养人的能力、未患有在医学上认为不应当收养子女的疾病、年满三十周岁"的限制。

（四）收养的程序

收养作为一种民事法律行为，其成立不仅要求当事人要符合我国收养法规定的实质要件，同时，还必须履行一定的收养程序。在我国，成立收养的法定必经程序是收养登记，而收养协议与收养公证则是当事人可以自愿选择的程序，是对收养登记的必要补充。

1. 办理收养登记是收养成立的必经程序

按照我国收养法第十五条的规定："收养应当向县级以上人民政府民政部门登记。收养关系自登记之日起成立。收养查找不到生父母的弃婴和儿童的，办理登记的民政部门应当在登记前予以公告。收养关系当事人愿意订立收养协议的，可以订立收养协议。收养关系当事人各方或者一方要求办理收养公证的，应当办理收养公证。"

由此可见，收养登记是收养关系成立的必经程序。

（1）办理收养登记的机关

办理收养登记的法定机关是县级以上人民政府的民政部门。根据中国公民收养子女登记办法的规定，收养查找不到生父母的弃婴和儿童的，在弃婴和儿童发现地的收养登记机关办理登记；收养社会福利机构抚养的孩子的，在社会福利机构所在地的收养登记机关办理登记；收养生父母有特殊困难无力抚养的子女或者由监护人监护的孤儿的，在被收养人生父母或者监护人常住户口所在地的收养登记机关办理登记。收养三代以内同辈旁系血亲的子女，以及继父或继母收养继子女的，在被收养人生父或者生母常住户口所在地（组织作监护人的在组织所在地）的收养登记机关办理。

（2）收养登记的具体步骤

收养登记分为申请、审查和登记三个步骤。

①申请。为了保证收养当事人的意思表示的真实性，办理收养登记时，当事人必须本人亲自到场。首先，夫妻共同收养子女者，一方如果不能亲自到收养登记机关办理收养登记的，必须出具其经过公证的委托收养书。如果不能到场的一方是华侨的，委托收养书还必须经过其居住国的外交机关或者外交机关授权的机构认证和中华人民共和国驻该国使领馆的认证。其次，送养人为公民的，必须是送养人亲自到收养登记机关办理收养登记；送养人是社会福利机构的，必须由该社会福利机构的负责人或者委托代理人到收养登记机关办理收养登记。再次，被收养人是年满 10 周岁以上的未

成年人的，其本人必须亲自到收养登记机关一同办理收养登记。

申请收养登记时，收养人应当向收养登记机关提交收养申请书、居民身份证、户籍证明，以及收养当事人所在单位或者居民委员会或者村民委员会出具的本人婚姻状况、家庭成员、身体健康检查证明，家庭经济能力、有无子女、生育状况等证明材料。

收养非社会福利机构抚养的查找不到生父母的弃婴、儿童的，应当提交收养人经常居住地计划生育部门出具的收养人无子女的证明以及公安机关出具的捡拾弃婴、儿童报案的证明。

社会福利机构为送养人的，应当提交弃婴、儿童进入社会福利机构的原始记录，公安机关出具的捡拾弃婴、儿童报案的证明，或者孤儿的生父母死亡或者宣告死亡的证明。

监护人为送养人的，应当提交实际承担监护责任的证明，孤儿的父母死亡或者被收养人生父母无完全行为能力并对被收养人有严重危害的证明。

生父母为送养人的，应当提交与当地计划生育部门签订的不违反计划生育规定的协议；有特殊困难无力抚养子女的，还应当提交其所在单位或者村民委员会或者居民委员会出具的送养人有特殊困难的证明。

被收养人是残疾儿童的，还应当提交县级以上医疗机构出具的该儿童的残疾证明。

收养申请书应当包括以下内容：一是收养人的基本情况；二是送养人的基本情况；三是被收养人的基本情况；四是收养的目的；五是收养人作出的不虐待、不遗弃被收养人和抚育被收养人健康成长的保证。

②审查。收养登记机关在收到收养申请书及有关材料后，应当依法对收养申请进行审查，以查明当事人是否符合我国收养法规定的实质要件、有无不良动机、意思表示是否真实。收养登记机关审查的期限不得超过30日；对收养查找不到生父母的弃婴和儿童的收养，收养登记机关应当在登记前公告查找其生父母，公告期为60日；公告期届满无人认领的，视为查找不到父母的弃婴和儿童。公告的期间不计算在登记办理的期限内。

③登记。经过审查，对证件齐全有效、符合我国收养法规定的条件的，

准予办理收养登记，发给收养证，收养关系自登记之日起成立。收养关系成立后，需要为被收养人办理户口登记或者迁移手续的，由收养人持收养登记证到户口登记机关按照国家的有关规定办理。

2. 当事人自愿订立书面收养协议

我国收养法规定，收养关系当事人愿意订立收养协议的，可以订立收养协议。也就是说，收养人与被收养人在自愿的基础上，可以订立书面的收养协议。收养协议的主要条款，应当包括：收养人、送养人和被收养人的基本情况，收养的目的，收养人不虐待、不遗弃被收养人和抚育被收养人健康成长的保证，以及双方要求订入的其他内容。

订立收养协议不是收养成立的必经程序，只有书面协议而没有履行收养登记手续的收养行为不产生法律效力。订立收养协议的当事人必须是合格的当事人，比如：生父母作为送养人的，必须是生父母与收养人共同签署；继父（母）收养继子女时，应当由继父（母）与继子女的生父母共同签署；丧失父母的孤儿的近亲属（监护人）作为送养人的，应当由孤儿的近亲属与收养人共同签署。

签署收养协议的人都必须是具有完全民事行为能力的人；意思表示要真实；不违反法律或者社会公共利益。否则，所订立的收养协议无效。

3. 收养公证

我国收养法第十五条规定："收养关系当事人各方或者一方要求办理收养公证的，应当办理收养公证。"依据此规定，是否办理收养公证，完全取决于收养当事人的主观意愿，只有在一方或者双方当事人的要求之下，才应当办理收养公证手续，收养当事人没有要求的，无须办理收养公证。公证程序不是收养成立的必经程序。

（五）收养产生的法律效力

收养成立的效力，是指因为收养这一民事法律行为的成立而出现的相应的民事法律后果。

1. 收养成立的效力

收养成立的效力，是指收养民事法律行为成立后所产生的一系列民事法律后果。依据我国收养法的规定，自收养关系成立之日起，会形成如下法律效力：

（1）养父母与养子女之间产生拟制直系血亲关系

我国收养法第二十三条规定："自收养关系成立之日起，养父母与养子女间的权利义务，适用法律关于父母子女关系的规定。"也就是说，收养人与被收养人之间形成了法律拟制的父母子女关系，养子女取得了与亲生子女完全相同的法律地位，他们与父母的权利义务都是一样的。养子女与养父母的权利义务有：养父母有抚养教育养子女的权利和义务；养父母有管教和保护未成年养子女的权利和义务；已经独立生活的养子女有赡养扶助养父母的义务；养子女与养父母互为第一顺序的法定继承人；养子女享有选择自己姓氏的权利。收养法第二十四条规定："养子女可以随养父或者养母的姓，经当事人协商一致，也可以保留原姓。"

（2）养子女与养父母的近亲属之间形成法律拟制的直系或者旁系血亲关系

按照我国收养法第二十三条第一款的规定，自收养关系成立之日起，"养子女与养父母的近亲属间的权利义务关系，适用法律关于子女与父母的近亲属关系的法律规定。"即收养关系成立后，养子女与养父母的父母之间形成了法律拟制的养祖孙、养外祖孙的近亲属关系，他们之间在一定条件下有抚养与赡养关系；他们互为第二顺序的法定继承人；养孙子女、养外甥子女亦可以代位继承养祖父母、养外祖父母的遗产。养子女与养父母的婚生子女及其他收养的子女之间形成法律拟制的兄弟姐妹关系，他们之间在一定条件下有扶养的义务，且互为第二顺序的法定继承人。

（3）养子女与生父母及其他近亲属之间的权利义务关系消除

我国收养法第二十三条第二款规定："养子女与生父母及其他近亲属间的权利义务关系，因收养关系的成立而消除。"即养子女与生父母之间的父母子女的权利义务关系没有了；养子女与生父母的父母之间不在有祖孙之间的权利义务关系；养子女与亲兄弟姐妹等自然血亲之间的权利义务关系也不存在了。基于自然血缘关系，养子女和生父母及与自己有血缘关系的三代以内旁系血亲之间仍然不能结婚。

（4）关于养子女的姓氏

我国收养法第二十四条规定："养子女可以随养父或者养母姓，经当事人协商一致，也可以保留原姓。"法律的这一规定，是一种任意性的规定，也就是说法律不强制要求养子女必须要改变自己以前的姓氏，但是，在现实生活中，养子女不跟养父母姓而继续随生父母姓的现象并不多见。

2. 收养的无效

为了确保法律的严肃性，我国收养法在肯定合法有效的收养行为的同时，还设立了收养无效制度。收养的无效是指因为欠缺收养成立的法定有效条件，不能产生收养法律效力的收养行为。我国收养法第二十五条规定："违反《中华人民共和国民法通则》第五十五条和本法规定的收养行为无法律效力。"

（1）确认收养无效的条件

根据我国民法通则和收养法的有关规定，导致收养行为无效的原因有以下几个方面：一是行为人不具有相应的民事行为能力；比如：正处于发病期间的精神病、痴呆症患者等。二是当事人成立收养行为的意思表示不真实：即他人以欺诈、胁迫手段或乘人之危，使收养当事人在违背自己真实意愿的情况下所做出的收养的意思表示。三是违反法律（包括违反有关收养条件和收养程序的规定）或者社会公共利益，比如：当事人弄虚作假、欺骗收养登记机关或者公证机关的。

（2）确认无效收养行为的机关及其法律后果

对于在成立收养时，当事人弄虚作假骗取收养登记的，要由收养登记机关撤销其收养登记，并收缴其已经取得的收养登记证。被撤销的收养关系不具有法律效力。

对于不符合法定条件的收养行为，当事人可以请求人民法院确认其无效；人民法院在审理收养纠纷案件时，如果发现该收养不符合法定条件的，亦应当以判决的形式确认该收养关系无效。

按照我国收养法关于收养行为无效的有关法律法规规定，收养行为被人民法院确认为无效的，从收养行为开始时就没有法律效力；收养登记被收养登记机关依法撤销的，其无效的法律后果同样也是追溯到收养关系成立之时。

对于以收养为名行买卖儿童的犯罪人，要由人民法院追究其相应的刑事责任。对于以欺骗手段骗取收养登记证的行为人，可以由收养登记机关予以必要的行政处罚。

（六）与收养有关的问题

1. 事实收养

依据我国收养法的相关规定，收养行为属于要式法律行为，即必须要履行法定的程序，收养关系才能成立。但是，由于我国是从 1992 年 4 月 1 日起才开始施行第一部收养法，1999 年 4 月 1 日起施行修改后的收养法。有了收养法后，收养行为只有在符合法律规定的条件并履行了法律规定的程序后才能有效。而在 1992 年 4 月 1 日以前，由于我国无收养法可依，也不强求当事人必须履行合法的手续，所以，在司法实践中，对于收养法实施以前成立的没有办理收养手续的收养行为有条件地承认其为事实收养行为，具有收养的法律效力。

2. 保守收养秘密

一直以来，在各级人民法院审理的解除收养关系的纠纷案件中，都有相当一部分是因为送养人或者其他有关知情人有意或者无意地向被收养人泄露了收养事实，致使被收养人移情生父母或者与养父母关系破裂而导致收养关系解体的。为此，我国收养法第二十二条规定：“收养人、送养人要求保守收养秘密的，其他人应当尊重其意愿，不得泄露。”由于收养法规定收养年满 10 周岁以上的未成年人的，应当征得其本人的同意，说明 10 周岁以上的被收养人对于其被收养的事实是知道的。所以，上述规定只适用于收养关系成立时未满 10 周岁的未成年人的被收养人。如果有人故意泄露收养秘密，导致收养关系解体的，收养人或者送养人可以向人民法院提起损害赔偿的民事诉讼，人民法院应当视具体情况，责令泄露人对收养人或者送养人因此所受到的损失承担相应的损害赔偿责任。

3. 被收养子女户口的迁移

收养关系成立后，为了实现养父母抚育养子女以及养父母子女能够一起共同生活，必然会涉及养子女户口的迁移问题。为此，我国中国公民收养子女登记办法第八条规定："收养关系成立后，需要为被收养人办理户口登记或者迁移手续的，由收养人持收养登记证到户口登记机关按照国家有关规定办理。"即，被收养人的户口迁移问题应当由收养人按照国家有关户籍的相关管理规定办理。

（七）收养的终止与解除

收养关系既然是基于一定的法律事实的存在而发生的，那它也可以在一定条件下终止与解除。收养的终止是指合法有效的收养关系因为一定法律事实的发生而归于消灭。引起收养关系终止的原因有两个：一是因为收养关系当事人一方死亡而终止；二是因为收养当事人依法办理了收养解除手续而终止。因为收养关系一方当事人死亡而导致的收养关系终止，只是收养关系当事人的权利义务关系因为主体的不存在而终止，是一种相对的终止，比较简单，在此不作详细说明。因为当事人办理解除手续而解除收养关系的，收养关系当事人的身份关系与权利义务关系都终止了，是一种绝对的终止，情形比较复杂，在此将详细加以探讨。我国收养法对于收养关系当事人解除收养关系作了明确的规定。

1. 收养关系解除的条件

按照我国收养法的规定，有下列情形之一的，可以解除收养关系：

（1）收养人与送养人双方协议解除收养关系的

按照法律规定，在养子女成年之前，收养人不得单方面解除收养关系，但收养人和送养人双方可以协议解除收养关系。收养法的这一规定，是基于有利于未成年人抚养成长及平等自愿的原则而制定的，主要是为了防止发生因收养人、送养人相互推卸抚养责任而侵害未成年人权益的现象。如果养子女是已经年满 10 周岁以上的未成年人，必须要在征得其本人同意后，收养人与送养人双方才可以协议解除收养关系；其本人不同意的，不能协议解除收养关系。

（2）收养人不履行收养义务，侵害被收养子女合法权益，送养人要求解除收养关系的

我国收养法第二十六条第二款规定："收养人不履行抚养义务，有虐待、遗弃等侵害未成年养子女合法权益行为的，送养人有权要求解除养父母与养子女间的收养关系。送养人、收养人不能达成解除收养关系协议的，可以向人民法院起诉。"收养关系成立后，养父母必须依法承担抚养、教育和保护养子女的义务，如果养父母有虐待、遗弃未成年养子女的行为，就会直接损害养子女的身心健康，所以，送养人有权要求解除养子女与养父母之间的收养关系。

（3）养父母与成年养子女关系恶化，无法共同生活的

我国收养法第二十七条规定："养父母与成年养子女关系恶化、无法共同生活的，可以协议解除收养关系。不能达成协议的，可以向人民法院起诉。"确立收养关系的目的，不仅要有利于被收养人的健康成长，同时，也是对养老制度的补充和完善。养子女成年后，应当依法履行对养父母赡养、扶助的义务。如果养父母与成年养子女关系恶化，根本无法继续共同生活的，则收养关系也就失去了其存在的意义，任何一方都可以要求解除双方的收养关系。

2. 收养关系解除的程序

收养关系的解除必然导致收养关系的终止，根据我国收养法的规定，收养解除的程序分为两类，即行政程序的解除和诉讼程序的解除。

（1）收养关系的行政解除程序

收养解除的行政程序也称为登记解除程序，适用这一程序的前提条件是：要求终止收养关系的当事人已经自愿达成解除协议，并对双方的财产和生活达成了一致的处理意见。收养法第二十八条规定："当事人协议解除

收养关系的，应当到民政部门办理解除收养关系的登记。”办理收养解除登记的机关是被收养人常住户口所在地的县级人民政府的民政部门。收养登记机关在收到当事人递交的解除收养关系申请书及有关材料后，应当自次日起 30 日内进行审查；对于符合收养法有关解除收养关系规定的，予以登记，收回收养登记证，发给当事人解除收养关系证明书。

（2）收养关系的诉讼解除程序

收养关系的诉讼解除是指收养当事人通过向人民法院起诉，经过人民法院依法审理和裁决而解除收养关系的程序。当出现以下两种情形时，当事人应当适用诉讼解除收养关系的程序：一是当事人就收养关系的解除不能自愿达成一致意见；二是虽然双方都同意解除收养关系，但对双方的财产或者生活的处理不能达成一致意见。人民法院应当从收养法的立法目的和基本原则出发，在调解不成时，依法做出准予或者不准予解除收养关系的判决。对养父母不尽抚养义务，有虐待、遗弃等侵害被收养人合法权益行为的或者养父母与成年养子女关系严重恶化、确实无法继续共同生活的收养关系，人民法院应当依法予以解除。收养关系从人民法院准予解除收养关系的调解书或者判决书生效之日起解除。

3. 收养解除的效力

收养关系解除后，会产生一系列的法律后果，按照我国收养法第二十九条、第三十条的规定，收养关系解除后的法律后果包括身份关系的法律后果和财产关系的法律后果。

（1）涉及身份关系的法律后果

一是养子女与养父母及其近亲属之间的权利义务关系消除。收养关系解除后，养子女与养父母之间不再存在拟制的血亲关系，双方父母子女之间的权利义务关系消除；养子女与养父母的近亲属之间的拟制直系或者旁系血亲关系也随之消除，彼此之间在一定条件下的权利义务关系也归于消灭。二是未成年养子女与生父母及其近亲属间的权利义务关系自行恢复。三是成年养子女与生父母及其近亲属之间的权利义务关系是否恢复，由他们双方协商确定，双方都同意恢复的就恢复；双方都不同意恢复或者一方不同意恢复的则不能恢复。

（2）涉及财产关系的法律后果

一是生父母或者其他送养人要求解除收养关系的，养父母可以要求生父母或者其他送养人适当地补偿养父母在收养期间为养子女所支出的生活费和教育费。这种后果多发生在养子女还没有成年，因为生父母或者其他送养人反悔而要求解除收养关系的情形。如果是因为养父母虐待、遗弃养子女而导致生父母或者其他送养人要求解除收养关系的，养父母则无权要求生父母或者其他送养人补偿生活费和教育费。二是收养关系解除后，经养父母抚养长大的成年养子女，对缺乏劳动能力又缺乏生活来源的养父母，应当给付生活费。由于养父母承担了各种义务，才将养子女抚养成人，基于权利义务相对等的原则，在养子女成年后，养子女就应当对养父母履行赡养扶助的义务。即使收养关系终止，经养父母抚养长大的养子女，仍然有义务给予既缺乏劳动能力又缺乏生活来源的养父母一定的生活费。三是因为养子女成年后虐待、遗弃养父母而导致双方的收养关系解除的，养父母可以要求养子女补偿其在收养期间为养子女支出的生活费和教育费。只要收养关系的终止是由于成年养子女虐待、遗弃养父母所导致的，无论养父母是否“既缺乏劳动能力又缺乏生活来源”，养父母都有权要求成年养子女补偿其在收养期间为养子女支出的生活费和教育费。

四、其他家庭成员的关系

（一）祖孙间的权利义务

祖父母、外祖父母与孙子女、外孙子女的关系，是父母子女以外最近的直系血亲。在一般情况下，子女都是由父母抚养的，父母都是由儿女赡养的，祖孙之间不会发生权利义务关系。但是，在一定条件下，祖孙之间也会发生抚养、赡养的权利义务关系。我国婚姻法第二十八条规定：“有负担能力的祖父母、外祖父母，对于父母已经死亡或父母无力抚养的未成年的孙子女、外孙子女，有抚养的义务。有负担能力的孙子女、外孙子女，对于子女已经死亡或子女无力赡养的祖父母、外祖父母，有赡养的义务。”这一规定说明，祖孙之间的抚养、赡养关系的附条件的。

1. 祖父母、外祖父母对孙子女、外孙子女承担抚养义务的条件

（1）祖父母、外祖父母必须有负担能力。如果祖父母、外祖父母自己都没有劳动能力或者生活来源，则无须承担对孙子女、外孙子女的抚养义务。

（2）孙子女、外孙子女尚未成年。

（3）孙子女、外孙子女的父母已经死亡或者父母虽然没有死亡但确实无力抚养的。比如：因为疾病、伤残、服刑、失业等原因确实无力抚养未成年子女的。

以上三个条件必须同时具备，祖孙之间的抚养义务才会发生。祖父母、外祖父母对孙子女、外孙子女的抚养不一定以在一起共同生活为限，实务中可以根据祖父母、外祖父母的实际负担能力以及孙子女、外孙子女的实际需要来确定具体的抚养方式和抚养费支付份额。在满足上述条件下，祖父母、外祖父母对孙子女、外孙子女不尽抚养义务的，需要抚养的孙子女、外孙子女可以依法向人民法院起诉，请求判令对方履行抚养义务。

2. 孙子女、外孙子女对祖父母、外祖父母承担赡养义务的条件

（1）孙子女、外孙子女已经成年，而且有负担能力。

（2）祖父母、外祖父母没有劳动能力和生活来源，需要赡养。

（3）孙子女、外孙子女的父母已经死亡或者父母虽然没有死亡但确实无力赡养的。比如：因为疾病、伤残、服刑、失业等原因确实无力抚养其父母。

以上三个条件必须同时具备，祖孙之间的赡养义务才会发生。孙子女、外孙子女对祖父母、外祖父母的赡养不一定以在一起共同生活为限，实务中可以根据祖父母、外祖父母的实际需要以及孙子女、外孙子女的实际负担能力来确定具体的赡养方式和赡养费的支付份额。需要指出的是，孙子女、外孙子女对祖父母、外祖父母的赡养义务不以需要赡养的祖父母、外祖父母是否对孙子女、外孙子女直接尽过抚养义务为前提。在满足上述条件下，孙子女、外孙子女对祖父母、外祖父母不尽赡养义务的，需要赡养的祖父母、外祖父母可以依法向人民法院起诉，请求判令对方履行赡养义务。

祖孙之间的抚养与赡养的权利义务关系依法要类推适用于“养祖孙关系”和有事实上抚养教育关系的“继祖孙”关系。

（二）兄弟姐妹间的权利义务

兄弟姐妹是最近的同辈旁系血亲。包括同胞兄弟姐妹、同父异母或者同母异父的兄弟姐妹、有抚养关系的继兄弟姐妹和养兄弟姐妹。在一般情况下，兄弟姐妹都是由父母抚养长大的，他们相互之间不会发生权利义务关系。但是，在一定条件下，兄弟姐妹之间也会产生附条件的扶养权利义务关系。我国婚姻法第二十九条规定：“有负担能力的兄、姐，对于父母已经死亡或父母无力抚养的未成年的弟、妹，有扶养的义务。由兄、姐扶养长大的有负担能力的弟、妹，对于缺乏劳动能力又缺乏生活来源的兄、姐，有扶养的义务。”这一规定说明兄弟姐妹之间具有附条件的扶养权利义务关系。

1. 兄、姐对弟、妹的扶养

按照法律规定，兄、姐对弟、妹承担扶养义务需要同时具备以下三个条件：

（1）弟、妹未成年或者没有独立生活能力，客观上需要扶养。

（2）兄、姐已经成年且有实际履行扶养义务的能力。

（3）他们的父母已经死亡或者父母虽然没有死亡但确实无力赡养的。

以上三个条件同时具备，兄、姐对弟、妹就应当承担扶养义务。

2. 弟、妹对兄、姐的扶养

按照法律规定，弟、妹对兄、姐承担扶养义务需要同时具备以下三个条件：

（1）弟、妹是由兄、姐扶养长大的。

（2）弟、妹已经成年且有实际履行扶养义务的能力。

（3）兄、姐缺乏劳动能力又没有生活来源。

以上三个条件同时具备，弟、妹对兄、姐就应当承担扶养义务。

（三）祖孙间的权利和义务

1. 法律关于祖父母、外祖父母对孙子女、外孙子女的抚养义务的规定

我国婚姻法第二十八条规定："有负担能力的祖父母、外祖父母，对于父母已经死亡或父母无力抚养的未成年的孙子女、外孙子女，有抚养的义务。"由此可见，祖父母、外祖父母对孙子女、外孙子女的抚养义务是有条件的，而不是无条件的。

祖父母、外祖父母在下列条件下有抚养孙子女、外孙子女的义务：

（1）祖父母、外祖父母有负担能力。有负担能力的祖父母和外祖父母是指以自己的劳动收入和其他收入满足需要扶养的配偶、未成年的亲生子女、未成年的养子女、有扶养关系的继子女、不能独立生活的成年子女（包括自然血亲的子女、养子女、有扶养关系的继子女）、需要赡养的父母等人（以下简称"第一顺序继承人"）的合理生活、教育、医疗等需要后仍有剩余或降低生活水平以后有剩余的祖父母和外祖父母。祖父母和外祖父母依据婚姻法保护儿童和老人合法权益的原则，包括婚生子女的父母、非婚生子女的母亲、经过认领的非婚生子女的生父、养子女的养父母、有扶养关系的继子女的继父或继母的婚生父母、经过认领的生父和生母、养父母、有扶养关系的继父母（下文的"祖父母"与"外祖父母"与此同）。如果祖父母或外祖父母中数人均有负担能力，则应根据他们的经济情况共同负担。

（2）孙子女和外孙子女的父母已经死亡或父母无力抚养。死亡包括自然死亡和宣告死亡。父母无力抚养是指不能以自己的劳动收入和其他收入全部或部分满足第一顺序法定继承人的合理的生活、教育、医疗等需要。父母包括婚生子女的婚生父母、非婚生子女的生母和经过认领的生父、养父母、有扶养关系的继父母（下文的"父母"与此相同）。依据我国收养法的规定，收养人应该有抚养教育被收养人的能力，因此在对"父母无力抚养"的解释上不应该包括养父母无力抚养养子女的情况，但是在养父母收养成立时有抚养教育被收养人的能力，而在以后生活过程中因某种原因全部或部分丧失抚养教育被收养人的能力的情况也是有的，因此在解释上还应该将养父母包括在内。

（3）孙子女和外孙子女未成年。未成年是指未满18周岁。孙子女和外孙子女是指祖父母、外祖父母的婚生子女、经过认领的非婚生子女、养子女、有扶养关系的继子女的婚生子女、经过认领的非婚生子女、养子女、有扶养关系的继子女（下文的“孙子女”和“外孙子女”与此同）。

2. 法律关于孙子女、外孙子女对祖父母、外祖父母的赡养义务的规定

我国婚姻法还规定：“有负担能力的孙子女、外孙子女，对于子女已经死亡或子女无力赡养的祖父母、外祖父母，有赡养的义务。”这种赡养义务，也是在一定条件下发生的。

孙子女、外孙子女在下列条件下对祖父母和外祖父母有赡养义务。

（1）孙子女和外孙子女有负担能力

孙子女和外孙子女如果已经结婚，在判断孙子女的负担能力时是否将其配偶的收入综合考虑在内，法律未做明文规定，解释上应该综合考虑在内。因为孙子女和外孙子女的配偶依据男女平等原则也有负担家庭生活费用的义务，而且在其配偶的收入更高的情况下应该承担更多的生活费用。即使实行约定财产制，生活费用的负担也不得违反抚养和赡养的有关规定。这样解释也符合保护老人合法权益的原则。有负担能力是指以自己的劳动收入和其他收入或自己配偶的劳动收入和其他收入满足自己和第一顺序法定继承人的合法生活、教育、医疗等需求后仍有剩余或降低生活水平后有剩余。如果孙子女、外孙子女中数人均有负担能力，应根据他们的经济情况共同负担。

（2）祖父母、外祖父母的子女已经死亡或子女无力赡养

死亡包括自然死亡和宣告死亡。无力赡养是指不能以自己的劳动收入和其他收入全部或部分满足自己和第一顺序法定继承人的合理的生活、教育、医疗等需要。子女包括孙子女、外孙子女的生父母、养父母、有扶养关系的继父母。赡养是指孙子女、外孙子女根据自己的剩余财产情况为祖父母、外祖父母给付全部或部分生活费、教育费、医疗费等金钱或生活物品。

3. 法律关于祖孙间的遗产继承权的规定

根据我国继承法的规定，祖父母、外祖父母是第二顺序法定继承人，没有第一顺序继承人或第一顺序继承人均放弃或丧失继承权时，祖父母、外祖父母可继承孙子女、外孙子女的遗产。

孙子女、外孙子女在其父母先于祖父母、外祖父母死亡时，可以代位继承人的资格，继承祖父母、外祖父母的遗产。

（四）兄弟姐妹间的权利和义务

1. 法律关于兄、姐对弟、妹的扶养义务的规定

我国婚姻法第二十九条规定：“有负担能力的兄、姐，对于父母已经死亡或父母无力抚养的未成年的弟、妹，有扶养的义务。”由此可见，这种扶养义务也是有条件的。

兄、姐对弟、妹在下列条件下负担扶养义务：

（1）兄、姐有负担能力

有负担能力是指以自己的劳动收入和其他收入和自己配偶（如已婚）的劳动收入和其他收入满足自己和第一顺序法定继承人的合理生活、教育、医疗等需要后仍有剩余或降低生活水平后有剩余。“兄、姐”包括亲兄、姐（包括同父母的兄、姐、同父异母或同母异父的兄、姐）、养兄、姐有扶养关系的继兄、姐，如果兄、姐中数人均有负担能力，则应根据他们的经济情况共同负担。

（2）父母已经死亡或无力抚养

死亡包括自然死亡和宣告死亡。父母无力抚养是指父母不能以自己的劳动收入和其他收入全部或部分满足自己和第一顺序法定继承人的合理的生活、教育、医疗等需要。

（3）弟、妹未成年。未成年是指未满 18 周岁

弟、妹包括亲弟、妹（包括同父母的弟、妹、同父异母或同母异父的弟、妹）、养弟、妹有扶养关系的继弟、妹。如某一未成年人既有有负担能力的祖父母、外祖父母，又有有负担能力的兄、姐，他们应该处于同等的

地位，由他们根据自己的经济情况共同负担。

2. 法律关于弟、妹对兄、姐的扶养义务的规定

我国婚姻法第二十九条还规定：“由兄、姐扶养长大的有负担能力的弟、妹，对于缺乏劳动能力又缺乏生活来源的兄、姐，有扶养的义务。”这种扶养义务也是有条件的。

弟、妹在下列条件下有扶养兄、姐的义务

（1）弟、妹由兄、姐扶养长大

由兄、姐扶养长大的弟、妹是指长期依靠兄、姐提供全部或主要扶养费用直到以自己的收入作为主要生活来源的弟、妹。

（2）弟、妹有负担能力

有负担能力是指以自己的劳动收入和其他收入和自己配偶（如已婚）的劳动收入和其他收入满足自己和需要扶养的第一顺序继承人的合理生活、教育、医疗等需要后仍有剩余或降低生活水平后有剩余的弟、妹。

（3）兄、姐缺乏劳动能力又缺乏生活来源

缺乏劳动能力是指劳动能力的短少或不够，依据举轻明重（当然解释）的解释方法，丧失劳动能力当然包括在内。缺乏生活来源是指维持生存所必需的生活费用和用品不足。依据举轻明重（当然解释）的解释方法，丧失生活来源当然包括在内。

需要特别指出的是，祖孙之间、兄弟姐妹之间的扶养义务是补充性的义务，不以严重恶化自己的生活为前提。

3. 法律关于兄弟姐妹间的遗产继承权的规定

我国继承法规定，兄弟姐妹是第二顺序法定继承人，没有第一顺序继承人或第一顺序继承人均放弃或丧失继承权时，被继承人的兄弟姐妹得继承遗产。

第四章　离婚篇

一、离婚概述

俗语说得好，“家和万事兴”，凡事讲求以“和”为贵，一个“和”字成为了中国人千百年来的主流文化，也是处理婚姻家庭问题所追求的重要目标。在现代中国社会主义法律体系下，保障离婚自由、反对轻率结婚，强化离婚救济，实现保护弱者利益的社会正义与法律公平是我国婚姻法关于离婚的指导思想，也是“和”的组成部分之一。保障离婚自由是婚姻自由原则的具体体现，是婚姻关系的本质要求，也是社会和谐稳定的具体体现，但保障离婚自由并不等于任意离婚，离婚必须符合法定条件，履行法定程序。法律上有关离婚的各项规定既是对离婚自由的保障，也是对轻率离婚的限制。同时，为离婚时的弱势一方提供救济手段，使其获得法律上的公平正义，最终达到“和”的目的，也是离婚立法的重要内容。

保障离婚自由，主要是指保障当事人的离婚合法权利。婚姻自由是受国家法律保护的公民权利，离婚自由是婚姻自由的一个重要内容，如果只有结婚自由权，而无离婚自由权，公民的婚姻自由权利就会受到侵害。反对轻率离婚，就是要反对离婚的不严肃态度，即违背法律规定精神和社会主义道德规范任意离弃对方的行为。这是与保障离婚自由目的相一致的，因为离婚关系到家庭、子女和社会的利益，任何轻率离婚都会给家庭、子女和社会带来不利的后果。

（一）离婚

离婚是指夫妻双方通过协议或诉讼的方式解除婚姻关系，终止夫妻间权利和义务的法律行为。离婚是终止婚姻关系的重要形式，也是重要的民事法律行为，婚姻关系自离婚发生法律效力之日起解除。它具有以下特征：

1. 离婚的主体必须是夫妻双方

离婚以合法有效的婚姻关系的存在为前提，对于未办理结婚登记即以夫妻名义同居生活的当事人，必须依法补办结婚登记之后，才能办理离婚手续。

2. 离婚双方的法律地位平等

无论是双方协议离婚或一方要求离婚，无论是离婚的原告一方或被告一方，法律地位均为平等，任何一方都不得把自己的意志强加给另一方。

3. 离婚是解除婚姻关系的行为

离婚后，夫妻之间的身份关系与财产关系均归于消灭。如离婚后双方各自获得再婚的自由，夫妻间共同财产关系终止，夫妻间相互扶养的义务消灭。同时，离婚还引起当事人与第三人身份关系与财产关系的变化。

4. 离婚必须经过法定的程序

离婚作为一种法律行为，必须由当事人申请，经法定程序确认后才发生法律效力。在我国双方可以到婚姻登记机关办理离婚登记手续或一方到人民法院起诉离婚，当事人之间未经法定程序的任何协议均无法律效力。

（二）离婚的种类

离婚根据划分的角度和标准不同，可以分为以下三类：

1. 片意离婚与合意离婚

根据夫妻双方对离婚的态度，可以将离婚分为片意离婚与合意离婚。片意离婚是指一方有离婚的意愿，另一方不同意离婚，又称之为一方要求离婚。现代各国均允许片意离婚，且大都规定男女平权的标准和条件。合意离婚是双方均同意离婚，又称之为双方要求的离婚，或两愿离婚。

2. 行政离婚与诉讼离婚

根据离婚适用的程序，可以将离婚分为行政离婚与诉讼离婚。行政离婚是指通过行政程序解除婚姻关系，在我国是通过婚姻登记机关办理离婚登记。诉讼离婚是指通过诉讼程序解除婚姻关系，在我国是由人民法院审理裁决是否准予离婚。

3. 协议离婚与裁判离婚

根据夫妻双方解除婚姻关系的方式和离婚的具体程序，可以将离婚分为协议离婚与裁判离婚。协议离婚是指双方达成离婚的协议，并经过法定程序确认后解除双方的婚姻关系。协议离婚可以通过登记离婚程序，经婚姻登记机关审查批准后产生法律效力，也可以通过法院的诉讼程序，经法院调节后达成离婚协议。裁判离婚是指双方不能达成离婚协议，经法院判决而解除夫妻关系的离婚。

（三）离婚与无效婚姻的区别

离婚与无效婚姻不同。无效婚姻是指男女双方的结合因违反婚姻成立的要件而不具有法律效力。离婚与无效婚姻的主要区别为：

第一，离婚解除的是合法婚姻，婚姻无效则是违反婚姻成立要件的法律后果。

第二，离婚的原因一般发生在婚姻成立之后，无效婚姻的原因则是发生在结婚之前或结婚之时。

第三，离婚自登记离婚或调解、判决离婚生效之日起解除婚姻关系，无溯及既往的效力。无效婚姻为自始无效，具有溯及既往的效力，自双方结合之日起即不产生法律效力。

第四，离婚的请求权仅限于当事人本人，其他人无请求权，无效婚姻之诉则除当事人之外，利害关系人也可提出请求。

二、登记离婚

（一）登记离婚

登记离婚是指夫妻双方通过行政程序合意解除婚姻关系，也称为行政离婚或非讼离婚，即凡男女双方自愿离婚的，须到婚姻登记机关进行离婚登记，经婚姻登记机关确认批准，发给离婚证，婚姻关系即为合法有效解除。《中华人民共和国婚姻法》第三十一条规定："男女双方自愿离婚的，准予离婚。双方必须到婚姻登记机关申请离婚。婚姻登记机关查明双方确实是自愿并对子女财产问题已有适当处理时，发给离婚证。"

登记离婚在我国离婚制度中占有重要的一席，具有重要意义。第一，登记离婚符合私法自治理念，体现了婚姻自由原则。登记离婚有利于当事人正确行使婚姻自由的权利，凡符合自愿离婚法定条件者，均可通过行政程序解除婚姻关系。故而，在目前法律框架下，登记离婚可以最大限度地保护离婚自由权的实现。第二，登记离婚以合意为主旨，有利于社会的稳定和谐。登记离婚以双方达成包括含有离婚的合意，对子女、财产做出妥善安排的离婚协议书作为产生离婚效果的基础，婚姻当事人心平气和地解决了矛盾和冲突，避免相互指责，消除了对立情绪，能够减少日后双方的仇视和对立。这不仅可以减少诉讼纠纷，也有利于社会的安定团结。第三，登记离婚尊重当事人隐私，体现了对当事人的人文关怀。登记离婚不追究离婚的具体原因和婚姻生活细节，不须经历诸如诉讼离婚的法庭控辩，有利于保护双方的个人隐私。这样会减少离婚当事人之间的矛盾和尴尬，充分体现了这一制度对当事人私权利的尊重和对公民隐私权的保护。第四，登记离婚程序简便，有助于节约当事人的时间和精力。登记离婚在程序上具有简便、快捷的优势，可以节省当事人在时间、精力、财力等方面的支出。即只要向婚姻登记机关办理离婚就发生离婚的效力，节约了我国宝贵的司法资源。由于登记离婚的前提是双方自愿，因而争议少，不伤害或较少伤害对方，且协议由双方自愿达成，离婚后遗留问题少，有利于协议的执行。

但是，必须注意的是，登记离婚程序简单，一经办理登记离婚程序，取得离婚证，就解除了双方的婚姻关系，离婚不仅消灭了夫妻关系，涉及当事人双方的利益，而且将改变抚养子女的方式，有可能会给子女造成不良影响，当事人必须严肃对待，认真考虑，不可意气用事，逞一时之快。

（二）登记离婚须符合的条件

依据婚姻法和婚姻登记条例的规定，婚姻登记机关准予离婚登记，当事人须具备以下条件：

1. 双方自愿离婚

双方当事人对离婚的意愿必须是真实的、一致的，一方欺骗他方或胁迫他方所达成的协议，不予办理离婚登记。

2. 双方具有合法夫妻身份

双方须办理过结婚登记，持有结婚登记证明。离婚的主体是夫妻，未办理结婚登记的非法同居者，不予办理离婚登记。

3. 当事人具有民事行为能力

双方当事人均须具有民事行为能力，无民事行为能力或限制民事行为能力者不适用离婚的行政程序。

4. 双方对子女抚养和财产问题已达成协议

离婚协议的内容包括离婚后子女由何方抚养，子女抚养费的负担及其数额、期限和给付的方法，不直接抚养子女的父母一方如何行使探望权；夫妻共同财产的分割、家务劳动补偿、债务的清偿，以及对生活困难一方的经济帮助、离婚损害赔偿等。

（三）办理登记离婚的机关

根据婚姻法和婚姻登记条例的规定，办理离婚登记的机关是县级人民政府民政部门或者乡（镇）人民政府，省、自治区、直辖市人民政府可以按照便民原则确定农村居民办理婚姻登记的具体机关。婚姻登记条例第十条规定：“内地居民自愿离婚的，男女双方应当共同到一方当事人常住户口所在地的婚姻登记机关办理离婚登记。中国公民同外国人在中国内地自愿离婚的，内地居民同香港居民、澳门居民、台湾居民、华侨在中国内地自愿离婚的，男女双方应当共同到内地居民常住户口所在地的婚姻登记机关办理离婚登记。”

另外，婚姻登记工作暂行规范第五条也做出了明确规定，即婚姻登记管辖按照行政区域划分。具体来说，包括：（一）县、不设区的市、市辖区人民政府民政部门办理双方或者一方常住户口在本行政区域内的内地居民之间的婚姻登记。省级人民政府可以根据实际情况，规定乡（镇）人民政府办理双方或者一方常住户口在本乡（镇）的内地居民之间的婚姻登记。（二）省级人民政府民政部门或者其确定的民政部门，办理一方常住户口在辖区内的涉外和涉香港、澳门、台湾居民以及华侨、出国人员的婚姻登记。办理经济技术开发区、高新技术开发区等特别区域内居民婚姻登记的机关由省级人民政府民政部门提出意见报同级人民政府确定。同时该条还强调，婚姻登记机关不得违反上述规定办理婚姻登记。

具有办理婚姻登记职能的县级以上人民政府民政部门和乡（镇）人民政府应当设置婚姻登记处。

省、市、县（市、区）人民政府民政部门和乡镇人民政府设置的婚姻登记处分别称为：××省（自治区、直辖市）民政厅（局）婚姻登记处，××市民政局婚姻登记处，××县（市、区）民政局婚姻登记处，××县（市、区）××乡（镇）人民政府婚姻登记处。

县、不设区的市、市辖区人民政府民政部门设置多个婚姻登记处的，应当在婚姻登记处前冠其所在地的地名。

（四）办理登记离婚需要的证明

根据婚姻登记条例第十一条和第十三条的规定，办理离婚登记的内地居民应当出具下列证件和证明材料：（一）本人的户口簿、身份证；（二）本人的结婚证；（三）双方当事人共同签署的离婚协议书。办理离婚登记的香港居民、澳门居民、台湾居民、华侨、外国人除应当出具前款第（二）项、第（三）项规定的证件、证明材料外，香港居民、澳门居民、台湾居民还应当出具本人的有效通行证、身份证，华侨、外国人还应当出具本人的有效护照或者其他有效国际旅行证件。

离婚协议书应当载明双方当事人自愿离婚的意思表示以及对子女抚养、财产及债务处理等事项协商一致的意见。

婚姻登记机关应当对离婚登记当事人出具的证件、证明材料进行审查并询问相关情况。对当事人确属自愿离婚，并已对子女抚养、财产、债务等问题达成一致处理意见的，应当当场予以登记，发给离婚证。

（五）办理登记离婚的程序

办理离婚登记的具体程序分为三个步骤：申请、审查、批准。

1. 申请

凡男女双方自愿离婚的，双方应当亲自共同到一方当事人常住户口所在地的婚姻登记机关申请登记离婚。申请时，应持本人的户口证明、居民身份证；本人的结婚证；双方当事人共同签署的离婚协议书。离婚协议书应当载明双方当事人自愿离婚的意思表示以及对子女抚养、财产及债务处理等事项协商一致的意见。

2. 审查

婚姻登记机关的婚姻登记员对当事人的离婚申请，必须进行严格的审查。（1）应当查明当事人是否提供了法律规定的各项证件和证明材料；（2）应当向当事人告知婚姻法关于登记离婚的条件，询问当事人的离婚意愿以及对离婚协议内容的意愿；（3）应当对当事人提交的证件、申请离婚登记声明书、离婚协议进行审查。申请人对登记机关询问的情况应如实提供，不得弄虚作假。

另外，申请离婚的当事人一方有下列情形之一的，登记机关不予受理：（1）一方要求离婚的；（2）双方同意离婚，但是对子女抚养、离婚救济、财产及债务处理等事项未达成协议的；（3）一方或双方为限制民事行为能力人或者无民事行为能力人的；（4）未办理过结婚登记的；（5）结婚登记不是在中国内地办理的。

3. 批准

婚姻登记机关对于当事人确属自愿离婚，并已对子女抚养、财产、债务等问题达成一致的，应当当场予以登记，发给离婚证，注销结婚证。对不符合离婚登记法定条件的，婚姻登记管理机关不予受理，并应当给当事人出具《不予办理离婚登记通知书》，同时向当事人解释有关法律规定。

（六）登记离婚的效力

当事人自取得离婚证起，解除婚姻关系。离婚证和人民法院的离婚判决书、离婚调解书具有同等的法律效力。离婚的当事人一方不按照离婚协议履行应尽义务的，另一方可以向人民法院提起民事诉讼。

离婚登记后，双方对财产、子女抚养引起的纠纷，要求人民法院给予重新处理的，最高人民法院《关于适用〈中华人民共和国婚姻法〉若干问题的解释（二）》第八、九条做出了明确的规定："离婚协议中关于财产分割的条款或者当事人因离婚就财产分割达成的协议，对男女双方具有法律约束力。当事人因履行上述财产分割协议发生纠纷提起诉讼的，人民法院应当受理。""男女双方协议离婚后一年内就财产分割问题反悔，请求变更或者撤销财产分割协议的，人民法院应当受理。人民法院审理后，未发现订立财产分割协议时存在欺诈、胁迫等情形的，应当依法驳回当事人的诉讼请求。"

（七）离婚协议书范本

男方：某某，男，汉族，____年__月__日生，住______，身份证号码：____________________

女方：某某，女，汉族，____年__月__日生，住______，身份证号码：____________________

双方于____年__月认识，于____年__月__日在____登记结婚，婚后于____年__月__日生育一儿子（女儿），名_______。现夫妻感情已经完全破裂，没有和好可能，经双方协商达成一致意见，订立离婚协议如下：

一、男女双方自愿离婚。

二、子女抚养、抚养费及探望权：

儿子（女儿）____ 由女方抚养，随同女方生活，抚养费（含托养费、教育费、医疗费）由男方全部负责，男方应于 ____ 年 __ 月 __ 日前一次性支付 ____ 元给女方作为女儿的抚养费。

在不影响孩子学习、生活的情况下，男方可随时探望女方抚养的孩子。

三、夫妻共同财产的处理：

1. 存款：双方名下现有银行存款共 ____ 元，双方各分一半，为 ______ 元。分配方式：各自名下的存款保持不变，但男方女方应于 ____ 年 __ 月 __ 日前一次性支付 ____ 元给女方（男方）。

2. 房屋：夫妻共同所有的位于 ××× 的房地产所有权归 ___ 方所有。

3. 其他财产：婚前双方各自的财产归各自所有，男女双方各自的私人生活用品及首饰归各自所有（附清单）。

四、债权与债务的处理：

双方确认在婚姻关系存续期间没有发生任何共同债务，任何一方如对外负有债务的，由负债方自行承担。（__ 方于 ____ 年 __ 月 __ 日向 ××× 所借债务由 __ 方自行承担。）

五、一方隐瞒或转移夫妻共同财产的责任：

双方确认夫妻共同财产在上述第三条已做出明确列明。除上述房屋、家具、家电及银行存款外，并无其他财产，任何一方应保证以上所列婚内全部共同财产的真实性。

六、经济帮助及精神赔偿：

因女方生活困难，男方同意一次性支付补偿经济帮助金 ___ 元给女方。鉴于男方要求离婚的原因，男方应一次性补偿女方精神损害费 ___ 元。上述男方应支付的款项，均应于 ____ 年 __ 月 __ 日前支付完毕。

本协议一式三份，男、女双方各执一份，婚姻登记机关存档一份，自婚姻登记机颁发《离婚证》之日起生效。

男方：（签名）　　　　　　　　　　女方：（签名）

____年__月__日　　　　　　　　　____年__月__日

三、诉讼离婚

（一）诉讼离婚

诉讼离婚，是婚姻当事人向人民法院提出离婚请求，由人民法院调解或判决而解除其婚姻关系的一项离婚制度。诉讼离婚制度，适用于当事人双方对离婚有分歧的情况，包括一方要求离婚另一方不同意离婚而发生的离婚纠纷；或者双方虽然同意离婚，但在子女和财产问题上不能达成一致意见、做出适当处理的情况。凡一方要求的离婚，或双方对子女抚养、财产分割及离婚救济有争议的离婚，均须经过人民法院审判裁决。婚姻法第三十二条第一、二款规定："男女一方要求离婚的，可由有关部门进行调解或者直接向人民法院提出离婚诉讼。人民法院审理离婚案件，应当进行调解；如感情确已破裂，调解无效，应准予离婚。有下列情形之一，调解无效的，应准予离婚：

（一）重婚或有配偶者与他人同居的；

（二）实施家庭暴力或虐待、遗弃家庭成员的；

（三）有赌博、吸毒等恶习屡教不改的；

（四）因感情不和分居满二年的；

（五）其他导致夫妻感情破裂的情形。

一方被宣告失踪，另一方提出离婚诉讼的，应准予离婚"。

根据上述规定，人民法院审理离婚案件是否准予离婚的法定条件是当事人双方"感情确已破裂，调解无效"。人民法院在审理案件中也必须执行法律规定的条件，并以此为据裁判是否许可当事人离婚。

在诉讼活动中，人民法院对争议处理起主导作用，它要对当事人提出的离婚请求和理由进行审查，是否准予离婚取决于人民法院的依法裁量，它既可以判决准予离婚，也可以依法驳回当事人的请求。

人民法院依法做出的调解和判决，在发生法律效力后，即具有强制执行力，当事人不履行调解书和判决书中所确定的义务的，人民法院可依另一方的申请予以强制执行。

（二）诉讼离婚的法院管辖

依照《中华人民共和国民事诉讼法》和最高人民法院《关于适用〈中华人民共和国民事诉讼法〉若干问题的意见》，当事人提起的离婚诉讼，原则上由被告住所地人民法院管辖。但在下述情况下，采用特殊的地域管辖：

（1）被告离开住所地超过一年的，由原告住所地人民法院管辖；双方离开住所地超过一年的，由被告经常居住地人民法院管辖，没有经常居住地的，由原告起诉时居住地的人民法院管辖。

（2）被告下落不明或者宣告失踪的，由原告住所地人民法院管辖；原告住所地与经常居住地不一致的，由原告经常居住地人民法院管辖。

（3）被告被劳动教养或者被监禁的，由原告住所地人民法院管辖；原告住所地与经常居住地不一致的，由原告经常居住地人民法院管辖。

（4）非军人对非文职军人提起离婚诉讼，由原告住所地人民法院管辖；双方当事人都是军人的，由被告住所地或者被告所在的团级以上单位驻地的人民法院管辖。

（5）被告不在中华人民共和国领域内居住的，由原告住所地人民法院管辖；原告住所地与经常居住地不一致的，由原告经常居住地人民法院管辖。

（6）中国公民双方在国外但未定居，一方向人民法院起诉离婚的，由原告或者被告原住所地的人民法院管辖。

（三）诉讼离婚的法定标准

1. 以夫妻感情确已破裂为原则

婚姻法第三十二条第二款规定：“人民法院审理离婚案件，应当进行调解；如感情确已破裂，调解无效，应准予离婚。”根据这一规定，“感情确已破裂”成为诉讼离婚的基本条件和司法尺度，是准予或者不准予离婚的原则界限。夫妻感情是婚姻关系的基础，离婚争议的产生，归根到底可以归结到感情的变化。如果感情确已破裂，婚姻已经“名存实亡”，就应当依法予以解除。准予或不准予离婚，只能以夫妻的感情状况为客观依据。婚姻法和社会主义婚姻道德都要求婚姻要以感情为基础，如果夫妻感情确实已经难以弥合，那么，解除婚姻关系对于双方、对于社会都会成为一种幸事。感情确已破裂应准予离婚，是婚姻自由的重要内容，充分体现了当事人离婚自由的权利。如果用法律手段强行维持感情确已破裂的婚姻关系，与婚姻自由的原则不相吻合。将感情确已破裂作为准予离婚的法定条件，表明人民法院准予当事人离婚，并不以当事人有否违背夫妻义务或导致夫妻关系解体的特定过错为标准，而是看婚姻关系有无继续维系的可能。不能将不准离婚作为对过错一方的惩罚手段，而且，以判决不准离婚维持已破裂的婚姻，实际上使无过错方也付出了代价。

在如何把握“感情确已破裂”的离婚尺度上，人民法院在审判实践中积累了不少经验。最高人民法院于 1989 年做出了《关于人民法院审理离婚案件如何认定夫妻感情确已破裂的若干具体意见》的司法解释。该意见指出：人民法院审理离婚案件，准与不准离婚应以夫妻感情是否确已破裂作为区分的界限。判断夫妻感情是否确已破裂，应当从婚姻基础、婚后感情、离婚原因、夫妻关系的现状和有无和好的可能等方面综合分析。

所谓婚姻基础，即双方在结婚时的感情状况，比如双方是以爱情为基础的婚姻，还是以金钱、地位、容貌为基础的结合；是自主自愿的自由婚姻，还是包办婚姻、买卖婚姻；是经过慎重了解的，还是草率结婚的。结婚的形式包括包办婚姻、自主婚姻和自由婚姻。包办婚姻是父母或他人违背男女双方或一方意愿，强迫包办而结成的婚姻。感情基础差，易造成婚后夫妻不和，是离婚纠纷的重要原因。自主婚姻在形式上男女双方是自愿的，但有些自主婚姻实际上是以男方或男方家庭给付使女方或女方家庭满意的彩礼为条件的，这类婚姻感情基础较差或一般，双方在结婚时就已埋下了婚后夫妻不和的种子和因素。自由婚姻是双方自由恋爱而缔结的婚姻，总体上说感情基础较好，但双方未经充分了解的草率型婚姻，或双方的感情是建立在追求容貌、钱财、权势的基础之上的婚姻，其婚姻关系稳定性也较差。

一般来说，婚前基础好的，婚后不易发生纠纷，即使发生纠纷，和好的可能性也较大。婚前基础不好的，婚后容易发生纠纷和矛盾，且不易和好，有的甚至成为导致离婚的直接原因，如包办买卖婚姻、草率结婚等都可以成为离婚的直接原因。但结婚基础只能说明过去，婚姻关系是在不断发生变化的，自由结合的夫妻也会因其他原因造成夫妻感情破裂，婚姻基础不好的婚姻在婚后共同生活中也可能建立起真挚的感情。

所谓婚后感情，即双方在婚后共同生活期间的感情状况，它是评价婚姻关系好与坏的基本尺度。婚姻关系具有多方面的社会内容，双方的道德品质、性格习惯、工作状况、经济合作、子女抚育、家务分担等等，都会不同程度地影响夫妻感情。因此，在分析婚后感情时，一是要联系婚姻基础，分析婚后感情的发展变化。如果感情是向好的方向发展变化，那么引起离婚的冲突，可能是偶然因素，容易调解和好。如果感情是向坏的方向发展，而且每况愈下，那么引起离婚冲突的，就可能不是偶然因素了。二是要看婚后感情变化的特点，是先好后坏，还是先坏后好又坏，还是时好时坏，或者一直很好，突然变坏。三是要看婚后感情变化的原因，是由于自身的原因，还是外界因素的作用，如婆媳关系不和；是政治上的原因、经济上的原因，还是思想作风上的原因，或者是性格爱好、生理上的原因。

总之，要从婚后感情变化的总体上确定其现时的感情状况，是属于比较好的、一般的、差的，还是比较差的。要从变化的趋势中，得出正确的结论，不能只看一时一事，要看夫妻感情变化的全过程。同时，要透过现象看本质。由于人们的性格特点、教育程度、思想修养、心理素质、生活环境、工作环境的不同，表达感情的方式和特点也各有不同，因此，不能从表面现象看问题，要透过各种现象看夫妻感情的实质，不要被假象所迷惑。

所谓离婚原因，即导致离婚的直接诱因，包括使夫妻感情发生变化的因素或事件，比如一方有赌博、吸毒等恶习或实施家庭暴力等。离婚原因是原告要求离婚的主要依据，也是原告、被告在诉讼过程中争执的焦点和核心。为了胜诉，原告往往会扩大事实、制造假象或捏造事实，掩盖其离婚的真实动机，以便强调自己起诉的理由。而被告为了自己处于主动地位以便取得胜诉，往往利用自己抗辩的地位用一切办法否定原告的离婚理由，甚至隐瞒事实真相，扩大对方的缺点和错误。因此，正确考量离婚原因与夫妻感情破裂的内在联系，对于判断夫妻感情是否破裂、是否具有和好可能有重要意义。

所谓夫妻关系的现状和有无和好可能，即从双方发生离婚纠纷前后夫妻共同生活的实际状况，以及从当事人主观态度和客观状况看，是否有重归于好的可能性。在离婚纠纷发生的前后，夫妻关系会有不同程度的冲突和恶化，但感情是会因一定的主观和客观条件而发生转化的，在濒于破裂时重归于好也不是没有可能的。因而需要对夫妻关系的现状有所分析，对其发展前景有所预见。

只有通过对上述几个相互联系的方面进行综合分析，才能做出实事求是的正确判断，为调解提供契机，为判决提供依据。

2. 夫妻感情确已破裂都有哪些情形

2001 年婚姻法修正案在最高人民法院司法解释的基础上，以社会生活、家庭生活中反映出来的突出问题，以及在司法审判中所积累的经验，在原来两款规定的基础上，将导致夫妻感情破裂的五种常见的情形，作为认定感情确已破裂的具体情形。

（1）重婚或者有配偶者与他人同居的

重婚是严重违反一夫一妻制的行为，也是对夫妻感情的严重破坏。因重婚而要求离婚的分为两种情况：①一方重婚，对方要求离婚；②重婚方要求离婚的。无论是由重婚方还是对方要求离婚，均应首先依法追究重婚者的刑事责任。一方坚决要求离婚，经调解无效的，应当视为夫妻感情确已破裂，准予离婚。有配偶者与他人同居，是指已婚者在婚姻关系以外，与其他异性虽然不以夫妻名义，但同居共同生活的姘居关系。这种关系是对夫妻关系的严重破坏，如一方要求离婚，经调解无效，应当视为夫妻感情确已破裂，准予离婚。

（2）实施家庭暴力或者虐待、遗弃家庭成员的

一方对另一方或对家庭其他成员实施家庭暴力或者实施遗弃、虐待行为的，造成夫妻感情破裂，另一方坚决要求离婚，经调解无效，可依法判决准予离婚。

（3）一方有赌博、吸毒等恶习屡教不改的

因一方有赌博、吸毒等恶习且屡教不改，致使夫妻难以共同生活的，视为夫妻感情确已破裂，另一方坚决要求离婚，经调解无效，可依法判决准予离婚。

（4）因感情不和分居满 2 年的

夫妻因感情不和长期分居，没有共同生活，互不履行夫妻义务，夫妻关系实际上已名存实亡，是夫妻感情破裂的标志之一。如一方坚决要求离婚，经调解无效，可依法判决准予离婚。

（5）其他原因导致夫妻感情确已破裂的

本条款属于弹性条款，除上述四种情况外，其他原因导致夫妻感情破裂的均可使用本条。如一方患有严重的精神病，经治不愈的；一方被判处长期徒刑，或其违法犯罪行为严重伤害夫妻感情的；或夫妻双方性格不合，难以共同生活的；或双方性生活不协调，等等。

一方被宣告失踪，另一方提出离婚诉讼的，应准予离婚。外出一方已连续 2 年以上与家庭断绝通讯联系，经多方查找，确无下落，另一方坚决要求离婚的，可以公告送达诉讼文书，在公告期满后依法判决准予离婚。判决书公告送达后，待上述期满后即发生法律效力。

（四）诉讼前调解程序

诉讼前调解程序也称行政调解程序，是指男女一方要求离婚的，可以先经有关部门进行调解的程序。婚姻法第三十二条第一款规定："男女一方要求离婚的，可由有关部门进行调解或直接向人民法院提出离婚诉讼。"所谓有关部门，包括当事人所在单位、群众团体、基层调解组织和行政主管

部门。调解时，既可由一个部门进行调解，也可由几个部门联合进行调解。调解必须遵循自愿、合法的原则，不得强迫调解。

诉讼前的调解不具有法律的强制性，不是离婚的必经程序。当事人要求离婚，可以先经过诉讼前的调解程序，也可以不经过诉讼前的调解程序，直接向人民法院提起离婚诉讼。人民法院不得以未经有关部门调解而拒绝受理。

诉讼前的调解程序，具有重要的意义和作用。首先，诉讼前的调解有利于及时解决当事人间的婚姻家庭纠纷。诉讼前的调解能够及时解决纠纷，防止矛盾激化，减少诉讼。其次，诉讼前调解有利于改善夫妻关系。通过调解可以消除对立情绪，具有不伤和气、气氛融洽、易于为当事人所接受等优点。再次，诉讼前的调解有利于发挥各级组织和群众团体的积极作用。当事人所在地的居民委员会、村民委员会、人民调解委员会和所在单位接近群众，了解情况，在弄清纠纷的原因和事实真相，进行调解和说服教育方面，都具有有利的条件。

诉讼外的调解不具有强制性的效力，调解后一般有三种结果：第一，经过调解，双方和好，消除纠纷；第二，经过调解，双方同意离婚，达成离婚协议，当事人到婚姻登记管理机关办理离婚登记手续；第三，调解无效，双方未达成协议，要求离婚的一方应向人民法院提起离婚诉讼。

（五）诉讼离婚的程序

提起离婚诉讼后的程序即诉讼离婚的程序，是人民法院对当事人的离婚请求进行审理的法定程序。根据婚姻法的规定，包括调解和判决两个阶段。

1. 调解

婚姻法第三十二条第二款规定：“人民法院审理离婚案件，应当进行调解”。这表明调解是人民法院审理离婚案件的必经程序。

适用调解程序，其目的在于防止当事人草率离婚，以及在双方当事人不能和解时，有助于平和、妥善地处理离婚所涉及的方方面面的问题。在婚姻生活中，双方难免会有一些冲突和纠葛，有时逞一时之气，就会使矛盾扩大，冲突变得激烈，由此，一些尚未达到不能共同生活程度的婚姻当事人也要求离婚。由法院进行调解，可以促使双方当事人平息怨恨、减少敌对，对自己的婚姻状况和今后的生活进行充分的考虑，珍惜自己与配偶的婚姻关系。即使调解和好不成，双方还是坚持离婚的，也可以调解离婚。调解离婚有助于解决财产和子女问题，由此而达成的调解离婚协议，双方当事人一般都能自觉履行。当然，通过调解达成协议，必须当事人双方自愿，不得强迫；调解也不是无原则的，而应当本着合法的原则进行，调解协议的内容不得违反法律规定。

经过诉讼中的调解，会出现三种可能。第一种可能是原告撤销起诉或双方互谅互让，重归于好。人民法院将调解和好协议的内容记入笔录，由双方当事人、审判人员、书记员签名或者盖章，协议的法律效力至此产生。第二种是双方达成全面的离婚协议，包括双方同意离婚，妥善安排子女今后的生活、合理分割财产以及离婚救济等事项。人民法院应当按照协议的内容制作调解书。调解书应写明诉讼请求、案件的事实和调解结果，并由审判人员、书记员署名，加盖人民法院印章。离婚调解书经双方当事人签收后即具有法律效力。第三种是调解无效，包括双方就是否离婚或者子女抚养、财产分割等方面达不成协议，在这种情况下，离婚诉讼程序继续进行。

调解是人民法院处理离婚案件的必经程序，是我国人民司法工作的优良传统和宝贵经验，具有十分重要的意义。在诉讼活动中适用调解，有利于对当事人进行法制宣传教育和思想疏导工作，并使案件及时妥善地得到处理；调解所达成的协议，当事人一般能够自觉执行。这样不仅减少了缠讼，也减少了法院的执行工作。人民法院在调解时必须坚持自愿、合法的原则，在查清事实的基础上进行，调解时必须掌握当事人真实的思想动态，做深入细致的思想工作，分清双方的是非责任，并与当地基层组织、有关单位密切合作，共同进行说服教育，以促使当事人互谅互让，促成和好或达成某项协议。

2. 判决

判决是指人民法院在调解无效的基础上，对有争议的诉讼标的所做的强制性的决定。人民法院在离婚案件调解无效、双方存在争议的情况下，应在查清案情的基础上，依照婚姻法的有关规定，做出判决。人民法院的离婚判决应当根据当事人的婚姻状况，判决准予离婚或者判决不准离婚。无论何种判决，其标准都是“夫妻感情是否确已破裂”，破裂的，准予离婚；未破裂或者未完全破裂者，不准离婚。判决一经生效，就发生强制性效力，当事人必须执行。一审判决离婚的，当事人在判决发生法律效力前不得另行结婚。当事人不服一审判决的，有权依法提出上诉。双方当事人在十五天的上诉期内均不上诉的，判决书发生法律效力。第二审人民法院审理上诉案件可以进行调解。经调解双方达成协议的，自调解书送达时起原审判决即视为撤销。第二审人民法院做出的判决是终审判决。对于判决不准离婚或者调解和好的离婚案件，没有新情况、新理由，原告在六个月内又起诉的，人民法院不予受理。

（六）诉讼离婚的两项特别程序

1. 对现役军人离婚的保护性规定

婚姻法第三十三条规定：“现役军人的配偶要求离婚，须得军人同意，但军人一方有重大过错的除外。”人民解放军担任着保卫祖国，保卫社会主义建设的神圣职责，他们远离自己的家乡和亲人，结婚后大多也长期处于与配偶分居的状态，他们为祖国、为人民贡献出自己宝贵的青春年华甚至生命，因此，对现役军人的婚姻，在法律上给予有限度的特殊保护，符合国家和人民的根本利益。

2001 年婚姻法在对军人婚姻特殊保护的基础上，增加了但书条款。对于军人一方有重婚、有配偶者与他人同居、实施家庭暴力、遗弃、虐待家庭成员等重大过错，非军人一方要求离婚的，不适用这一特殊保护规定，虽然军人不同意离婚，也应当准予离婚。这一规定，不仅有利于保护婚姻自由，维护公民的离婚自由权，也有利于维护军人的形象。

在适用对现役军人离婚的特殊规定时，应注意以下几点：

（1）现役军人的范围

现役军人是指具有中国人民解放军军籍的战士和干部，人民武装警察部队的战士和干部。退役、复员和转业军人以及在军事单位中工作，未取得军籍的职工或者其他人员不包括在内。

（2）双方均为现役军人的不适用特别规定

现役军人的配偶要求离婚，是指非军人配偶而言，如双方均为现役军人，或现役军人向不是军人的配偶一方提出离婚，则不适用该条特殊规定，按一般离婚规定处理。

（3）军人同意的含义

所谓“须得军人同意”，是指军人的配偶提出离婚，非经军人本人同意，不得准予离婚。因此，在一般情况下，军人配偶要求离婚，军人不同意时，法院应配合有关部门，对军人配偶进行说服教育工作，调解或判决不准离婚。对感情已完全破裂、确实不能继续维持夫妻关系的，经调解无效，也可准予离婚，但处理时必须慎重对待，严格掌握。

（4）除外规定

军人一方有重大过错的，非军人一方要求离婚，无须经过军人同意。所谓军人一方有重大过错，可以理解为军人一方有以下三种情况：①重婚或有配偶与他人同居的；②实施家庭暴力或虐待、遗弃家庭成员的；③有赌博、吸毒等恶习，屡教不改的。

（5）破坏军婚的刑事责任

现役军人的配偶提出离婚，如系第三者插足破坏婚姻家庭造成且构成犯罪的，除依照刑法有关规定，追究第三者的刑事责任外，还应判决不准离婚。我国刑法第二百五十九条规定：“明知是现役军人的配偶而与之同居或者结婚的，处3年以下有期徒刑或者拘役。利用职权、从属关系，以胁迫手段奸淫现役军人妻子的，依照本法第二百三十六条的规定定罪处罚”。

2. 对女方在特殊情况下离婚的保护性规定

婚姻法第三十四条规定："女方在怀孕期间、分娩后1年内或者终止妊娠后6个月内，男方不得提出离婚；女方提出离婚的，或人民法院认为确有必要受理男方离婚请求的，不在此限。"这是保护妇女儿童的身心健康的特别规定。妇女在怀孕期间、分娩后1年内或中止妊娠后6个月内，身体上和精神上都需要特别照顾。其精神状态、情绪，也直接影响胎儿和婴儿的身心健康。在此期间内，禁止男方提出离婚，是非常必要的。对上述特别规定，应作如下理解：

在特定时期限制男方的离婚起诉权。第一，限制的主体只能是男方，而不能是女方；第二，它是限制男方的起诉权，而不是剥夺其起诉权；第三，这一限制是有期限性的，即女方怀孕期间、分娩后1年内或者终止妊娠后6个月内，超过此期限则不受特殊保护。

女方不受限制。女方在怀孕期间、分娩后1年内或者终止妊娠后6个月内，想要提出离婚的，可以提出离婚。女方提出离婚的，不受此限制。

在男方有正当理由，女方有重大过错的情况下，如女方与他人通奸怀孕，男方坚持要求离婚，如不及时受理，可能使矛盾激化，危及妇女和胎儿、婴儿的生命安全。在这种情况下，人民法院可以受理男方的离婚请求，但是，是否准予离婚，仍应根据具体情况和依照法律规定处理。

四、离婚的法律后果

离婚的法律后果是指离婚在法律上所发生的作用和产生的相应后果，又叫做离婚的法律效力。这种法律行为使夫妻间的人身和财产关系归于消灭，如共同生活关系解除，相互抚养的义务终止，相互继承的权利丧失等；又使父母对子女的抚养等问题发生一定的变化。离婚的效力，产生于登记离婚或者诉讼离婚生效之后，即自当事人取得离婚证之日起产生，或者自调解书或判决书发生法律效力之日起产生。

（一）离婚对夫妻身份关系产生的法律后果

1. 夫妻身份和称谓终止

离婚行为使得夫妻关系终止，彼此不再是对方的配偶，离婚当事人之间因结婚而产生的夫妻身份和称谓终止，双方不得再以夫妻相待。使用对方姓氏的通常因离婚而恢复婚前的姓氏。

2. 共同生活及抚养义务终止

相互帮助、相互抚养、共同生活是婚姻生活的重要内容。随着夫妻身份关系的消灭，夫妻之间不再具有共同生活的义务，比如，同居的义务、忠实的义务、计划生育的权利与义务等等。当双方婚姻关系终止时，失去共同生活的基础，相互之间的抚养义务也随之解除，任何一方都没有再给付对方抚养费的义务，而另一方也没有再向对方索取抚养费的权利。

3. 再婚自由恢复

婚姻关系解除之后，双方恢复了结婚的自由，取得了再婚的权利，一方对他方不得加以干涉。依登记程序离婚的，其再婚自由权自领取离婚证之日起恢复；依诉讼程序离婚的，其再婚自由权自人民法院离婚调解书或判决书生效之日起恢复。需要注意的是，经一审法院判决离婚，一方不服向上级法院提起上诉的，原审法院所做的离婚判决并未生效，双方在此期间都不能再婚，否则构成重婚。若二审法院改判不准离婚，那么当事人之间的婚姻关系依然存在，双方均不得再行结婚。

4. 法定继承人资格丧失

根据《中华人民共和国继承法》规定，配偶是第一顺序法定继承人。夫妻离婚后，配偶身份关系解除，同时丧失了法定继承人资格，一方无权再按法定继承方式继承对方遗产。

5. 姻亲关系消灭

因婚姻关系而产生的姻亲关系，当婚姻关系终止时即随之消灭。这不同于继承法中鼓励在配偶一方死亡后生存方与直系姻亲间保持姻亲关系，继续赡养老人。

（二）离婚时如何处理财产问题

1. 夫妻共同财产分割

离婚在解除婚姻关系的同时导致夫妻共同财产制的终止。根据婚姻法第三十九条规定，离婚对财产分割的范围仅指夫妻共同财产，夫妻个人的财产、子女的财产、其他家庭成员的财产以及不属于夫妻共同财产范围的其他财产，均不属于分割之列。夫妻双方对财产的所有权问题以书面形式约定的，或以口头形式约定双方无争议的，离婚时应按约定处理，不予分割；但规避法律的约定无效，如约定的内容规避法定义务，侵害国家、集体和他人的利益。人民法院认定夫妻财产约定无效的，按法定的共同财产制分割财产。

（1）分割夫妻共同财产的原则和方法

依据婚姻法第三十九条的规定，人民法院在分割夫妻共同财产时应遵循的原则有：①男女平等原则；②照顾子女和女方利益原则；③坚持有利生产和生活需要原则；④坚持照顾无过错一方原则；⑤坚持不损害国家、集体和他人利益原则。

在分割夫妻共同财产时，人民法院首先应当进行调解，由双方协商解决。但调解必须坚持合法、自愿原则。调解无效时，人民法院应根据共同财产的状况、当事人结婚时间的长短，生产、生活的实际需要和财产的来源等情况，综合考虑，进行判决。

分割夫妻共同财产的具体方法包括：①实物分割，即在不影响其财产的作用、价值和特定用途时，对财产进行实际分配，双方各自根据其分割的财产份额取得应得财产。②价金分割，即将共有物变卖，双方对变卖所得价金进行分割后各自取得价金。③价格补偿，即夫妻一方取得共有物，另一方获得相当于一半价格的补偿，取得价金。

（2）离婚时确认夫妻共同财产的归属及认定方法

在分割夫妻共同财产时，首先要注意确定其范围，即将其与夫妻的个人财产、夫妻约定财产、家庭共同财产区分。对是个人财产还是夫妻共同财产难以确定的，主张权利的一方负有责任举证。主张权利的当事人举不出有力证据，人民法院又无法查实的，按夫妻共同财产处理。

根据婚姻法以及相关司法解释，对以下财产性质的认定与归属方法如下：

①夫妻分居两地分别管理、使用的婚后所得财产，应认定为夫妻共同财产。在分割财产时，各自分别管理、使用的财产归各自所有。双方所分财产相差悬殊的，差额部分，由多得财产的一方以与差额相当的财产抵偿另一方。

②已登记结婚，尚未共同生活，一方或双方受赠的礼金、礼物应认定为夫妻共同财产。具体处理时应考虑财产来源、数量等情况合理分割；各自出资购置、各自使用的财物，原则上归各自所有；对按照习俗给付的彩礼，如登记后但确未共同生活，或者婚前给付并导致给付人生活困难的，当事人离婚时请求返还的，人民法院应当予以支持。

③一方以个人财产投资在婚姻关系存续期间取得的收益，除孳息和自然增值外，应认定为夫妻共同财产。

④夫妻一方婚前签订不动产买卖合同，以个人财产支付首付款并在银行贷款，婚后用夫妻共同财产还贷，不动产登记于首付款支付方名下的，离婚时该不动产由双方协议处理。双方不能达成协议的，该不动产归产权登记一方，尚未归还的贷款为产权登记一方的个人债务。双方婚后共同还贷支付的款项及其相对应财产增值部分，本着照顾子女与女方的原则由产权登记一方对另一方进行补偿。

⑤当事人结婚前，父母为双方购置房屋出资的，该出资应当认定为对自己子女的个人赠予，但父母明确表示赠予双方的除外；当事人结婚后，父母为双方购置房屋出资的，该出资应当认定为对夫妻双方的赠予，但父母明确表示赠予一方的除外。婚后由一方父母出资为子女购买的不动产，产权登记在出资人子女名下的，视为只对自己子女一方的赠予，该不动产应认定为夫妻一方的个人财产；由双方父母出资购买的不动产，产权登记在一方子女名下的，该不动产可认定为双方按照各自父母的出资份额按份共有，但当事人另有约定的除外。

⑥婚姻关系存续期间，双方用夫妻共同财产出资购买以一方父母名义参加房改的房屋，产权登记在一方父母名下，离婚时另一方主张按照夫妻共同财产对该房屋进行分割的，人民法院不予支持。购买该房屋时的出资，可以作为债权处理。

⑦男女双方实际取得或者应当取得的住房补贴、住房公积金破产安置补偿费为共同财产。男女双方实际取得的养老保险金为共同财产，但离婚时夫妻一方尚未退休、不符合领取养老保险金条件，另一方请求按照夫妻共同财产分割养老保险金的，人民法院不予支持；婚后以夫妻共同财产缴付养老保险费，离婚时一方主张将养老金账户中婚姻关系存续期间个人实际缴付部分作为夫妻共同财产分割的，人民法院应予以支持。

⑧婚姻关系存续期间，实际取得或者已经明确可以取得的知识产权的财产性收益为共同财产。离婚时一方尚未取得经济利益的知识产权，归一方所有。在分割夫妻共同财产时，可根据具体情况，对另一方予以适当的照顾。

⑨军人的伤亡保险金、伤残补助金、医药生活补助费属于个人财产。人民法院审理离婚案件，涉及分割发放到军人名下的复员费、自主择业费等一次性费用的，以夫妻婚姻关系存续年限乘以年平均值，所得数额为夫妻共同财产。所谓年平均值，是指将发放到军人名下的上述费用总额按具体年限均分得出的数额。其具体年限为人均寿命七十岁与军人入伍时实际年龄的差额。

⑩夫妻双方分割共同财产中的股票、债券、投资基金份额等有价证券以及未上市股份有限公司股份时，协商不成或者按市价分配有困难的，人民法院可以根据数量按比例分配。

⑪ 夫妻共同财产中以一方名义在有限责任公司的出资额，另一方不是该公司股东的，按以下情形分别处理：夫妻双方协商一致将出资额部分或者全部转让给该股东的配偶，过半数股东同意、其他股东明确表示放弃优先购买权的，该股东的配偶可以成为该公司股东；夫妻双方就出资额转让份额和转让价格等事项协商一致后，过半数股东不同意转让，但愿意以同

等价格购买该出资额的，人民法院可以对转让出资所得财产进行分割。过半数股东不同意转让，也不愿意以同等价格购买该出资额的，视为其同意转让，该股东的配偶可以成为该公司股东。证明过半数股东同意的证据，可以是股东会决议，也可以是当事人通过其他合法途径取得的股东的书面声明材料。

⑫ 夫妻共同财产中以一方名义在合伙企业中的出资，另一方不是该企业合伙人的，当夫妻双方协商一致，将其合伙企业中的财产份额全部或者部分转让给对方时，按以下情形分别处理：其他合伙人一致同意的，该配偶依法取得合伙人地位；其他合伙人不同意转让，在同等条件下行使优先受让权的，可以对转让所得的财产进行分割；其他合伙人不同意转让，也不行使优先受让权，但同意该合伙人退伙或者退还部分财产份额的，可以对退还的财产进行分割；其他合伙人既不同意转让，也不行使优先受让权，又不同意该合伙人退伙或者退还部分财产份额的，视为全体合伙人同意转让，该配偶依法取得合伙人地位。

⑬ 夫妻以一方名义投资设立独资企业的，夫妻在该独资企业中的共同财产的分割，应当按照以下情形分别处理：一方主张经营该企业的，对企业资产进行评估后，由取得企业一方给予另一方相应的补偿；双方均主张经营该企业的，在双方竞价基础上，由取得企业的一方给予另一方相应的补偿；双方均不愿意经营该企业的，按照《中华人民共和国个人独资企业法》等有关规定办理。

⑭ 夫妻之间订立借款协议，以夫妻共同财产出借给一方从事个人经营活动或用于其他个人事务的，应视为双方约定处分夫妻共同财产的行为，离婚时可按照借款协议的约定处理。

（3）离婚时对房屋的处理办法

为保障当事人的基本生存条件，根据婚姻法及相关司法解释对离婚案件中房屋的处理应注意以下问题：

①夫妻共有房屋。夫妻共有房屋，包括夫妻共同购买、共同建筑的房屋，原则上均等分割；不能分割或者不宜分割的，应根据双方住房情况和

照顾抚养子女和无过错方等原则分给一方所有，分得房屋的一方对另一方应给予相当于该房屋一半价值的补偿。

②属于一方个人所有的房屋。此种情况包括一方婚前所有的房屋和婚后约定为一方所有的房屋，离婚时归房屋所有人所有。对于婚前一方购置、建造的房屋或婚后一方接受继承、赠予且被继承人和赠予人明确表示只给继承人或受赠人的房屋或婚后一方完全以个人财产购置、建造的房屋均属一方的个人财产，离婚时，归一方所有，他方无权要求分割。

③部分产权房。夫妻共同出资取得部分产权的房屋，分得房屋产权的一方，一般应按取得房屋产权的比例，依照离婚时当地政府有关部门公布的同类住房标准价，给予对方一半价值的补偿。

④一方婚前承租，婚后共同购买的房屋。一方婚前承租，婚后共同购买的房屋，房屋权属证书登记在一方名下的，应当认定为夫妻共同财产。当夫妻双方无法达成协议时，人民法院按以下情形处理：双方均主张房屋所有权、双方经济和住房条件基本相同，并且同意竞价取得的，应当准许；一方主张房屋所有权的，由评估机构按市场价格对房屋做出评估，取得房屋所有权的一方应当给予另一方相应的补偿；双方均不主张房屋所有权的，根据当事人的申请拍卖房屋，就取得价款进行分割。

⑤双方承租的公房。对双方均可承租的夫妻共同居住的公房，应按照照顾抚养子女的一方、照顾女方、照顾残疾或生活困难一方、照顾无过错一方的原则处理。夫妻共同居住的公房具有下列情形之一的，离婚后，双方均可承租：a. 婚前由一方承租的公房，婚姻关系存续 5 年以上的；b. 婚前一方承租的本单位的房屋，离婚时，双方均为本单位职工的；c. 一方婚前贷款投资建房取得的公房承租权，婚后夫妻共同偿还借款的；d. 婚后一方或双方申请取得公房承租权的；e. 婚前一方承租的公房，婚后因该承租房屋拆迁而取得房屋承租权的；f. 夫妻双方单位投资联建或联合购置的共有房屋的；g. 一方将其承租的本单位房屋，交回本单位或交给另一方单位后另给调换房屋的；h. 婚前双方均租有公房，婚后合并调换房屋的；i. 其他应当认定为夫妻双方均可承租的情形。

夫妻双方均可承租的公房，如其面积较大能够隔开分室居住使用的，可由双方分别居住。

2. 离婚家务劳动补偿

婚姻法第四十条对采取分别财产制且从事家务劳动较多的一方在离婚时规定了补偿请求权。离婚家务劳动补偿请求权是法律赋予离婚主体的一项权利，作为维护婚姻自由、实现法律公平正义的重要保障。这种补偿请求权在性质上既不同于损害赔偿，也不同于经济帮助，它是对家庭共同生活中付出劳务较多、在分别财产制下又未获得任何补偿的一方所从事的家务劳动价值的肯定，是一种弥补对方损失的辅助性手段。这一规定在主体上没有性别的限制，任何一方，无论男女，只要符合法定要件，均可享有离婚家务劳动补偿请求权。虽然家务劳动不能直接创造经济价值，但可以节约家庭的支出成本，从而间接地增加家庭的财富。设立家庭劳动补偿制度，是对家务劳动价值的认同，可以使在婚姻关系中付出较多义务的一方在离婚时得到精神上的抚慰与财产上的救济，体现了法律的公正、补偿和保护功能。

能够提起离婚家务劳动补偿权的一方必须符合相关条件。首先，双方必须是实行分别财产制的。如果双方在夫妻关系存续期间未对财产做出约定，使用法定的共同财产制，或者虽然有约定，但非约定归各自所有，则不适用此制度。其次，请求补偿的一方应是付出义务较多的一方，如在抚养、教育子女方面、照顾老人方面及协助另一方的工作方面付出了较多义务。最后，补偿请求权不考虑双方的过错情况。无论对方是否有过错，付出较多义务的一方均可要求补偿，其补偿请求权不以对方的过错为要件。

3. 夫妻共同债务清偿

作为夫妻共同财产的共同共有人，夫妻双方对该项财产享有平等的权利，同时也要承担相同的义务。当夫妻共同财产关系因离婚而解体时，对因共同生活所负之债，双方负有同等的清偿责任。对夫妻一方为个人需要单独所负之债，他方无代为清偿的义务，由其本人偿还。

夫妻共同债务是指双方或一方为共同生活需要所负的债务。夫妻共同债务主要包括:(1)为履行抚养、赡养义务所负债务，如抚养子女、赡养老人所负债务;(2)为购置家庭生活用品、修缮房屋以及支付家庭生活开支所负债务;(3)夫妻一方或双方为治疗疾病所负债务;(4)夫妻一方或双方从事工商个体经营或农业承包经营所负债务，法律另有规定的除外;(5)因双方共同生活所负的其他债务。

夫妻共同债务应当以夫妻共同财产清偿。夫妻一方死亡或离异，债权人仍有权就夫妻共同债务向男女双方主张权利。一方就共同债务承担连带清偿责任后，可以向另一方追偿。

(三)离婚后的子女抚养教育

1. 离婚后的父母子女关系

父母子女关系，是基于子女出生的法律事实而形成的自然血亲关系，一旦形成，不能用人为手段解除。父母离婚后，对未成年子女的权利义务仍然存在，子女无论随哪方生活，仍然是父母双方的子女。离婚只解除夫妻关系，不能解除父母子女关系。所以，离婚所变更的只是父母对未成年子女的抚养形式，而不是父母子女关系，父母双方仍有抚养教育未成年子女的权利和义务。最大限度保护子女利益是各国立法的原则与目标。

(1)养父母与养子女之间的关系

根据婚姻法和收养法的规定，养父母离婚后，养子女无论由养父或养母抚养，仍是养父母双方的子女，双方均应承担抚养教育的权利和义务。也就是说，养父母与养子女之间的权利义务关系，不因养父母离婚而消除。

(2)继父母与形成抚养关系的继子女之间的权利义务关系

生父与继母、生母与继父离婚时，对曾受其抚养教育的继子女，继父或继母不同意继续抚养的，由生父母抚养。如继母、继父愿意继续抚养继子女，且得到了生父、生母的同意，拟制的父母子女关系可以不解除。如生父、生母与继母、继父离婚时，继子女已经成年，拟制的父母子女关系不消灭，故而继子女有赡养继父、继母的义务。

(3)父母与人工生殖子女之间的权利义务关系

在夫妻关系存续期间，双方一致同意进行人工授精，所生子女视为夫妻双方的婚生子女。因此，夫妻离婚后与人工生殖子女的关系适用离婚后生父母子女关系的规定。

2. 离婚后如何确定子女直接抚养方

离婚虽然不改变父母子女关系，但是变更了父母对子女的抚养形式，即子女只能随一方生活，他方以给付抚养费用及享有探望权来行使其抚养子女的权利和义务。婚姻法第三十二条第二、三款规定："离婚后，父母对于子女仍有抚养和教育的权利和义务。离婚后，哺乳期内的子女，以随哺乳的母亲抚养为原则。哺乳期后的子女，如双方因抚养问题发生争执不能达成协议时，由人民法院根据子女的权益和双方的具体情况判决。"对于婚后子女由何方直接抚养，首先可以由父母进行协商。对于父母达成的协议，经查实，抚养方的抚养能力明显不能支付子女所需费用，或影响子女健康成长的，应不予准许。如双方协商不成，由人民法院从有利于子女身心健康、保障子女的合法权益出发，结合父母双方的抚养能力和抚养条件等具体情况判决。

（1）哺乳期内子女直接抚养方的确定

在我国，为了更好地保护婴儿的利益，哺乳期内的子女，以随哺乳的母亲抚养为原则。最高人民法院在司法解释中将哺乳期限明确规定为2年，是因为2周岁以下的子女无论在心理上还是生理上都明显地依赖母亲，母爱会使婴儿感到安全、心神稳定，促进婴儿发育，有利于婴儿健康成长。因此，2周岁以内的子女，由哺乳的母亲抚养，既是其权利也是其义务，婴儿的母亲不能推卸责任，不尽义务。

在特殊情况下，当母亲不宜或不能抚养子女时，婴儿的父亲必须尽抚养义务，与婴儿共同生活。①母亲患有久治不愈的传染性疾病或其他严重疾病，子女不宜与其共同生活的。②母亲有抚养条件但不尽抚养义务，而父方要求子女随其生活的。③父母双方协议，2周岁以下子女随父方生活，并对子女健康成长无不利影响的。

（2）哺乳期后未成年子女直接抚养方的确定

①父母协商确定。2周岁以上的子女随何方生活，首先应由父母双方协议，以确保直接抚养方的确定符合子女的利益和父母双方各自的情况，保证协议的履行。

②子女10周岁以上的应考虑本人意见。父母双方对10周岁以上的未成年子女随父或随母生活发生争执的，应考虑该子女的意见。在子女有识别能力的情况下，充分考虑子女的意见，有利于离婚后父母子女关系的融洽和该子女的身心健康发展，最大限度地减少离婚对子女的伤害。

③父母轮流抚养子女。在有利于保护子女利益的前提下，父母双方可以协议轮流抚养子女。所谓双方轮流抚养子女，实际上是父母双方共同行使监护权。轮流抚养子女，是子女能与父母双方均保持较为密切的父母子女关系，在感情上和生活上既能得到父爱，又能得到母爱，有利于子女的身心健康。但是，轮流抚养子女，使子女的生活不够稳定，并可能置子女于困难甚至是难以处理的境地。因此，父母双方协议轮流抚养子女的，必须以有利于保护子女利益、有利于子女健康成长为前提。

对于父母双方达不成协议的，由人民法院判决。人民法院判决时，在符合有利于子女健康成长的原则基础上，要综合考虑父母双方的经济条件、身体和精神健康情况、道德水平、与子女的感情等各项因素，确定直接抚养方。一方有下列情形之一的，可优先考虑由其行使对子女的直接抚养权：①已做绝育手术或因其他原因丧失生育能力的；②子女随其生活时间较长，改变生活环境对子女健康成长明显不利的；③无其他子女，而另一方有其他子女的；④子女随其生活，对子女成长有利，而另一方患有久治不愈的传染性疾病或其他严重疾病，或者有其他不利于子女身心健康的情形，如赌博、酗酒或无抚养子女的经济条件等，不宜与子女共同生活的；⑤子女单独随祖父母或外祖父母共同生活多年，且祖父母或外祖父母要求并有能力帮助子女照顾孙子女或外孙子女的。

离婚后，由于父母的抚养条件发生重大变化，或者子女要求变更抚养关系的，可由父母双方协议变更，协议不成的，人民法院应根据子女利益和双方的具体情况判决。对离婚后子女直接抚养方的变更，不影响父母对子女的抚养义务，无论子女由何方抚养都是父母双方的子女，父母都应当承担相应的抚养义务。

3. 离婚后子女抚养费用的负担和变更

（1）离婚后子女抚养费用的负担

离婚后父母双方有平等的负担子女生活费和教育费的义务。根据婚姻法第三十七条的规定，离婚后一方抚养的子女，另一方应负担必要的生活费和教育费的一部分或全部，负担费用的多少和期限的长短，由双方协议，协议不成时由人民法院判决。关于子女生活费和教育费的协议或判决，不妨碍子女在必要时向父母任何一方提出超过协议或判决原定数额的合理要求。

确定子女抚养费的数额，可根据子女的实际需要、父母双方的负担能力和当地的实际生活水平综合考虑，也要按照义务人收入的比例确定抚养费数额。负有给付义务的一方有固定收入的，抚养费一般可按其月总收入的 20% ~ 30% 的比例给付。负担两个以上子女抚养费的，比例可适当提高，但一般不得超过月总收入的 50%。负有给付义务的一方无固定收入的，抚养费的数额可依据当年总收入或同行业平均收入，参照上述比例确定。有特殊情况的，可适当提高或降低上述比例。对一方无经济收入或者下落不明的，可用其财务折抵子女抚养费。父母双方可协议子女随一方生活并由抚养方负担子女全部抚养费。但经查实，抚养方的抚养能力明显不能保障子女所需费用，影响子女健康成长的，不予准许。另一方必须给付子女抚养费，以保障子女健康成长。

子女抚养费的给付期限一般至子女 18 周岁为止。16 周岁以上不满 18 周岁，以其劳动收入为主要生活来源，并能维持当地一般生活水平的，父母可停止给付抚养费。另外，子女抚养费应定期给付，有条件的也可一次性给付。根据当事人的具体情况，可给付金钱或实物。

（2）离婚后子女抚养费用的变更

离婚后，由于父母一方或子女的情况发生变化，可另行起诉，要求变更。子女抚养费的变更包括增加、减少或免除。

（四）离婚后父母如何行使对子女的探望权

离婚后不直接抚养子女的父或母一方对其子女享有探望权。婚姻法第三十八条规定："离婚后，不直接抚养子女的父或母，有探望子女的权利，另一方有协助义务。行使探望权利的方式、时间由当事人协议；协议不成时，由人民法院判决。父或母探望子女，不利于子女身心健康的，由人民法院依法中止探望的权利，中止的事由消失后，应当恢复探望的权利。"探望权制度的建立，对保护离婚后双方当事人的合法权益，减少纠纷、维护社会安定团结，对保护未成年人的身心健康，促进其愉快成长均是十分重要，必不可少的。

探望权具体包括：（1）探望权是离婚后父母对子女的权利。（2）离婚后的父母享有探望权必须与子女保持父母子女权利义务关系，且只有与子女分开生活的非直接抚养子女的父母一方才享有探望权。（3）探望权的行使，可以是定期探望，也可以是与子女短期生活；既可以是电话联系，也可以是书信联系等各种形式。（4）子女在10周岁以上的，有关父母探望权的行使方式、探望的时间、地点，应考虑子女的意见，以保障当事人自觉履行有关探望权的协议。

如果探望者一方有精神病、丧失行为能力的，有传染性疾病、影响子女身体健康的，有酗酒、吸毒等恶习的，拒付抚养费的，对子女有暴力行为的等，直接抚养子女一方均有权请求中止行使探望权。人民法院认为需要中止行使探望权的，依法做出裁定。中止探望的情形消失后，人民法院应当根据当事人的申请通知恢复探望权的行使。

五、离婚救济制度

离婚救济制度是法律为离婚过程中权利受到损害的一方提供的权利救济方式，也是为离婚时处于弱势一方提供的法律救助手段。离婚救济是在离婚财产分割制度之外对离婚后处于不利地位的当事人一方所作的财产救助，补偿与赔偿，主要是对因离婚而给当事人一方在经济上造成的不利予以调整，使受损害的权益得到救济和恢复。

（一）离婚经济帮助制度

1. 离婚经济帮助制度

离婚经济帮助制度，是在离婚后一方因某种原因（患病或失业）而丧失维持生活或谋生的能力时，由另一方从其个人财产中给予适当帮助的制度。婚姻法第四十二条规定："离婚时，如一方生活困难，另一方应从其住房等个人财产中给予适当的帮助。具体办法由双方协议；协议不成时，由人民法院判决。"依据相关司法解释，"一方生活困难"，是指依靠个人财产和离婚时分得的财产无法维持当地基本生活水平。一方离婚后没有住处的，属于生活困难。离婚时，一方以个人财产中的住房对生活困难者进行帮助的形式，可以是房屋的居住权或者房屋的所有权。

离婚时，夫妻间的抚养义务随婚姻关系的终止而终止。对困难一方适当有经济帮助，并非夫妻抚养义务的延长，而是基于婚姻关系解除所派生的社会道义上的责任，这种责任是由法律保护和确认的。也可以说，离婚经济帮助制度本身是一种伦理道德的法律化。经济帮助不以给付方有过错为必要，而是基于公平和救济原则对离婚后处于弱势地位的配偶一方予以一定的保护。这一规定既适用于女方也适用于男方，但基于社会现实，立法的目的是贯彻保护妇女利益的原则，照顾经济能力逊于男子的妇女。这样有助于消除妇女在离婚问题上的经济顾虑，有利于保障离婚自由，也可以防止因离婚造成不利的社会后果。

2. 经济帮助的条件

根据相关法律规定和司法解释，对生活困难一方的经济帮助是有条件的，其条件是：

（1）一方必须生活困难

所谓生活困难是指依靠个人财产和离婚时分得的财产无法维持当地基本生活水平。主要包括：①一方有残疾或患有重大疾病，完全或大部分丧失劳动能力，又没有其他生活来源；②一方因客观原因失业且收入低于本市城镇居民最低生活保障线；③其他生活特别困难的情形。一方离婚后没有住房的，属于生活困难。

（2）经济帮助仅限于离婚时

对离婚时不困难，离婚后发生困难的，不予帮助；在帮助期间，受帮助方再婚的，帮助终止；原定经济帮助执行完毕后，一方又要求对方再给予经济帮助的，一般不予支持，当事人应自行解决生活问题，他方不再负有继续帮助的义务。

（3）经济帮助方须有负担能力

经济帮助以帮助方有负担能力为前提，即承担经济帮助一方的个人财产在维持其自身正常的衣、食、住、行等需求外，还有能力以其个人财产对前配偶进行住房、金钱或其他经济上的帮助。无负担能力的，可以不帮助。

3. 经济帮助的内容

有帮助能力的一方在给予对方经济帮助时，提供经济帮助的来源应当是自己的个人财产，包括法定个人财产、约定个人财产、从共同财产中分得的个人财产。其实施的帮助内容包括物质帮助、金钱帮助和房屋帮助。

住房是公民实现生存权的基本条件，在中国现实情况下，一些离婚妇女的住房困难在分割夫妻共同财产时无法解决。因此，在离婚经济帮助时考虑从住房上对需要帮助一方给予帮助具有重要的现实意义。具体的帮助方法，可以根据当事人的具体情况，经济条件好，住房富裕的，可以将房屋的产权给需要帮助的一方；否则也可以将双方的婚姻住房由无房居住的一方暂住，由其享有一定期间的房屋使用权；在住房条件紧张的情况下，也可由帮助方为需要帮助的一方支付一定期间的房屋租金。

（二）离婚损害赔偿制度

离婚损害赔偿，是指因为配偶一方的过错而给他方造成物质或精神上的损害，在离婚时，有过错的一方应对受害方的损害予以赔偿。我国 2001

年婚姻法修正案增加了损害赔偿制度。该制度是我国司法实践的结果，在保障离婚自由的同时，实现法律的公平和公正，充分体现了当代婚姻家庭立法的公平原则和保护弱势群体利益的原则。

1. 离婚损害赔偿制度的功能

离婚损害作为一种民事责任，具有以下三方面功能：

（1）填补损害

离婚损害赔偿作为侵权行为法的基本救济手段，最基本的功能就是填补受害配偶的损害。通过补偿损失，使其受损害的权益得到救济和恢复。

（2）精神抚慰

精神损害赔偿虽然也采用财产赔偿的方式，但它本身兼具经济补偿和精神抚慰的性质，可以抚慰受害者配偶因合法权益遭受损害的痛苦、失望。法院判决由加害配偶一方给付抚慰金，使受害配偶获得心理上的慰藉，可相对平息其怨愤。

（3）制裁和预防违法行为

离婚损害赔偿作为侵权者应承担的民事责任之一，具有制裁和预防违法行为的功能。通过责令婚姻侵权行为人承担损害赔偿责任，使侵权者不仅未因其侵权行为获益，而且对其侵权行为之损害后果承担赔偿责任，这本身就体现了对违法行为的制裁；并且对其他有可能发生侵权行为的已婚者而言，也具有警示和预防作用。

2. 离婚损害赔偿的构成要件

婚姻法第四十六条规定，因一方重婚或有配偶者与他人同居、实施家庭暴力或以其他行为虐待家庭成员或遗弃家庭成员而导致离婚的，无过错方有权请求损害赔偿。

由此可知，离婚时损害赔偿应符合以下要件：

（1）有损害事实

离婚损害主要是指财产损害、人身损害以及精神损害。其中，财产损害是指由于对方的过错行为造成的财产利益的损害，包括直接与间接的财产损害，如因身体受伤害而支出的医疗费，或劳动收入的减少。人身损害是指因对方的过错行为造成的身体上的损害，如身体受伤致残。精神损害是指因对方的过错行为对他方精神上和心理上造成的焦虑、痛苦。

（2）配偶一方的行为有法定的过错

所谓过错是指支配行为人从事在法律上和道德上应受非难行为的故意和过失状态。根据婚姻法第四十六条的规定，构成离婚损害赔偿的法定过错行为是：重婚、有配偶者与他人同居、实施家庭暴力、虐待、遗弃家庭成员。

（3）离婚是由于上述过错所导致的结果

即过错行为与离婚行为之间有因果关系。根据侵权行为法的一般原理，过错行为必须与损害事实之间存在因果关系。因夫妻一方的过错行为导致双方离婚的，需追究过错方的损害赔偿责任。例如，行为人的过错是重婚，与离婚的后果之间必须有因果关系。并且，无过错方因对方的过错行为而受到精神或物质损害，则行为和损害结果也必然具有因果关系。

（4）离婚的发生

只有发生在离婚时，无过错方才能取得离婚损害赔偿权。在婚姻关系存续期间，即使一方有过错，他方如不要求离婚，也不能行使损害赔偿请求权。

（5）请求权人无过错

行使损害赔偿的请求权人应当是没有过错一方，即请求权一方不得存在重婚、有配偶者与他人同居、实施家庭暴力、虐待、遗弃家庭成员的行为。如果双方均有过错，根据过错相抵原则，任何一方均不得要求损害赔偿。同时，对过错的理解不应当是绝对化的，在婚姻关系中没有绝对过错的一方，只要不具有法定过错，即视为无过错。

3. 提起离婚损害赔偿程序的特别规定

婚姻法和最高人民法院相关司法解释对提起离婚损害赔偿诉讼程序方面做出了特殊规定：

（1）离婚损害赔偿只能在离婚时赔付

人民法院判决不准离婚的，不支持离婚损害赔偿请求。在婚姻关系存续期间，当事人不起诉离婚而单独依据婚姻法第四十六条提起损害赔偿请求的，人民法院不予受理。

（2）法院审理时的特殊规定

人民法院受理离婚案件时，应当将婚姻法第四十六条等规定中与当事人有关的权利义务，书面告知当事人。但是要注意的是，无过错方在作为原告向人民法院提出损害赔偿请求时，必须在离婚诉讼的同时提出。若无过错方是被告，既不同意离婚也不基于该条规定提起损害赔偿请求，可以在离婚后一年内就此单独提出诉讼。

（3）登记离婚后提出的离婚损害赔偿

当事人在婚姻登记机关办理离婚登记手续后，以婚姻法第四十六条规定为由向人民法院提出损害赔偿请求的，人民法院应当受理。但是当事人在协议离婚时已经明确表示放弃该项请求，或者在办理离婚登记手续一年后提出的，不予支持。

4. 离婚损害赔偿数额的确定标准

离婚损害赔偿包括物质损害赔偿和精神损害赔偿。确定赔偿数额主要应考虑侵权行为人的过错程度，侵害手段、方式、造成的后果，侵权行为人的经济能力及当地的平均生活水平。

根据最高人民法院施行的《关于确定民事侵权精神损害赔偿制度责任若干问题的解释》，人民法院对离婚财产损害赔偿金、精神损害赔偿金、抚慰金数额的确定，应根据保护合法的婚姻家庭关系，保护无过错方配偶合法权益的原则，综合考虑财产和精神因素来确定。

财产和精神损害包括：无过错方所遭受的财产实际损失（因离婚所受到的财产期待权除外）；侵权人的过错程度，结合其对自己过错行为的故意、过失的轻重、动机等因素加以考虑，但法律另有规定的除外；侵害的手段、场合、行为方式等具体情节；侵害行为所造成的后果，无过错方遭受损害的权益和损害程度，精神上所受痛苦的程度；侵权人的获利情况；过错方承担责任的经济状况、谋生能力等；双方结婚时间长短、无过错方对配偶和家庭尽义务的多少和贡献大小、年龄、健康状况；受诉法院所在地平均生活水平等。

第五章　继承篇

一、遗产与继承权

（一）遗产继承

【案例】赵原河与李彩华夫妇生前主持订立了一份协议，该协议中写道：赵原河与李彩华夫妇育有三名子女，分别是赵玉山、赵玉忠和赵玉莹。为了防止父母去世以后发生家产纠纷，特订立本协议，将赵原河与李彩华夫妇二人的房屋三间分给赵玉山，将银行存款60万元分给赵玉忠和赵玉莹各30万元。赵原河与李彩华、赵玉山、赵玉忠和赵玉莹均在该协议书上签名。赵原河与李彩华分别于2006年和2008年去世，2009年赵玉山、赵玉忠和赵玉莹因分割上述协议中指明的房屋和存款发生了争议。赵玉山主张其父母主持订立的协议属于遗嘱，按照该遗嘱的内容，赵玉山继承三间房屋是合法有效的。赵玉忠和赵玉莹主张，其父母主持订立的协议属于分家析产协议，而不是遗嘱。

【原理】遗产继承是指根据继承法的规定和被继承人生前所立遗嘱的指定，将被继承人的遗产移转给继承人和其他遗产取得人的民事法律制度。该项法律制度所调整的是公民死亡后的遗产转移法律关系，其特点是：

第一，遗产继承所调整的是公民死亡后的遗产转移法律关系。

第二，遗产继承所依据的是继承法。

第三，遗产继承的对象是遗产。

第四，遗产继承的方式是法定继承与遗嘱继承。

遗产继承法律制度的规范，就是继承法。现行的《中华人民共和国继承法》(以下简称继承法)是于一九八五年四月十日第六届全国人民代表大会第三次会议通过，一九八五年四月十日中华人民共和国主席令第二十四号公布，一九八五年十月一日起施行的。为使人民法院在司法审判中正确、及时地审理继承纠纷案件，最高人民法院发布了《关于贯彻执行〈中华人民共和国继承法〉若干问题的意见》，该司法解释构成了我国继承法律制度的重要内容。

【分析】在现实生活中，类似的争议并不少见。人们往往混淆分家析产与遗产继承的界限。上述案例中所涉及的纠纷是分家析产纠纷，属于共有财产分割纠纷的一种，而不是遗产继承纠纷。原因是：

第一，分家析产所涉及的是共有人生存时对共有财产的处分。

第二，分家析产所依据的是物权法等民事法律，而非继承法。

第三，分家析产的对象是家庭共有财产。

第四，分家析产的方式是协议分割或通过诉讼方式分割。

(二)遗产及其范围

【案例】某大学教授高长安和妻子桂小琴夫妇生前居住在该大学校园内的教职工宿舍，每月向学校缴纳房租金。高长安和桂小琴去世后，其已独立生活的儿子和女儿因继承遗产纠纷，诉至人民法院，请求人民法院判决由其儿子和女儿继续承租父母生前的住房。

该案例涉及的法律问题是：被继承人生前承租的房屋能否作为遗产由其继承人继承。

【原理】明确遗产的性质及其范围，是处理遗产继承问题的前提。

1. 遗产及其特征

遗产，作为财产继承法律关系的客体，是指被继承人死亡时所遗留的、依照继承法规范转移给他人的个人合法财产。我国继承法第八条规定，遗产是公民死亡时遗留的个人合法财产。遗产具有以下法律特征：

第一，遗产是被继承人死亡时所遗留，具有特定的时间性。

第二，遗产仅指被继承人遗留的财产，具有财产性。

第三，遗产必须是原属于被继承人个人的，具有专属性。

第四，遗产仅是依继承法能够转移给他人的一定财产，具有限定性。

第五，遗产是被继承人的一定财产权利和财产义务的统一体，具有总体性。

2. 遗产的范围

遗产源于被继承人生前个人所有的合法财产。因而，遗产范围的划定就必然受到公民个人财产范围的限制。我国继承法第三条明确规定："遗产是公民死亡时遗留的个人合法财产，包括：（一）公民的收入；（二）公民的房屋、储蓄和生活用品；（三）公民的林木、牲畜和家禽；（四）公民的文物、图书资料；（五）法律允许公民所有的生产资料；（六）公民的著作权、专利权中的财产权利；（七）公民的其他合法财产。"对本条第七项所规定的"其他合法财产"的范围，《最高人民法院关于贯彻执行〈中华人民共和国继承法〉若干问题的意见》中第三条曾指出："公民可继承的其他合法财产包括有价证券和履行标的为财物的债权等。"我国继承法第四条规定："个人承包应得的个人收益，依照本法规定继承。个人承包，依照法律允许由继承人继续承包的，按照承包合同办理。"我国继承法第三十三条规定："继承遗产应当清偿被继承人依法应当缴纳的税款和债务"。

概括起来说，我国继承法中所指明的遗产范围应当包括四大类：

（1）公民个人财产所有权及其他物权

《中华人民共和国民法通则》第七十五条规定："公民的个人财产，包括公民的合法收入、房屋、储蓄、生活用品、文物、图书资料、林木、牲畜和法律允许公民所有的生产资料以及其他合法财产。"公民的个人财产所有权，就是公民对自己所有的上述财产享有占有、使用、收益和处分的权利。公民的财产具有能够转移的性质，因而也可以作为遗产由继承人或其他人依法取得。公民个人财产所有权的客体十分广泛，主要有如下几种：

公民的合法收入、储蓄。包括：劳动所得、劳务报酬、法定孳息所得、财产借贷或财产租赁所得、特许权使用费所得、受奖励所得及储蓄；公民的房屋、生活用品；公民的林木、牲畜与家禽；公民的文物、图书资料以及法律允许公民所有的生产资料。

《中华人民共和国物权法》在规定保护公民的个人财产所有权的同时，又规定了公民依法享有的其他物权。包括：建设用地使用权、土地承包经营权、宅基地使用权、地役权、抵押权、质权、留置权。这些财产权利均可作为公民的个人财产权利，在公民死亡时，由其继承人依法继承。

（2）公民的知识产权中的财产权利

①公民的著作权（版权）中的财产权利。依照《中华人民共和国著作权法》的规定，著作权中的人身权和财产权包括：发表权、署名权、修改权、保护作品完整权、复制权、发行权、出租权、展览权、表演权、放映权、广播权、信息网络传播权、摄制权、改编权、翻译权、汇编权以及应当由著作权人享有的其他权利。

②公民的专利权中的财产权利。依照《中华人民共和国专利法》的规定，专利权人享有的财产权利包括：专利权人对其专利的所有权；专有制造、使用、销售其专利产品或专有其本人使用专利方法的权利；转让其专利申请权或专利权的权利；依照法律规定的程序准许他人实施自己的专利并收取专利使用费的权利；在其专利有效期限内对未经自己许可而制造、使用、销售属于自己所有的专利产品或使用自己所有的专利使用方法的单位或个人要求赔偿损失的权利。

③公民的商标专用权中的财产权利。依据《中华人民共和国商标法》的规定，商标权人所享有的财产权利包括：商标专用权、转让商标的权利、使用许可权。

④公民的技术秘密权中的财产权利。包括：技术方案、产品制造方法、产品配方等。

（3）公民的债权和债务

①因合同而产生的债权和债务。根据《中华人民共和国合同法》的规定，公民作为合同当事人的一方，享有合同中约定的债权。当公民死亡时，其合法享有的合同债权可以作为遗产转移给他的继承人。但是，下列合同中的债权不能继承：

第一，与合同当事人的人身密切联系的权利与义务。

第二，房屋租赁合同中，单个公民享有承租权和全体家庭成员共同享有承租权不能作为遗产继承。

第三，指定了第三人为受益人的人身保险合同中的受益权不能作为遗产。

②因侵权行为而产生的债权或债务。根据《中华人民共和国侵权责任法》的规定，公民因人身权和财产权受到侵害而产生的债权或债务，属于公民个人的债权和债务范围。当公民死亡时，因侵权行为产生的债权和债务可以作为遗产转移给他的继承人。

③因不当得利而产生的债权和债务。根据《中华人民共和国民法通则》的规定，公民基于不当得利而产生的债权和债务，当公民死亡时，其债权和债务可以作为遗产转移给他的继承人。

④因无因管理而发生的债权或债务。根据《中华人民共和国民法通则》的规定，公民基于无因管理而产生的债权和债务，当公民死亡时，其债权和债务可以作为遗产转移给他的继承人。

⑤因单方法律行为所生之债中的债权和债务。根据《中华人民共和国民法通则》的规定，公民基于单方法律行为而产生的债权和债务，当公民死亡时，其债权和债务可以作为遗产转移给他的继承人。

（4）公民的其他合法财产

根据我国的相关法律规定，“公民的其他合法财产”包括：第一，公民持有的有价证券。第二，复员、转业军人享有的资助金、复员费、转业费、医疗费。如果复员、转业军人的上述费用已全部用于家庭共同生活，就只能按家庭共有财产对待，而不能再追索回来作为遗产继承。第三，公民的离退休金和养老金。第四，因工伤残抚恤费和革命残废军人抚恤费。第五，公民的最低社会保障金。

【分析】上述案例中，所涉及的单位职工对国有房屋的承租权，不属于公民个人财产的范围，当然，也不属于遗产，不能由其继承人基于继承关系而取得该项承租权。

（三）遗产继承人

【案例】公民王海生和蒋玉芬因车祸死亡，留下未成年女儿王珊珊。王珊珊由蒋玉芬的妹妹蒋玉芳照顾其生活。为了王珊珊的生活和学习需要，蒋玉芳将王海生和蒋玉芬留下的一处房产卖掉，所得款项由蒋玉芳管理使用。王海生的哥哥王海林对蒋玉芳出卖王海生和蒋玉芬的房产并管理使用卖房款提出异议，并向法院起诉要求撤销蒋玉芳的监护人资格及卖房行为。

该案例涉及的法律问题是：遗产继承人的监护人可否处分继承人所继承的遗产。

【原理】遗产继承人，作为财产继承法律关系的权利主体，是指依照继承法的规定或被继承人所立遗嘱的指定而取得被继承人遗产的人。

1. 遗产继承人的特点

第一，能够作为继承人的仅限于公民（自然人）。我国继承法第十条规定：配偶、子女、父母、兄弟姐妹、祖父母、外祖父母，对公、婆或者岳父、岳母尽了主要赡养义务的丧偶儿媳与丧偶女婿，均可作为法定继承人。第六条规定：公民可以立遗嘱将个人财产指定由法定继承人的一人或数人继承。

第二，继承人取得继承权时必须具有继承能力。继承人的继承能力，是继承人取得继承权的权利能力，亦即取得继承权的资格。开始时继承人必须生存。

第三，继承人行使继承权时不受有无行为能力的限制。被继承人死亡时，凡尚生存的继承人（除丧失继承权者外）都可依法取得遗产，而不问其行为能力如何。无论是无行为能力人，或是限制行为能力人，或是完全行为能力人，都无一例外可在法律允许的条件下行使继承权。至于继承权的具体行使方式，可因继承人行为能力的不同而有所差别。

第四，继承人的继承权可以放弃或丧失。继承人的继承权是只有财产性质的，而非人身专属性质的，因此可以由继承人本人根据其意愿而放弃，或者因继承人对被继承人和其他继承人犯有某种特定的罪行或违法行为而丧失其继承权。

2. 继承人的种类

根据继承方式的不同，可将继承人分为两类，即法定继承人和遗嘱继承人。这两类继承人各自取得继承权的根据是有所不同的，其继承权的实现方式也有较大的差别。

（1）法定继承人

法定继承人，是指依照继承法规定的范围和顺序直接承受被继承人遗产的继承人。

第一，法定继承人取得继承权的根据是继承法的直接规定。

第二，法定继承人的范围通常以继承人与被继承人之间既存的婚姻、血缘和家庭关系为限。

第三，法定继承人依一定先后顺序继承遗产。

第四，法定继承人的法律地位在一定情况下可以替代，如法定继承的代位继承。

（2）遗嘱继承人

遗嘱继承人，是指按照被继承人所设立的合法有效的遗嘱而直接承受遗产的人。由于遗嘱继承人是遗嘱人在遗嘱中所指定的继承人，因而又称之为指定继承人。

第一，遗嘱继承人取得继承权的根据是被继承人所设立的合法有效的遗嘱。

第二，遗嘱继承人的范围往往不受法定继承人范围的限制。

第三，遗嘱继承人继承遗产时不受法定继承顺序的限制。

第四，遗嘱继承人取得遗产的法律地位一般不能被替代，即不允许代位继承。

3. 继承人所享有的继承权

（1）完全民事行为能力人对继承权的行使

有完全民事行为能力的公民可以按照自己的意愿决定接受或者放弃继承权；有权参与遗产的分配、处理；当继承权受侵犯时，可独立地提起诉讼，以保护自己的继承权。

（2）限制民事行为能力人对继承权的行使

我国继承法第六条第二款规定："限制行为能力人的继承权、受遗赠权，由他的法定代理人代为行使，或者征得法定代理人同意后行使。"

《最高人民法院关于贯彻执行〈中华人民共和国继承法〉若干问题的意见》第八条指出："法定代理人代理被代理人行使继承权、受遗赠权，不得损害被代理人的利益，法定代理人一般不能代理被代理人放弃继承权、受遗赠权。明显损害被代理人利益的，应认定其行为无效。"只有在接受继承显然不利于限制民事行为能力人的利益时，如遗产中的债务超过了财产所有权和债权的标的价值，其法定代理人方可代其作出放弃继承的意思表示。限制民事行为能力人本人行使继承权时，必须征得其法定代理人的同意，以保证其利益不致受到损害。

（3）无民事行为能力人对继承权的行使

无民事行为能力人的一切民事活动，应统一由其法定代理人代理。无民事行为能力人的代理人在代理行使继承权时，必须维护无民事行为能力人的合法利益。在排除了对无民事行为能力人有重大不利的情况时，法定代理人不得代理无民事行为能力人作出放弃继承的意思表示；已经作出的，也不发生法律效力。法定代理人代行继承权时，不得以任何方式损害无民事行为能力人的利益，更不得滥用代理权。

【分析】上述案例中，蒋玉芳为了保障遗产继承人王珊珊的正常生活和学习需要而处分王海生和蒋玉芬的遗产，属于法定代理人合法行使继承人王珊珊的继承权，其行为应当受到保护；对王海林的诉讼主张，人民法院应予以驳回。

（四）继承权

继承权是指公民依照法律的规定或者被继承人生前立下的合法有效的遗嘱而承受被继承人遗产的权利。

1. 继承权的法律性质的体现

第一，继承权的享有者一般只能是公民。

第二，继承权的发生根据是法律的直接规定或合法有效的遗嘱。

第三，继承权的客体只能是财产。

第四，继承权的实现以被继承人死亡并留有遗产为前提。

第五，继承权的接受和放弃取决于继承人的主观意志。

2. 继承权

继承权在内容上包含三个方面的具体权利：接受或放弃继承遗产的权利；取得遗产的权利；继承权受侵犯时的恢复请求权。

（1）接受或放弃继承遗产的权利

接受继承遗产的权利，是指继承人有权就同意接受被继承人的遗产做出的意思表示。放弃继承遗产的权利，是指继承人有权就不接受被继承人的遗产做出的意思表示。

（2）取得遗产的权利

取得遗产的权利，是指继承开始后，继承人没有丧失继承权并表示了接受继承，即有权直接参加遗产分割，依法律规定或按照合法有效的遗嘱取得被继承人遗产中应当由其继承的份额。

3. 继承权受侵害时的恢复请求权

继承权受侵害时的恢复请求权，是指当继承权受到不法侵害时，继承人有权直接向侵权人提出恢复继承权原状、返还遗产、赔偿损失或者请求人民法院给予法律保护，强制侵权人恢复继承权未被侵害时的原状，返还被侵占的遗产或者赔偿继承人遭受的损失。

继承恢复请求权，包括两方面的内容：一是请求确认继承人的合法继承资格；二是请求返还他应得的遗产。

保护继承恢复请求权的诉讼时效。为了有效、及时地保护继承人的财产继承权，法律上专门规定了保护继承恢复请求权的诉讼时效。按照这种时效制度的要求，当继承权受侵害时，继承人在法定的保护期限届满之前，有权向人民法院提起保护继承恢复请求权的诉讼；当法定的保护期限届满之后，继承人就丧失了请求人民法院通过诉讼保护其继承恢复请求权的权利。我国继承法和《最高人民法院关于贯彻执行〈中华人民共和国继承法〉若干问题的意见》的有关规定：

第一，在继承人知道或者应当知道其权利被侵犯的情况下，继承人在二年之内向人民法院提起诉讼请求，人民法院应当受理。

第二，在继承人不知道或者无法知道其权利被侵犯的情况下，继承人有权在自继承开始之日起二十年内向人民法院提起保护其继承权的诉讼。

第三，自继承开始之起的第十八年后至第二十年期间内，继承人才知道自己的权利被侵犯的，其提起诉讼的权利，应当在继承开始之日起的二十年之内行使，超过二十年的，不得再行提起诉讼。

第四，在诉讼时效期间内，由于不可抗力（如自然灾害等）致使继承人无法行使继承恢复请求权的，人民法院应按诉讼时效中止处理。从中止时效的原因消除之日起，诉讼时效期间继续计算。

第五，继承人在知道其权利受到侵犯之日起的二年之内，其遗产继承权纠纷确在人民调解委员会进行调解期间，可以按照中止诉讼时效处理。

第六，继承人因其继承权受到侵害而向侵权人提出返还遗产或赔偿损失的要求，或者向人民法院提起继承恢复请求权诉讼的，诉讼时效即为中断。从中断时起，已经过的时效统统归于无效，诉讼时效期间重新计算。

（五）遗产继承权的丧失

【案例】公民谷长生年逾八旬，在妻子去世后，与次子谷晓路共同生活。谷晓路常年在外地打工，谷长生的日常生活由儿媳吴跃华照料。谷长生因病长期卧床不起，吴跃华对公公的生活照料不周。谷长生去世后，长子谷越先与次子谷晓路发生继承纠纷，谷越先以谷晓路虐待父亲谷长生为由，主张谷晓路丧失继承权，父亲谷长生的全部遗产应由自己继承。

【原理】继承权的丧失，是指继承人因对被继承人或者其他继承人犯有某种罪行或者其他违法行为，而被依法取消其继承被继承人遗产的资格。

1. 继承权丧失的原因

关于继承权丧失的具体原因，我国继承法第七条规定，继承人有下列行为之一的，丧失继承权：

（1）故意杀害被继承人

继承人故意杀害被继承人，直接危害到被继承人的人身安全，本身就是一种最严重的犯罪行为。因而，无论继承人出于何种动机而故意杀害被继承人，也不论是既遂还是未遂，都将丧失继承权。在司法实际工作中，如果遇有某继承人由于过失而使被继承人致死的，则不应确认该继承人丧失继承权。因为在这种情况下，继承人主观上并没有致被继承人于死亡的恶意，而是由于疏忽大意或轻信不会发生死亡后果而实施了某种行为。还需要指出的是，继承人故意杀害被继承人，无论是否已给予刑事处罚，都应确认其已丧失继承权。

（2）为争夺遗产而杀害其他继承人的

继承人为争夺遗产而杀害其他继承人，大体包括以下几种情况：

第一，同一继承顺序法定继承人中的一人或数人为争夺遗产而杀害其他法定继承人；

第二，第二继承顺序法定继承人中的一人或数人出于争夺遗产的动机而杀害第一继承顺序的法定继承人；

第三，法定继承人为争夺遗产而杀害遗嘱继承人；

第四，遗嘱继承人中的一人或数人为争夺遗产而杀害其他遗嘱继承人或其他法定继承人。

（3）遗弃被继承人或者虐待被继承人，情节严重的

遗弃被继承人，是指继承人对没有劳动能力和独立生活来源及独立生活能力的被继承人负有法定的抚养、扶养和赡养义务，但该继承人却拒绝履行其义务的行为。遗弃被继承人构成犯罪的，不仅取消其继承资格，而且还应给予刑罚制裁。至于继承人对有独立生活能力的被继承人未尽扶养、抚养和赡养义务，或者继承人本人也没有独立生活能力，无法履行应承担的义务，则不能认为是遗弃。此外，还要将因被继承人的过错而引起的继

承人与之分居、来往不密切行为同遗弃行为区别开来。

虐待被继承人，一是指继承人在被继承人生前对其经常进行肉体摧残或精神折磨。在司法实践中，只有虐待被继承人情节严重的才能确认其丧失继承权。认定继承人虐待被继承人情节是否严重，应着重从继承人所实施虐待行为的时间、手段、后果以及社会影响等方面考虑。在认定时还应注意将继承人对被继承人不够尊敬、照顾不周或相互间偶有口角的行为同虐待行为相区别。前者显然不能认定其丧失继承权。还应明确的是，虐待被继承人情节严重的，不论是否追究其刑事责任，都不影响对其丧失继承权的确认。

（4）伪造、篡改或者销毁遗嘱，情节严重的

伪造、篡改或者销毁遗嘱，是指继承人为达到争夺或独吞遗产的卑鄙目的而歪曲或者破坏被继承人关于遗产处分的真实意愿的非法行为。伪造遗嘱，是指被继承人生前并未立遗嘱处分自己的遗产，但继承人为争夺或独吞遗产却以被继承人的名义制造虚假的遗嘱。篡改遗嘱，是指继承人发现被继承人所立遗嘱的内容对自己不利，而擅自改变或歪曲原遗嘱的内容，如更改遗嘱继承人或变动遗产分配数额等等。销毁遗嘱，是指继承人为达到争夺或独吞遗产的目的而将被继承人所立遗嘱完全破坏、毁灭的行为。上述三种行为，都根本违背了被继承人的真实意愿，侵害了其他继承人和受遗赠人的合法权益，如果情节严重的，应当确认其丧失继承权。这里的"情节严重"，是指继承人"伪造篡改或者销毁遗嘱，侵害了缺乏劳动能力又无生活来源的继承人的利益，并造成其生活困难的情况"。

2. 继承权丧失的种类

继承权的丧失可分为两种类型：

（1）继承权的相对丧失

继承权的相对丧失，又称为继承权非终局丧失。这是指当可能引起继承权丧失的法律事实发生之后，依照法律规定虽然应确认某继承人丧失继承权，但如果被继承人对其行为明确表示给予宽恕，则可不确认其丧失继承权或者恢复其继承权。我国继承法中，虽然没有明确规定继承权的丧失

是否为相对丧失，但《最高人民法院关于贯彻执行〈中华人民共和国继承法〉若干问题的意见》第十三条已经指出：“继承人虐待被继承人情节严重的，或者遗弃被继承人的，如以后确有悔改表现，而且被虐待人、被遗弃人生前又表示宽恕，可不确认其丧失继承权。”这样规定不仅利于帮助和教育犯有罪错的继承人深刻认识和彻底纠正其违法行为，促进家庭团结和睦，而且也体现了法律对被继承人意志的尊重。

（2）继承权的绝对丧失

继承权的绝对丧失，又称为继承权的终局丧失。它是指可能引起某一继承人的继承权丧失的法律事实发生之后，该继承人便永远不再享有对特定被继承人遗产的继承权。

根据《最高人民法院关于贯彻执行〈中华人民共和国继承法〉若干问题的意见》的精神，如果继承人故意杀害被继承人，或为争夺遗产而杀害其他继承人，则属于继承权的绝对丧失，无论被继承人宽恕与否，都应确认其丧失继承权。

3. 继承权丧失的确认

首先，丧失继承权的法定事由一旦出现，特定的继承人即自然丧失继承权。

我国继承法第七条明确规定了丧失继承权的四项法定事由，即故意杀害被继承人的，为争夺遗产而杀害其他继承人的；遗弃被继承人或者虐待被继承人，情节严重的；伪造、篡改或者销毁遗嘱，情节严重的。

其次，因丧失继承权问题发生诉讼，由人民法院依法确认是否丧失继承权。

在继承开始之后，若干继承人之间可能会因为其中的一人或数人曾经对被继承人或者其他继承人犯有某种刑事罪或进行过可能导致继承权丧失的违法行为，以致发生丧失继承权的纠纷，甚至诉讼到人民法院。由于丧失继承权的纠纷涉及公民对特定被继承人遗产的继承资格的存在与否问题，直接影响到其经济利益，因而在这种情况下就只能由人民法院根据客观事实和继承法的有关规定，判决确认某一继承人或某几个继承人是否丧失继承权。除人民法院外，其他社会组织或个人无权确认公民继承权的丧失。

4. 继承权丧失的效力

继承权丧失的时间效力是指继承权丧失后在时间上的追溯力，即从何时开始丧失继承权。

继承权丧失对人的效力，包括三方面内容：

第一，对被继承人享有的继承权丧失后，继承人还享有对其他被继承人遗产的继承权。

第二，丧失了继承权的继承人的晚辈直系血亲不能代位继承。

《最高人民法院关于贯彻执行〈中华人民共和国继承法〉若干问题的意见》第28条指出："继承人丧失继承权的，其晚辈直系血亲不得代位继承。如该代位继承人缺乏劳动能力又没有生活来源，或对被继承人尽赡养义务较多的，可适当分给遗产。"

第三，继承权的丧失对取得遗产的善意第三人利益的影响。

【分析】在上述案例中，谷晓路和吴跃华对谷长生的生活照料虽有不周，但不构成虐待谷长生的情节。根据我国继承法的规定，谷晓路并未丧失对谷长生遗产的继承权。谷越先以谷晓路丧失继承权为由，主张由其一人继承谷长生的全部遗产，是没有法律依据的。

二、法定继承

（一）法定继承

法定继承是指根据法律规定的继承人范围、继承顺序和遗产分配方法，将被继承人的遗产移转给法定继承人和其他遗产取得人的继承方式。法定继承方式是我国继承法所规定的基本继承制度之一。

我国继承法第二章全面规定了法定继承人的范围、继承顺序、法定继承方式中的遗产分配规则、代位继承以及法定继承方式中继承纠纷的处理原则等内容。

法定继承方式是与遗嘱继承方式相对应的两种继承方式之一。在法定继承与遗嘱继承两种方式同时存在时，继承法第二十七条规定：“有下列情形之一的，遗产中的有关部分按照法定继承办理：遗嘱继承人放弃继承或者受遗赠人放弃受遗赠的；遗嘱继承人丧失继承权的；遗嘱继承人、受遗赠人先于遗嘱人死亡的；遗嘱无效部分所涉及的遗产；遗嘱未处分的遗产。”

（二）法定继承人的范围

我国继承法确定的法定继承人是：配偶、子女、父母、兄弟姐妹、祖父母、外祖父母，以及对公、婆或岳父母尽了主要赡养义务的丧偶儿媳与丧偶女婿。

1. 配偶

配偶是处于合法婚姻关系中的夫妻相互间的称谓，丈夫以妻子为配偶，妻子以丈夫为配偶。配偶互有继承权的根据，是双方存在着的合法夫妻关系。

第一，配偶的继承权取决于男女双方存在合法的夫妻关系。

当被继承人死亡时，只有同被继承人存在着合法夫妻关系的人才能以配偶的身份继承被继承人的遗产。如果在被继承人死亡前彼此根本不存在夫妻关系，则无权以配偶身份参加继承。

第二，已领取结婚证而尚未共同生活的男女双方的继承权问题。

法律上认定夫妻关系的成立与否，首先要根据男女双方是否履行了结婚的法律手续即领取结婚证这样一个法律事实。至于双方在登记结婚后出于种种考虑而暂时尚未共同生活，并不影响婚姻效力。已领取结婚证而尚未共同生活的男女双方，在法律上彼此已具有合法的夫妻关系，其作为配偶的法律地位是为法律所承认并加以保护的。当一方死亡时，生存的一方有权以配偶的身份继承死者的遗产。

第三，事实婚姻情况下男女双方的继承权问题。

事实婚姻是相对于合法婚姻而言的。它是指没有配偶的男女，未进行结婚登记便以夫妻关系同居生活，且群众也视其为夫妻关系的两性结合。关于事实婚姻的效力问题。根据婚姻法及有关规定，在1994年2月1日民政部《婚姻登记管理条例》公布实施以前，只要符合结婚实质要件的男女以夫妻名义共同生活，一方死亡的，另一方可以事实婚姻的配偶身份享有继承权；在 1994 年 2 月 1 日民政部《婚姻登记管理条例》公布实施以后，没有补办结婚登记手续的共同生活的男女，一方死亡的，另一方不可以配偶身份享有继承权。

第四，旧社会形成的一夫多妻家庭中妻妾的继承问题。

如果确系旧社会形成的一夫多妻家庭，丈夫与妻、妾具有同等的夫妻权利义务关系。当丈夫死亡时，妻、妾都有权以配偶身份继承丈夫的遗产。至于妻、妾之间有无继承权问题，我们认为，妻、妾并非法律上所指的配偶关系，当然无权互相继承遗产。但如果妻、妾与丈夫共同生活时间较长，妻、妾彼此间也有互相照料的事实，则当妻或妾死亡时，应参考我国继承法第十四条规定的精神，可分给其适当遗产。

第五，尚未脱离夫妻关系的分居者的继承权问题。

在夫妻关系存续期间，配偶之间因种种原因而分居但尚未依法定程序离婚的，则原婚姻效力继续存在。一方死亡时，对方仍有资格作为继承人行使继承权。还有一种情况，夫妻一方向人民法院提起离婚诉讼，人民法院尚未作出离婚判决或者一审人民法院虽已作出离婚判决，但另一方提出上诉，在此期间，双方仍然存在合法夫妻关系，如果一方死亡时，生存的一方有权以配偶的身份对死者的遗产主张继承权。

2. 子女

子女是父母的亲等中最近的晚辈直系血亲，父母与子女之间存在着最为特殊的人身关系和财产关系。

根据我国继承法的规定，子女作为法定继承人时，不分性别、长幼，亦不论婚生子女、非婚生子女或养子女、继子女，均有权继承父母的遗产。继承法第十条中规定："本法所说的子女，包括婚生子女、非婚生子女、养子女和有扶养关系的继子女。"据此可以认为，婚生子女、非婚生子女、养子女与有扶养关系的继子女，都享有对父母遗产的继承权。

3．父母

父母与子女之间是血缘关系最近的直系血亲，彼此具有密切的人身关系和财产关系，由此决定了父母与子女在遗产问题上互有继承权。

法律上所规定的父母子女关系，包括亲生父母子女、养父母子女和有扶养关系的继父母子女。因而，在遗产继承方面，生父母、养父母和有扶养关系的继父母，均有对其亲生子女、养子女和有扶养关系的继子女的遗产的继承权。我国继承法第十条在确认父母作为法定继承人时明确规定：“本法所说的父母，包括生父母、养父母和有扶养关系的继父母。”

4．兄弟姐妹

兄弟姐妹之间存在着较为密切的关系。首先，从血缘关系来看，兄弟姐妹之间虽然属于旁系血亲，但却是旁系血亲中亲等最近的亲属。其次，从实际生活中的相互关系来看，兄弟姐妹一般都在家庭中共同生活多年，生活上互相照顾，经济上互相帮助，精神上互相慰藉。再次，从法律义务看，我国婚姻法第二十三条规定：“有负担能力的兄、姊，对于父母已经死亡或父母无力抚养的弟妹，有抚养的义务。”基于上述原因，我国继承法将兄弟姐妹列为法定继承人，规定他们之间互相享有取得对方遗产的权利。这项规定，既符合我国人民长期以来形成的良好道德风尚，又有利于促进兄弟姐妹之间的和睦团结。

依照我国继承法的规定，作为法定继承人的兄弟姐妹，包括同父母的兄弟姐妹、同父异母或者同母异父的兄弟姐妹、养兄弟姐妹及有扶养关系的继兄弟姐妹。至于堂兄弟姐妹、表兄弟姐妹，或者结拜关系的兄弟姐妹（又称干兄弟姐妹），则不享有继承权。

《最高人民法院关于贯彻执行〈中华人民共和国继承法〉若干问题的意见》第23条指出：“养子女与生子女之间、养子女与养子女之间，系养兄弟姐妹，可互为第二顺序继承人。被收养人与其亲兄弟姐妹之间的权利义务关系，因收养关系的成立而消除，不能互为第二顺序继承人。”《最高人民法院关于贯彻执行〈中华人民共和国继承法〉若干问题的意见》第24条中指出：“继兄弟姐妹之间的继承权，因继兄弟姐妹之间的扶养关系而发生。

没有扶养关系的，不能互为第二顺序继承人。”

5. 祖父母、外祖父母

我国继承法将祖父母、外祖父母列为其孙子女、外孙子女的第二顺序法定继承人，其主要立法理由在于如下几个方面：

第一，祖父母、外祖父母与孙子女、外孙子女之间是除父母子女以外的最近的直系血亲，彼此的血缘联系较为密切，应赋予其对孙子女、外孙子女遗产的继承权。

第二，尊老爱幼、养老育幼一直是中华民族的传统美德，在遗产继承制度方面亦应有所反映和体现。特别是遇到祖父母、外祖父母对孙子女、外孙子女的遗产继承问题时，也应如此。

第三，在现实生活中，祖父母、外祖父母与孙子女、外孙子女共同生活的情况很普遍，彼此形成抚养、赡养关系的亦屡见不鲜。赋予祖父母、外祖父母对孙子女、外孙子女遗产的继承权，有利于发挥家庭职能，促进家庭关系的和睦团结。

第四，祖父母、外祖父母与孙子女、外孙子女间在一定条件下具有法律上的权利义务关系。我国婚姻法第二十二条明确规定：“有负担能力的祖父母、外祖父母，对于父母已经死亡的未成年的孙子女、外孙子女，有扶养义务。有负担能力的孙子女、外孙子女，对于子女已经死亡的祖父母、外祖父母，有赡养的义务。”祖父母、外祖父母与孙子女、外孙子女间的抚养、赡养关系，为他们相互间享有继承权提供了前提。祖父母、外祖父母依法可以直接作为孙子女、外孙子女的第二顺序法定继承人，而孙子女、外孙子女则可通过代位继承的方式取得其祖父母、外祖父母的遗产。祖父母、外祖父母作为其孙子女、外孙子女的法定继承人时，其范围不仅包括生祖父母和生外祖父母，而且也包括养祖父母和养外祖父母，以及形成实际扶养关系的继祖父母和继外祖父母。

6. 对公、婆或岳父母尽了主要赡养义务的丧偶儿媳与丧偶女婿

我国继承法将上述司法审判实践经验加以规范化、法律化，在该法第十二条中明确规定：“丧偶儿媳对公、婆，丧偶女婿对岳父、岳母，尽了主

要赡养义务的，作为第一顺序继承人。”

丧偶儿媳和丧偶女婿对公、婆和岳父母遗产享有继承权的法律要求是：

第一，丧偶儿媳和丧偶女婿应对公、婆、岳父母尽了主要赡养义务，才能作为第一顺序法定继承人。所谓“尽了主要赡养义务”，包括两种形式：其一是指丧偶儿媳或丧偶女婿为公、婆或岳父母的生活提供了主要经济来源，如货币形式或实物形式的物质生活资料；其二是丧偶儿媳或丧偶女婿在日常生活方面为公、婆或岳父母提供了主要的劳务扶助，如照料、服侍等。只要以其中一种方式尽主要赡养义务的，便可作为第一顺序法定继承人。

第二，丧偶儿媳和丧偶女婿对其公、婆、岳父母遗产的继承权，具有独立的性质，可以作为第一顺序法定继承人直接、独立地参加继承，既不受其子女是否代位继承的限制，也不影响其子女的代位继承权。丧偶儿媳的丈夫或丧偶女婿的妻子先于公、婆或岳父母死亡时，其子女可以代位继承祖父母、外祖父母的遗产。在这种情况下，其子女是否代位继承并不影响丧偶儿媳或丧偶女婿对公、婆或岳父母遗产的继承权，反之亦然。因为丧偶儿媳、丧偶女婿与其子女一样，都是以独立的继承人身份参加继承的。

第三，丧偶儿媳和丧偶女婿对公、婆、岳父母遗产的继承权，同他们再婚与否没有关系。丧偶儿媳和丧偶女婿是否再婚，是他们自己的人身权利，与是否继承公、婆、岳父母的遗产不发生影响。只要丧偶儿媳和丧偶女婿对其公、婆、岳父母尽了主要赡养义务的，就应依法享有继承权。实际生活中那种以丧偶儿媳和丧偶女婿再婚为理由而否认、排斥他们继承公、婆、岳父母遗产的做法是违法的。

第四，丧偶儿媳和丧偶女婿在依法继承了其公、婆、岳父母的遗产后，仍有权继承其父母之遗产。儿媳、女婿与公、婆、岳父母发生的姻亲关系，并没有终止他们与其父母间原有的亲子关系的法律效力，儿媳、女婿与其父母之间仍然保留着父母子女间的权利和义务。因此，儿媳、女婿是否取得公、婆、岳父母的遗产，都不影响其对父母遗产的继承权。

（三）法定继承人的继承顺序

我国继承法第十条中明确规定："遗产按照下列顺序继承：第一顺序：配偶、子女、父母。第二顺序：兄弟姐妹、祖父母、外祖父母。继承开始后，由第一顺序继承人继承，第二顺序继承人不继承。没有第一顺序继承人继承的，由第二顺序继承人继承。"该法第十二条又规定："丧偶儿媳对公、婆，丧偶女婿对岳父、岳母，尽了主要赡养义务的，作为第一顺序继承人。"

（四）法定继承中遗产如何分配

我国继承法第十三条明确规定了法定继承方式中的遗产分配原则。

1. 一般情况下应当均等分配遗产

所谓"一般情况"，是指同一顺序的各个法定继承人，在生活状况、劳动能力及对被继承人所尽赡养义务等方面，情况基本相同、条件大体相近。例如，被继承人的几个子女均已独立生活且生活状况基本相当，都有劳动能力和生活来源，对被继承人所尽赡养义务的多少相差无几。因此，不能在遗产分配数额方面出现过大差别。

2. 特殊情况下可以不均等分配遗产

（1）对生活有特殊困难的缺乏劳动能力的继承人，分配遗产时应当予以照顾。

属于这种特殊情况的继承人，必须同时具备两个条件，即"生活有特殊困难"与"缺乏劳动能力"，两者缺一不可。"生活有特殊困难"是指继承人没有独立生活来源或者其他经济收入而难以维持其最起码的物质生活水平。"缺乏劳动能力"，则是指继承人尚无劳动能力或因年迈、疾病、伤残等原因而丧失或部分丧失劳动能力的情况。处于这种情况下的继承人，当分配遗产时，必须给予照顾，在取得遗产份额上应多于其他继承人。

（2）对被继承人尽了主要扶养义务或者与被继承人共同生活的继承人，分配遗产时可以多分。

所谓"对被继承人尽了主要扶养义务"是指对被继承人生活提供了主

要的经济来源，或在劳务等方面给予了主要扶助。因此，在分配遗产时多分给他一些是合情合理的，也完全符合我国继承法的基本原则。

与被继承人共同生活的继承人，由于他们与被继承人在物质生活、劳动服务或精神慰藉等方面彼此发生着紧密的联系，所以，他们在分配遗产时可以取得较多的份额。

上述两种继承人，依法“可以”多分得遗产，但并不是不考虑其他任何因素而必须多分。例如，在第一顺序法定继承人中，不仅包括上述两种继承人，而且还包括生活有特殊困难的缺乏劳动能力的人，属于依法应当予以照顾的。因而在分配遗产时，如果遗产数量不多，则必须先多分给生活有特殊困难的缺乏劳动能力的继承人。至于对被继承人尽了主要扶养义务或者与被继承人共同生活的继承人，则可能仅取得较少的遗产份额。

（3）有扶养能力和扶养条件的继承人，不尽扶养义务的，分配遗产时，应当不分或者少分。

继承人与被继承人之间都存在着法律上的权利义务关系，如抚养、扶养、赡养关系，它们也可统称为“扶养”关系。如果继承人有扶养能力和扶养条件，且被继承人又需要接受继承人的扶养，但继承人却不尽扶养义务，因而，在分配被继承人的遗产时，就不应当分给这类继承人任何遗产，或者分给其极少部分的遗产份额。

但是，在适用这一条法律规定时，应当注意区分以下情况。

被继承人确实需要接受继承人的扶养，继承人也愿意对被继承人进行扶养，但由于继承人本身亦属于生活特殊困难的缺乏劳动能力的人，因而无法满足被继承人的扶养需要。对于这种继承人，在分配遗产时，就不应当取消或减少他们应得的遗产份额。

被继承人有独立生活来源，并不需要他人扶养。在这种情况下，继承人虽然有扶养能力和扶养条件，亦愿尽扶养义务，但由于被继承人明确表示不需要该继承人提供生活来源和劳务，则分配遗产时也不能因此而取消或减少该继承人应得的遗产份额。

（4）经继承人协商同意的，也可以不均等分配。

继承人之间条件大体相当，本可对被继承人的遗产进行平均分配，但如果继承人之间经过自愿协商，同意对被继承人遗产作不均等分配，对此法律是不予干预的，充分尊重继承人行使其继承权。这项法律规定，体现了我国继承法贯穿的互助互让、团结和睦原则。

（五）法定继承人以外的遗产取得人

继承人之外的遗产取得人，是指继承人以外的依照继承法的规定取得被继承人遗产的公民。

1. 继承人之外的遗产取得人的法律地位

根据我国继承法第十四条的规定而取得遗产的人，享有对被继承人遗产的独立权利，而不是依附于继承人之继承权的从属权利。因而，当被继承人死亡时，继承人之外的遗产取得人就有权亲自或由其法定代理人主张取得被继承人的适当遗产份额；如果继承人之外的遗产取得人的该项权利受到他人的侵害，不论这种侵害来自何人（包括继承人或其他任何单位与个人），他都有权以独立的诉讼主体资格向人民法院提起诉讼，请求人民法院强制侵权行为人返还被其侵占的遗产或排除妨害，以保护自己的合法权益。

继承人之外的遗产取得人同被继承人的法定继承人都有权以独立权利主体资格依法取得被继承人的遗产，彼此的法律地位是平等的。

2. 继承人之外的遗产取得人的种类

（1）依靠被继承人生前扶养的人

所谓依靠被继承人生前扶养，并不是指该被扶养人与被继承人之间存有法律规定或合同约定的扶养与接受扶养的权利义务关系，而是被继承人出于高尚的社会主义道德对被扶养人所进行的扶助、养育。这种扶养是无条件的，并且是不受期限长短限制的。因而，当被继承人死亡时，从其遗产中分出适当部分给这类曾依靠被继承人扶养的人，是完全符合被继承人生前愿望的。

（2）缺乏劳动能力

被扶养人缺乏劳动能力有两种情况：一是因其尚未成年而不具备劳动能力：二起因其年迈体衰或者病残而丧失了原有的劳动能力。被扶养人“缺乏劳动能力”的状况仅限于被继承人死亡的当时。如果分割遗产时，被扶养人已经成年且有了劳动能力或病愈而恢复了劳动能力，则不得以依靠被继承人生前扶养之人的身份要求取得被继承人的遗产。

（3）没有生活来源

公民依靠被继承人生前对其进行扶养的根本原因，是他没有生活来源。也就是说，除社会救济外，没有被继承人的扶助，该公民就无法取得生活来源。

（4）对被继承人生前扶养较多的人

对被继承人生前扶养较多的人，是指在被继承人生前对其进行物质帮助、生活照料和精神慰藉的继承人之外的公民。能够作为这类遗产取得人的，必须确实对被继承人进行了扶养。

法定继承人之外的公民同被继承人之间并不存在法律上的权利义务关系，他对被继承人的扶养完全是出于社会主义道德的要求。确实对被继承人进行扶养的主要表现为：向被继承人提供物质生活资料，对其进行日常生活的照料，对被继承人生前进行精神慰藉。如果未对被继承人进行过任何扶养，当然也就无权取得其遗产。

3. 继承人之外的遗产取得人获得遗产的份额

我国继承法第十四条中规定了继承人之外的遗产取得人获得遗产份额的一般原则，即“可以分给他们适当的遗产”。首先，要考虑两种继承人之外的遗产取得人的不同情况。对依靠被继承人扶养的人来说，因其缺乏劳动能力又没有生活来源，所以，分给他的“适当的遗产”，应当能够满足其在分割遗产时的基本生活需要，以利于他解决生活上的困难；至于对被继承人生前扶养较多的人，则应参考他对被继承人进行扶养的实际状况而定。其次，要视被继承人所留遗产的数量而定。

（六）代位继承

代位继承，是指被继承人的子女先于被继承人死亡时，由被继承人子女的晚辈直系血亲代替先亡的长辈直系血亲继承被继承人遗产的一项法定继承制度。先于被继承人死亡的子女称为被代位继承人，代替被代位继承人取得遗产的晚辈直系血亲，称为代位继承人。由于代位继承不是由继承人直接亲自继承，而是由继承人的晚辈直系血亲取得被继承人的遗产，因而代位继承又称为“间接继承”。

代位继承的法律要求是：

第一，代位继承的发生，以被继承人的子女先于被继承人死亡的法律事实出现为前提。代位继承属于间接继承。如果被继承人的子女尚生存，则应由其本人直接行使继承权，而不发生由被继承人子女的晚辈直系血亲代位继承问题。

第二，被代位继承人必须是享有法定继承权的被继承人的子女或孙子女、外孙子女。代位继承人是代替先亡的继承人取得被继承人的遗产。而法律要求先亡的继承人即被代位继承人必须是享有法定继承权的被继承人的子女，其他任何继承人如父母、兄弟姐妹等不能作为被代位继承人。这是代位继承与一般法定继承的主要区别之一。

第三，代位继承只适用于法定继承。代位继承是依照法定继承方式中确定的继承人范围和继承顺序而取得被继承人的遗产，具有法律直接规定的性质，不允许他人变更，因而构成法定继承方式的一个内容。而在遗嘱继承中，则不适用代位继承。因为，遗嘱继承人只能是立遗嘱人在遗嘱中所指定的人，而遗嘱继承又必须以立遗嘱人死亡为开始生效的条件。在遗嘱继承人已经先于立遗嘱人死亡的情况下，他事实上还没有取得立遗嘱人在遗嘱中所指定的继承权利。所以，在遗嘱继承人先于立遗嘱人死亡后，其子女就不再享有代位继承权。

第四，代位继承人一般只能继承被代位继承人有权继承的遗产份额。代位继承的性质决定了代位继承人是代替先亡的长辈直系血亲取得被继承人的遗产。因而，在一般情况下，代位继承人不论人数多少，只能继承被代位继承人有权继承的遗产份额。

第五，代位继承人取得遗产时不受辈数限制。代位继承，是要弥补作为被继承人的晚辈直系血亲的缺额。因而，确定代位继承人时，不论其属于孙子女、外孙子女或者是属于曾孙子女、曾外孙子女，都有资格以代位继承人身份请求分割遗产。《最高人民法院关于贯彻执行〈中华人民共和国继承法〉若干问题的意见》第25条指出："被继承人的孙子女、外孙子女、曾孙子女、曾外孙子女都可代位继承，代位继承人不受辈数的限制。"

第六，养子女、形成扶养关系的继子女的生子女可代位参加继承。依照我国继承法第十条规定，作为被继承人子女的，不仅包括婚生子女、非婚生子女，而且还包括养子女和已形成扶养关系的继子女。由此也就决定了在代位继承时，不仅被继承人先亡的婚生子女与非婚生子女的晚辈直系血亲可代位参加继承，而且被继承人先亡的养子女和已经形成扶养关系的继子女的生子女，同样也能代位参加继承。

第七，代位继承人与其他继承人分割遗产时并不绝对均等。在代位继承人与其他继承人共同分割遗产的情况下，法律上虽然原则要求代位继承人一般只能继承应由父亲或母亲及祖父母、外祖父母继承的遗产份额。但是，如果代位继承人属于缺乏劳动能力又没有生活来源的，或者对被继承人尽过主要赡养义务的，在分割遗产时应当适当多分。

第八，被代位继承人丧失继承权时，并不绝对排斥其晚辈直系血亲取得被继承人的遗产。代位继承权的性质决定了被代位继承人因对被继承人或其他继承人犯有某种特定罪行或违法行为而丧失继承权时，其晚辈直系血亲就无权再以代位继承人的资格继承被继承人的遗产。但是，如果被代位继承人的晚辈直系血亲本身缺乏劳动能力且无生活来源，或者对被继承人尽过主要赡养义务，则法律上并不绝对排斥他们取得被继承人的遗产。

第九，丧偶儿媳和丧偶女婿作为法定继承人时不影响其子女代位继承。我国继承法第十二条规定：丧偶儿媳对公、婆，丧偶女婿对岳父、岳母，尽了主要赡养义务的，作为第二顺序法定继承人。在丧偶儿媳和丧偶女婿作为法定继承人时，由于他们是以独立的第一顺序法定继承人的身份继承遗产的，因而，无论他们再婚与否，并不妨碍或影响其子女代位继承。

（七）转继承

转继承，是指继承人在继承开始后、遗产分割前死亡，其所应继承的遗产份额转由其继承人承受的一项制度。被继承人死亡之后，由于种种原因，如料理丧事，继承人尚未全部知道被继承人死亡，遗产仍处在增加天然孳息和法定孳息阶段，被继承人的生存配偶与子女不希望立即分割遗产，等等，致使被继承人的遗产仅转变为继承人之间共有财产而没有具体分配各自所得。从被继承人死亡到遗产分割这一时期中，继承人中的一人或数人可能因疾病或意外事故而死亡。从法律上讲，此时的继承人已实际上享有了对被继承人遗产的继承权，所以，当该继承人死亡时，其继承人便有权依法取得原应由该继承人继承的遗产。

我国继承法虽然没有规定转继承问题，但是，《最高人民法院关于贯彻执行〈中华人民共和国继承法〉若干问题的意见》第52条指出："继承开始后，继承人没有表示放弃继承，并于遗产分割前死亡的，其继承遗产的权利转移给他的合法继承人。"

三、遗嘱继承

（一）遗嘱继承

遗嘱继承就是按照被继承人所立的合法有效的遗嘱而继承其遗产的继承方式。遗嘱继承是法定继承的对称，亦称"指定继承"。遗嘱继承是我国继承法所规定的两种继承方式之一。遗嘱继承的遗嘱，是指被继承人生前按照法律规定的方式对其财产所作的处分，而于死亡时发生效力的民事法律行为。立遗嘱的被继承人叫作立遗嘱人，依遗嘱而取得继承权的人叫作遗嘱继承人。

我国继承法第十六条第二款、第八款规定："公民可以立遗嘱将个人财产指定由法定继承人的一人或者数人继承”，“公民可以立遗嘱将个人财产赠给国家、集体或者法定继承人以外的人”。这一规定说明，我国遗嘱继承人的范围，仅仅限于法定继承人中的一人或者数人，如子女、父母、配偶、兄弟姐妹、祖父母、外祖父母、父母先死亡的孙子女、外孙子女，以及对公、婆、岳父母尽了主要赡养义务的丧偶的儿媳和丧偶的女婿等。被继承人可以把自己的财产留给上述法定继承人和代位继承人中的任何人，即在不违反继承法第十九条规定的情况下，既可以指定由其全部法定继承人继承他的遗产，也可把遗产的一部或全部不给有劳动能力的父母、配偶，而遗留给兄弟姐妹，也可以越过其子、女，把遗产直接遗留给孙子女或外孙子女。同时根据我国继承法第十六条第八款的规定，公民也有权把自己财产遗赠给国家、集体或法定继承人以外的人，这种人可能是与被继承人无任何亲属关系的公民。但国家集体或法定继承人以外的人，只能作为受遗赠人，而不能作为遗嘱继承人。

我国继承法第五条规定：“继承开始后，按照法定继承办理；有遗嘱的，按照遗嘱继承或者遗赠办理；有遗赠扶养协议的，按照协议办理。”这一规定表明，由于遗嘱继承是被继承人生前对个人财产所作的处分，直接表示了被继承人的愿望，所以其法律效力高于法定继承。具体规定是：

第一，只有被继承人生前未立有遗嘱，或者遗嘱按法律规定被确认为无效时，法定继承人的继承权才不受遗嘱的影响。否则法定继承人无权继承。

第二，被继承人在遗嘱中指定的只是遗产中的一部分，对于遗嘱中未处分的财产，应依法定继承方式，由法定继承人继承。

第三，当遗嘱继承人先于被继承人死亡或者遗嘱继承人放弃继承权时，遗嘱所指定的遗产才可由法定继承人继承。

（二）遗嘱的形式

遗嘱应依一定的形式而订立。遗嘱的形式是指遗嘱人表述自己意愿处分自己遗产的方式。由于遗嘱具有改变法定继承人范围、继承顺序和遗产份额以及设立遗赠、遗托的效力，对继承权的实际取得与丧失产生重大影响。所以法律要求遗嘱形式必须符合法律规定。我国继承法第十七条规定，合法有效的遗嘱形式有五种，即：公证遗嘱、自书遗嘱、代书遗嘱、录音遗嘱、口头遗嘱。

（三）公证遗嘱

公证遗嘱是指依公证方式所设立的遗嘱。公证遗嘱是方式严格、内容真实、证据力较强的一种遗嘱形式。我国继承法第十七条第一款规定："公证遗嘱由遗嘱人经公证机关办理"。这一规定说明公证遗嘱的法律效力及其必备的条件：

第一，国家提倡立遗嘱人用公证遗嘱形式设立遗嘱，因为公证遗嘱是由公证机关依据国家颁布的公证条例进行公证的，其效力大于书面遗嘱、录音遗嘱和口头遗嘱。在有条件的情况下，应尽可能采取公证遗嘱形式。

第二，办理遗嘱公证需要立遗嘱人亲自到其户籍所在地的公证机关申请办理，不能委托他人代理。如果遗嘱人因病或其他特殊原因不能亲自到公证机关办理遗嘱公证时，可要求公证机关派公证员前往遗嘱人所在地办理。《中华人民共和国公证暂行条例》第十六条规定："当事人申请公证，应当亲自到公证处提出书面或口头申请。如果委托别人代理的，必须提出有代理权的证件。但申请公证证明委托、声明书、收养子女、遗嘱、签名印鉴的，不得委托别人代理；当事人确有困难时，公证员可到当事人所在地办理公证事务。"

第三，依公证程序，遗嘱人要在公证员二人面前，亲笔书写遗嘱，并在遗嘱上签名盖章，注明年、月、日。公证人员要对遗嘱的真实性、合法性进行认真审查，如遗嘱人有无行为能力、是否出于遗嘱人的真实意愿、有无重大误解或被他人强迫、欺诈等情况；遗嘱内容有无违背国家政策、法律和社会公德，以及有无损害未成年人和无劳动能力继承人的合法权益的情况，等等。在确认其有效性以后，由公证员出具《遗嘱公证书》附在遗嘱后面。如果遗嘱人不识字或因病不能亲笔书写时，也可以向公证机关口述遗嘱，由公证员二人在场，并由其中一人作出记录，整理成书面遗嘱后向遗嘱人宣读，在遗嘱人认定无误后，由记录的公证员二人和遗嘱人签名，注明地点和年、月、日。经过当事人申请，公证机关可以代为保管遗嘱。遗嘱人也可以自己保存经过公证的遗嘱。公证人员在遗嘱执行以前有为遗嘱人保守秘密的义务。

（四）自书遗嘱

自书遗嘱是指由遗嘱人亲笔书写，不需要见证人在场见证，即发生继承的法律效力的遗嘱。由于自书遗嘱不需要有见证人，而且遗嘱人只要粗通文字，就可以根据自己意志随时设立遗嘱，既简便易行，又节省费用，同时又可以保守秘密。因此，我国继承法把自书遗嘱作为法定形式之一。继承法第十七条第二款规定："自书遗嘱由遗嘱人亲笔书写，签名，注明年、月、日"。

根据这一规定，设立自书遗嘱必须具备下列条件：

第一，自书遗嘱，应由遗嘱人亲笔书写遗嘱全文，委托他人代写、记录，或者用铅印、打字等印制的遗嘱，均不应认为是自书遗嘱。同时自书遗嘱应是正式的，对遗嘱人生前在日记或信件中所涉及的关于自己死后财产如何处理的打算，不应视为自书遗嘱。但是如果公民在死亡前留有遗书，遗书中表明自己死后对所遗财产如何处分的内容，经认定确为死者真实意愿的表示，有本人签名，并注明年、月、日，又无相反证据的，我们认为可以按自书遗嘱处理。

第二，自书遗嘱必须由遗嘱人亲自签名。要求遗嘱人亲自在遗嘱上签名，一方面可以明确表示遗嘱为何人所立，另一方面也便于对遗嘱是否出于遗嘱人之真实意愿，以及有无篡改或伪造等情况进行查证。需要注意的是，这里指的必须由遗嘱人亲自签名，是指遗嘱人亲笔签名，而不是指由遗嘱人加盖印章、捺指印或画押等。因为，既然自书遗嘱的全文是由遗嘱人亲笔书写的，遗嘱人当然就能够在遗嘱上签名。所以，继承法规定必须由遗嘱人亲自签名，不仅必要，也是可行的。

第三，自书遗嘱要注明制作的年、月、日。注明制作遗嘱的年、月、日是用以表明遗嘱人制作该份自书遗嘱的准确时间。有了制作遗嘱的准确时间，就能够审查确定遗嘱人在制作该份自书遗嘱的当时是否具有民事行为能力，进而确定该份遗嘱是否具有法律效力。因此，遗嘱人在自书遗嘱上注明年、月、日，是自书遗嘱必备的要件之一。

我国继承法没有把处所作为自书遗嘱的必备条件，因为自书遗嘱是否具有法律效力，取决于遗嘱人的真实意志和内容的合法性。继承法关于遗嘱人必须亲自书写遗嘱、在遗嘱上签名和注明年、月、日的规定，均与保证遗嘱的真实、合法密切相关，而制作遗嘱的处所除在国际私法具有意义外，对其遗嘱效力并无任何影响。关于涉外遗产继承问题，我国继承法已在附则中作了专门规定，所以在自书遗嘱中无须再作规定。

（五）代书遗嘱

代书遗嘱是指因遗嘱人不能书写而委托他人代为书写的遗嘱。我国继承法第十七条第三款规定：“代书遗嘱应当有两个以上见证人在场见证，由其中一人代书，注明年、月、日，并由代书人、其他见证人和遗嘱人签名”。

代书遗嘱需要具备以下条件：

第一，遗嘱人不能书写遗嘱，必须委托他人代写。如遗嘱人因病或不识字而不能亲自书写遗嘱的。

第二，须由遗嘱人指定两个以上见证人在场见证。由于代书遗嘱是由遗嘱人委托他人代为书写的遗嘱，代书人又是一般公民，而不是公证机关的公证员，为保证代书遗嘱的法律效力，因此，继承法规定，代书遗嘱必须有两个以上的见证人在场见证。

第三，须由遗嘱人口述遗嘱要点，然后由见证人中的一人代为书写，写成书面遗嘱后，由代书人向遗嘱人宣读。如遗嘱人系哑者或其他声音发生障碍的人不应采用代书遗嘱形式，以免发生违反遗嘱人真实意愿的弊病。

第四，经遗嘱人认定无误后，由代书人、其他见证人和遗嘱人签名，并注明年、月、日。如遗嘱人不能签名时，应以捺指印代替，不能由他人代为签名。

（六）录音遗嘱

录音遗嘱是指遗嘱人用录音带录制的自己的口述遗嘱。

我国继承法第十七条第四款规定，遗嘱人可以以录音的形式设立遗嘱。

对录音遗嘱这种形式过去也曾存在过不同的看法。一种意见认为，这种形式易于被他人模仿遗嘱人声音予以篡改，或者录制假遗嘱，同时从世界各国的继承法看，采用录音这种方式者极少，因此不宜把录音作为设立遗嘱的一种法定形式。另一种意见认为，在我国民间不仅早已有录音遗嘱形式存在，而且随着收录机使用的普及，以录音形式设立遗嘱将日益增多。而且这种形式，简便易行，方便群众，对于文化程度较低或者不识字的遗嘱人，只要能口述，即可根据自己的意愿，亲自制作遗嘱。继承法采纳了后一种意见。实际上，由于录音遗嘱这种形式简便易行，近年来已逐渐被一些国家所采用。特别是根据我国民事诉讼法（试行）第五十五条第八项关于“视听资料”的规定，录音既然可以作为证据之一，当然也可以作为遗嘱的一种形式。

为防止录音遗嘱被人篡改或录制假遗嘱弊端的发生，我国继承法在第十七条第四款明确规定：“以录音形式设立的遗嘱，应当有两个以上见证人在场见证。”见证的方法可以采取书面或录音的形式，录音遗嘱制作完成后，应当场将录音遗嘱封存，并由见证人签名，注明年、月、日。

（七）口头遗嘱

口头遗嘱是指在特殊情况下，遗嘱人以口头形式设立的遗嘱。口头遗嘱在外国法中亦称“略式的口授遗嘱”或“特别方式之遗嘱”。

我国继承法第十七条第五款规定：“遗嘱人在危急情况下，可以立口头遗嘱。口头遗嘱应当有两个以上见证人在场见证。紧急情况解除后，遗嘱人能够用书面或者录音形式立遗嘱的，所立的口头遗嘱无效。”

由于口头遗嘱有易于被篡改和伪造，以及在遗嘱人死后无法查证的缺点，所以继承法对口头遗嘱作了限制性的规定：

第一，口头遗嘱必须在危急情况下方能采用。我国继承法对所谓危急情况只作了概括性的规定，并未具体列举哪些情况属于危急情况。我们认为，根据继承法规定的精神和我国社会生活的实际情况，所谓“危急情况”一般是指遗嘱人生命垂危、在前线作战或者发生意外灾害等紧急情况（如船舶遇险、飞机失事及遇到台风、地震、洪水泛滥等自然灾害）。在上述紧急情况下，只要遗嘱人认为有死亡的可能性时，就可以设立口头遗嘱。

第二，在设立时必须指定二人以上的见证人在场见证。由见证人中的一人将遗嘱人的口头遗嘱作出书面记录，注明年、月、日，并由记录人、见证人签名。如果当时来不及记录，事后应由二人以上的见证人补记死者口头遗嘱的内容，由补记人、其他见证人共同签名，并注明年、月、日。以防遗嘱继承人串通某个见证人作弊。

第三，危急情况解除后，遗嘱人能用书面或录音形式设立遗嘱时，所立的口头遗嘱无效。我国继承法没有规定口头遗嘱的有效期限，只规定在危急情况解除后，可以采用其他方式设立遗嘱时，口头遗嘱无效。

（八）遗嘱见证人

我国继承法规定的五种遗嘱形式中，除自书遗嘱以外，均把见证人作为合法有效遗嘱的重要条件之一。因为见证人的证明真实与否直接关系到遗嘱的法律效力。所以法律规定见证人必须具备一定的资格，不具备这些资格不能作为遗嘱见证人，其所见证的遗嘱无效。关于见证人的资格，我国继承法未作正面规定，但从继承法关于哪些人不能作为见证人的规定中，可以说明见证人必须具备的条件。根据我国继承法第十八条规定，下列人员不能作为遗嘱见证人：（一）无行为能力人、限制行为能力人；（二）继承人、受遗赠人；（三）与继承人、受遗赠人有利害关系的人。

公民的行为能力，是指公民以自己的行为取得民事权利或为自己设定民事义务的能力。《中华人民共和国民法通则》（以下简称《民法通则》）第十二条第二款、第十三条第三款规定，根据人们智力发育不同阶段和不同情况对公民的行为能力作如下划分：不满十周岁或虽在十周岁以上但不能辨认自己行为的精神病人为无行为能力人。《民法通则》第十二条第一款、第十三条第一款规定，已满十周岁不满十八周岁以及不能完全辨认自己行为的精神病人为限制行为能力人。《民法通则》第十一条规定，只有年满十八周岁精神正常的人才是具有完全行为能力人。对于十六周岁以上不满十八周岁以自己劳动收入为主要生活来源的未成年人，也视为完全行为能力人。作为遗嘱见证人必须具有完全行为能力。因为遗嘱见证人的责任，主要是证明遗嘱的真实性、合理性。即遗嘱人的意思表示的真实，代书遗嘱与遗嘱人意思表示的一致性，制作遗嘱程序的合理性，等等。所以，要求见证人必须对民事法律行为的性质及其法律后果具有完全的识别能力和判断能力。而无行为能力人和限制行为能力人，由于他们不能对自己的行为及行为后果作出理智的判断和估计，从而无法进行有意识的法律行为，因而不能作为遗嘱见证人，其所见证的遗嘱无效。

（九）遗嘱的内容

遗嘱的内容，就是遗嘱人对处理遗产及其他事务的意思表示。

我国继承法对于遗嘱的内容无限制性的规定，一般说来凡是不违反我国法律也无悖于我国社会主义道德的有关财产和其他事项，均可作为遗嘱的内容。但是，我们这里所说的遗产继承中的遗嘱，其内容应限于说明同遗产继承有关的问题，同时由于遗嘱是公民生前对其遗产作出处分的法律行为，遗嘱的内容不仅必须符合法律规定的要求，还应尽量具体、明确，这样才能得到法律的承认并实现立遗嘱人对自己遗产处分的权利。在一般情况下，遗嘱应包括以下内容：

1. 指明遗产的名称和数量

遗嘱人死后留下的财产可能有房屋、存款、家具、衣物以及金银首饰，珍贵文物等等。因此在继承人立遗嘱时，就要具体地一一列举每一项财产的名称和数量。

2. 指定遗嘱继承人或受遗赠人

遗嘱人在遗嘱中应当具体指明把自己财产遗留给法定继承人中的一人

或是数人继承，并应写明遗嘱继承人的名字。否则，应视为遗嘱人将其遗产交由全体法定继承人继承。如果是遗赠，要写明遗赠的对象是国家，还是哪个集体组织、社会团体以及法定继承人以外的某个公民。

3. 指明遗产的分配方法和具体份额

遗嘱人应在遗嘱中具体指定某遗嘱继承人接受遗产的项目、份额，以及受遗赠人受遗赠的项目、份额。遗嘱人可以根据自己的意愿和情感，或者根据继承人或受遗赠人的需要，指定各继承人、受遗赠人继承或受赠遗产的具体数额；或者将某项或某几项特定遗产，指定由哪一个或哪几个继承人、受遗赠人继承或受遗赠。

如果遗嘱人在遗嘱中指定继承人不是一个人，而是几个人，并且既没有指明每个继承人应得某项财物，又没有指明每个继承人应得的遗产份额时，其遗产应当在各个遗嘱继承人之间作等额分配；如果遗嘱人在遗嘱中只处分了部分遗产，对遗嘱没有涉及的那部分遗产，在遗嘱人死亡后，应按继承法规定去办理，同时开始遗嘱继承和法定继承。

4. 指明某项遗产的用途和使用目的

遗嘱人可以在遗嘱中指明某项遗产的用途和使用的目的。例如遗嘱人可以责成继承人把自己的五间房屋作为建立少年宫的用房，或者把某项财产作为资助装备科学实验室之用，等等。

5. 再指定继承人

再指定继承人是指遗嘱人为防止在被指定的继承人于继承开始前死亡，或者继承人不接受继承情况发生，所以在遗嘱中再指定继承人。

我国继承法中虽无再指定继承人的规定，我们认为在司法实践中如果遗嘱人存有继承人拒绝接受遗产或者继承人先于自己死亡而来不及设立新遗嘱的顾虑时，可应允许在遗嘱中进行遗嘱继承人的再指定。这种具有再指定遗嘱继承人的遗嘱应当认定为是有效的遗嘱。

6. 指定遗嘱执行人

根据继承法第十六条第一款的规定，遗嘱人可以依照本法规定立遗嘱处分个人财产，并可以指定遗嘱执行人。因此，指定遗嘱执行人也是遗嘱的内容之一，但不是不可缺少的一项内容。因为就法律规定的精神看，遗嘱人在遗嘱中可以指定遗嘱执行人，也可以不指定遗嘱执行人，此项规定不是强制性的规定。

（十）遗嘱的有效条件

公民生前设立遗嘱，必须符合下列条件方为有效。

1. 立遗嘱人必须具有遗嘱能力

遗嘱能力是指遗嘱人设立遗嘱的行为能力。进行遗嘱行为并不要求立遗嘱人有特别的行为能力而只要求具有完全的民事行为能力。立遗嘱人在立遗嘱时，要能够表达他的真实意思并能正确判断自己行为所产生的法律后果。由于遗嘱与其他民事法律行为不同，是一种与立遗嘱人的人身关系有直接联系的法律行为，要求遗嘱人亲自进行，而不能由代理人代为办理。因此，无行为能力人和限制行为能力人不能作为遗嘱人，其代理人也不能以无行为能力人或限制行为能力之名义制作遗嘱。继承法第二十二条第一款规定“无行为能力人或者限制行为能力人所立的遗嘱无效”，但是根据《中华人民共和国民法通则》第一条第二款关于16周岁以上18周岁以下的未成年人以自己劳动收入为主要生活来源的，视为完全行为能力人的规定，以自己劳动收入为主要生活来源的16周岁以上18周岁以下的未成年人，亦应具有遗嘱能力。

对精神病患者在治疗后能够正确表达自己的意思时所立的遗嘱或者患有间歇性精神病的人在神志清醒时所立的遗嘱，经严格审查，确属出于本人的意志的，也应承认其具有法律效力。

对仅患有聋、哑、聋哑、盲等生理疾病的人，本身并不是影响其行为能力的因素，因而，聋哑人或聋、哑及盲人也具有遗嘱能力。但是盲人或者不识字的聋、哑或聋哑人，在制作遗嘱时会遇到某些技术上的困难。在这种情况下，应当有两个以上无利害关系的而且善于用某种方式（如哑语）向患者说明问题的人作为代书人和见证人，以便弄清患者所表示的真实意思，使所立的遗嘱能确实反映遗嘱人的真实意愿。代书人、见证人应在遗嘱上签名，注明年、月、日。不识字的盲人在正常情况下可以设立代书遗嘱或录音遗嘱，在危急情况下可设口头遗嘱，但不论以何种形式设立遗嘱，都必须按我国继承法规定有两人以上的见证人在场见证。代书遗嘱的文字或录音必须由代书人或公证员向当事人宣读和播放遗嘱录音，经当事人确认无误后，由代书人或公证员以及在场见证人签名，注明年、月、日。

在现实生活中经常发现有这样两种情况，一是遗嘱人在立遗嘱时无行为能力，立遗嘱后又有了行为能力；二是遗嘱人在立遗嘱时有行为能力、立遗嘱后变成了无行为能力人。因此就产生了问题：确定遗嘱人是否具有遗嘱能力，是以遗嘱人设立遗嘱时为准，还是以遗嘱发生效力，即遗嘱人死亡时为依据？我国继承法对此虽无明确规定，但根据继承法第二十二条的规定，应当理解为立遗嘱时的遗嘱人的行为能力，而不是遗嘱人立遗嘱前或立遗嘱后的行为能力。我国《最高人民法院关于贯彻执行〈中华人民共和国继承法〉若干问题的意见》第41条明确指出："遗嘱人立遗嘱时必须具有行为能力，无行为能力人所立遗嘱，即使其本人后来有了行为能力，仍属无效遗嘱。遗嘱人立遗嘱时有行为能力，后来丧失了行为能力，不影响遗嘱的效力。"这进一步说明了遗嘱是否具有遗嘱能力，应以设立遗嘱时为准，这同遗嘱内容是否合法有效的要件不同。遗嘱的内容是否合法有效，要在遗嘱生效时方能最后确定。而设立遗嘱首先要求遗嘱人必须具有遗嘱能力，如果遗嘱人设立遗嘱时无行为能力，则其所立的遗嘱无效；即使后来有了行为能力，仍属无效遗嘱。

2. 遗嘱必须是遗嘱人的真实意思表示

由于遗嘱是公民生前处分自己财产的单方法律行为，具有改变法定继承关系的效力，因此，要求遗嘱必须出于遗嘱人自愿作出，内容是真实可靠的，否则，遗嘱无效。由此可见，遗嘱人的真实意思表示，是有效遗嘱的又一重要条件。

我国继承法第二十二条第二款规定："遗嘱必须是遗嘱人的真实意愿的表示"。这里所说的"真实"是指遗嘱人的意思表示是在毫无外来压力之下、或出于他人故意制造的假象迷惑下作出的。因为出于遗嘱人之口，或出于遗嘱人之手的遗嘱，不一定都是遗嘱人的真实意思表示；遗嘱如果被他人伪造、篡改，自然也不能表达遗嘱人的真实愿望。为保护遗嘱人根据自己意愿处分其遗产的合法权利，我国继承法在第二十二条第二款、第八款、第四款作了如下明确规定：

（1）受胁迫所立的遗嘱无效

所谓胁迫，在民法上是指一方当事人以不正当的手段预示要对对方当事人或者其亲属的生命、健康、财产的安全以及名誉等方面施加危害，使对方当事人发生恐惧心理，从而作出违背自己真实意愿的意思表示。受胁迫所立的遗嘱，就是指遗嘱人在他人的胁迫之下，基于恐惧而设立的违背自己真实意愿的遗嘱。这种受胁迫所立的遗嘱，由于违背了遗嘱人的真实意愿，因而属于无效遗嘱。

（2）受欺骗所立的遗嘱无效

所谓欺骗，在民法上是指一方当事人或第三人用歪曲或者捏造虚假情况的方法，使对方当事人陷于错误认识，并基于这种错误认识而作出的意思表示的行为。受欺骗所立的遗嘱，就是指遗嘱人在他人以虚伪的言词或行为的欺骗下，产生了错误的认识，并且基于这种错误认识所立的遗嘱。这种遗嘱因其不能表示遗嘱人的真实意愿，也属于无效遗嘱。

（3）伪造的遗嘱无效

所谓伪造的遗嘱，是指遗嘱并非遗嘱人所立，而是由他人假借遗嘱人的名义所立的遗嘱。伪造的遗嘱不是遗嘱人本人的意思表示，遗嘱的内容亦不是遗嘱的真实意愿的反映。因此，法律规定伪造的遗嘱无效。

伪造的遗嘱不仅当然无效，而且根据我国继承法第七条规定，继承人伪造遗嘱情节严重的，丧失继承权。例如，因此而侵害了缺乏劳动能力又没有经济来源的老幼病残等继承人的利益，造成其生活困难时，应认定伪造遗嘱的继承人丧失继承权。

（4）遗嘱被篡改的，篡改的内容无效

所谓被篡改的遗嘱，是指遗嘱人亲自所立的遗嘱的内容，被他人予以篡改。由于被篡改的部分，已经不再是遗嘱人的真实意思表示，所以法律规定，遗嘱被篡改的，篡改的内容无效。这就是说，被篡改的遗嘱，只是被篡改的部分无效。未被篡改的部分，仍然反映遗嘱人的真实意愿，当然仍具有法律效力。我国继承法在第七条第四款还规定，篡改遗嘱情节严重的，丧失继承权。

3. 遗嘱不得取消缺乏劳动能力又无生活来源的法定继承人必要的继承份额

我国继承法为防止遗嘱自由绝对化，保障法定继承人中缺乏劳动能力又没有生活来源的人的生活需要，在第十九条中明确规定："遗嘱应当对缺乏劳动能力又没有生活来源的继承人保留必要的遗产份额"。《最高人民法院关于贯彻执行〈中华人民共和国继承法〉若干问题的意见》第37条对此又做了进一步的补充："遗嘱人未保留缺乏劳动能力又没有生活来源的继承人的遗产份额，遗产处理时，应当为该继承人留下必要的遗产，所剩下的部分，才可参照遗嘱分配原则处理。"

在适用上述法律规定时，应当明确如下法律要求：

第一，我国继承法规定的"必要的遗产份额"，也称为"必留份"。"必留份"不是指"应继份"，"必要的遗产份额"（即"必留份"和"应继份"），二者是有区别的。"必要的遗产份额"是指保障继承人生活需要必不可少的份额（如继承人是未成年人，应包括教育费，如系病人应包括医疗费等），而不是他们的应继份额。也就是说，"必要的遗产份额"根据实际情况可以大于"应继份"，也可以小于"应继份"；必要时，也可以将全部遗产作为必留份。这都是合法的。反之，如果遗产的价值很大，"必留份"完全可以小于"应继份"。

第二，按我国继承法规定享有"必留份"的继承人，必须是既缺乏劳动能力，又没有生活来源，二者应同时具备，缺一不可。这里所谓的"缺乏劳动能力"的继承人，是指还不具有劳动能力的未成年人和因年老、疾病而丧失劳动能力的人。这里所谓的"没有生活来源"的继承人，是指在被继承人生前即依靠被继承人生活的人，除依靠被继承人生活以外，自己没有生活来源，也没有其他扶养人。

第三，由于设立遗嘱之日至立遗嘱人死亡从而遗嘱生效之时，往往要经过一段很长的时间，情况至今发生很大变化，所以遗嘱内容是否有效，要到遗嘱人死亡时，视情况而定。《最高人民法院关于贯彻执行〈中华人民共和国继承法〉若干问题的意见》中指出："继承人是否缺乏劳动能力又没有生活来源，应按遗嘱生效时该继承人的具体情况而定。"这就是说，如果立遗嘱人在制定遗嘱时取消或减少了未成年子女的必要的继承份额，在遗嘱人死亡时其未成年子女都已长大成人，并有生活来源，其原来所立的遗嘱就是有效的。反之，在制定遗嘱时其子女是成年人并且又有生活来源，遗嘱中取消了成年子女的继承份额，但在遗嘱人死亡时其成年子女因病丧失了劳动能力，无生活来源，在这种情况下，原来所立的遗嘱就会部分或全部无效。

第四，关于遗嘱应当对缺乏劳动能力又没有生活来源的继承人保留"必要的遗产份额"的规定，就其立法精神看，对于胎儿也是适用的。遗嘱人应在遗嘱中为胎儿保留"必要的遗产份额"。

此外，法定继承人以外的依靠遗嘱人生前扶养的人，也应为他们保留必要的遗产份额。

4. 遗嘱所处分的财产只能是立遗嘱人个人所有的财产

遗嘱人只能用遗嘱处分属于个人所有的合法财产，不得把属于他人所有的财产作为遗产加以处分。如果遗嘱侵犯了他人的财产所有权，其所立的遗嘱无效。

遗嘱处分财产的范围和法定继承财产的范围相同，凡属被继承人的个人财产和法律规定的可以继承的其他合法权益，均可用遗嘱进行处理。但是绝不能侵犯国家、集体和他人的财产所有权。《最高人民法院关于贯彻执行〈中华人民共和国继承法〉若干问题的意见》第38条指出："遗嘱人处分了属于国家、集体或他人所有的财产，遗嘱的这部分，应认定无效。"

5. 遗嘱内容必须合法

遗嘱是一种法律行为，遗嘱的内容必须合法方为有效。因此，无论是直接违反继承法，还是违反其他法律的规定，都属于违法，这种遗嘱不具有法律效力。

6. 遗嘱必须符合法定形式

遗嘱是要式法律行为，因此，制定遗嘱必须符合法律规定的形式。遗嘱的法定形式是从程序上保证遗嘱有效的重要手段。我国继承法第十七条规定的五种形式中前四种是供遗嘱人选择的，第五种是在特殊情况下采用的。遗嘱人设立的遗嘱必须遵守继承法中遗嘱的形式要件的规定。

（十一）遗嘱的变更与撤销

1. 遗嘱的变更

遗嘱的变更是指遗嘱人对原立遗嘱的部分改变的行为。遗嘱人在立遗嘱之后，如果感到遗嘱中有不妥之处，想改变遗嘱中的部分内容时，他有权对遗嘱进行变更，如另行指定继承人或改变原遗嘱所规定的遗产份额的分配等。

遗嘱人变更遗嘱与设立遗嘱一样，首先遗嘱人必须具有行为能力，如果遗嘱人在设立遗嘱后就丧失了行为能力，其变更的遗嘱的行为无效，即对原遗嘱不发生影响。其次，变更遗嘱必须出于遗嘱人的真实意思。即变更的部分遗嘱的内容确实符合遗嘱人的真实愿望，没有受到他人的欺骗和胁迫的情形存在。否则，变更的遗嘱内容无效，原来的遗嘱仍然有效。再次，变更了的遗嘱同样不得剥夺缺乏劳动能力、没有生活来源的继承人的必要的遗产份额。否则，变更的遗嘱无效，原立的遗嘱仍然有效。

遗嘱是要式法律行为，遗嘱人设立遗嘱时必须采用法律所规定的一定的方式，因此，变更遗嘱时，也必须依照法律规定的方式进行。根据我国继承法第二十条第三款规定的精神，自书遗嘱、代书遗嘱、录音遗嘱、口头遗嘱四种遗嘱形式之间，可以相互变更先立的不同形式或者相同形式的遗嘱。例如，可以用自书遗嘱变更代书、录音、口头遗嘱，也可以用代书遗嘱变更自书、录音、口头遗嘱等。也就是说采用何种遗嘱形式变更先立的遗嘱，由遗嘱人自由决定。但是，以公证的方式所立的遗嘱，必须以公证的方式变更方为有效。自书、代书、录音、口头等遗嘱方式，均不能用作变更先立的公证遗嘱的方式，而公证遗嘱则可以用作变更先立的自书、代书、录音、口头遗嘱的方式。因为，公证遗嘱是经过国家公证机关公证的遗嘱，其法律效力高于其他遗嘱方式。

2. 遗嘱的撤销

遗嘱的撤销是指遗嘱人以意思表示或其他行为对原来所立的遗嘱予以废止，使原来还没发生法律效力的遗嘱，在将来也不因立遗嘱人的死亡而发生法律效力的行为。我国继承法第二十条规定，遗嘱人可以撤销自己所立的遗嘱。

常见的遗嘱撤销的方法有以下几种。

（1）用一定的方式声明对原遗嘱的撤销

遗嘱的撤销和遗嘱的设立一样是要式法律行为，要以书面形式撤销原来的遗嘱，使其不发生法律效力。遗嘱可以以书面形式向原订立遗嘱的公证机关，或原遗嘱的代书人、见证人声明撤销原遗嘱。这种方式在外国法学中称为“明示撤销”。

（2）以立新遗嘱的方式使原遗嘱丧失法律效力

我国继承法第二十条第二项规定：“立有数份遗嘱，内容相抵触的，以最后的遗嘱为准。”《最高人民法院关于贯彻执行〈中华人民共和国继承法〉若干问题的意见》第四十二条规定：“遗嘱人以不同形式立有数份内容相抵触的遗嘱，有公证遗嘱的，以最后所立公证遗嘱为准；没有公证遗嘱的，以最后立的遗嘱为准。”也就是说，遗嘱人在订立的新遗嘱中，不论是否明确表示撤销原来遗嘱，只要前后两个遗嘱内容相抵触时，即意味着前遗嘱被推定为撤销。全部抵触，全部撤销；部分抵触，部分撤销。但是，如果遗嘱人原来所立的遗嘱是公证遗嘱，在撤销时，仍须经原公证机关办理。其他几种遗嘱形式（自书、代书、录音、口头遗嘱），均不得撤销公证遗嘱。（继承法第二十条第三款）

（3）遗嘱人的行为与遗嘱相抵触时，其抵触行为则被视为对原遗嘱的撤销

这里所谓的行为，主要是指遗嘱人本人在生前对自己财产的处分行为。

《最高人民法院关于贯彻执行〈中华人民共和国继承法〉若干问题的意见》第39条规定:"遗嘱人生前的行为与遗嘱的意思表示相反，而使遗嘱处分的财产在继承开始前灭失，部分灭失或所有权转移、部分转移的，遗嘱视为被撤销或部分被撤销。"例如，某公民设立遗嘱，将一幢两层楼房遗留给女儿。但在遗嘱设立以后，某公民又将楼房的底层卖给一集体组织作为开办商店之用。某公民这一行为视为对其遗嘱的部分撤销，因为由某公民出卖该楼的部分房屋而丧失对这部分房屋的所有权。如果某公民出卖的楼房不是一部分而是全部时，则应认为其遗嘱全部撤销。

（十二）遗赠

遗赠是指公民以遗嘱的方式表示在其死后将其遗产的一部或全部赠给国家、集体或者法定继承人以外的人的法律行为。设立遗赠的人称为遗赠人，接受遗赠的人称为受赠人或受遗赠人，通过遗赠所赠予的财物称为遗赠财产或遗赠物。

遗赠制度也是我国继承制度中一项重要制度。我国继承法第十六条第三款规定:"公民可以立遗嘱将个人财产赠给国家、集体或法定继承人以外的人。"根据我国继承法的规定，遗赠的法律要求如下:

1. 遗赠是单方法律行为

遗赠人以遗嘱的方式将自己的财产赠给受赠人时，并不需要征得受遗赠人的同意。遗赠人生前也有权单方取消自己设立的遗赠，任何人不得干涉。同样，受遗赠人可以接受遗赠，也可以不接受遗赠。受遗赠人不接受遗赠时，遗赠的财产可依照法定继承的方式由遗赠人的法定继承人继承。

2. 遗赠是无偿的法律行为

遗赠人给受遗赠人的财产权利是无偿的、自愿的，而不是等价有偿的。法律设立遗赠制度的目的，在于允许遗赠人以遗嘱处分的方式为受赠人带来某种财产利益，而不允许遗赠人以遗赠的方式为受赠人设立债务。因此，当遗产中既有财产权利（如债权）又有财产义务（如债务）时，遗赠人可以将其中的财产权利遗赠给受赠人，而不能将其中的财产义务交由受赠人承担。但是，如果财产中的所有权和债权的标的之价值大于债务之价值时，遗赠人亦可将全部遗产遗赠给受赠人，使受赠人最终得到财产利益。

3. 遗赠是遗赠人死后生效的法律行为

遗赠人死亡是受遗赠人取得财产的前提条件。如果遗赠人尚未死亡，即使遗嘱人已经设立遗赠的遗嘱，受赠人也无权请求执行遗赠。

4. 遗赠是须由受遗赠人亲自行使受遗赠权的法律行为

受遗赠权是遗赠人指定授予国家、特定的社会组织和特定的公民个人的，其主体具有不可代替性。如果受遗赠人，当他先于遗赠人死亡时，则其受遗赠权便自然消失，该项遗赠财产即由遗赠人的法定继承人依法定继承方式取得。而不得由受遗赠人的法定继承人或其他人代替已死去的受遗赠人主张受遗赠权。当然，如果受遗赠人后于遗赠人死亡，并已作出接受遗赠的表示时，其受遗赠的财产所有权已经转移给受遗赠人，在其死后，其受赠的财产转由受遗赠人的法定继承人继承。对此，《最高人民法院关于贯彻执行〈中华人民共和国继承法〉若干问题的意见》第53条指出："继承开始后，受遗赠人表示接受遗赠并于遗产分割前死亡的，其接受遗赠的权利转移给他的继承人。"

5. 遗赠的形式必须遵守设立遗嘱的法律要求

遗赠的形式是遗嘱，遗赠是通过遗嘱设立的。遗嘱人在设立遗嘱时，应明确、具体地规定遗赠的内容。遗赠的财产可以是遗产的一部分，也可以是遗产的全部。但是，遗赠人行使遗赠权时不得违背法律规定。我国继承法第十九条规定："遗嘱应当对缺乏劳动能力又没有生活来源的继承人保留必要的遗产份额"。遗赠作为一种遗嘱处分，必须符合上述法律要求，不允许遗赠人滥用遗赠权而侵害缺乏劳动能力又没有生活来源的继承人的合法权益，否则，遗赠无效。此外，法律也不允许遗赠人以遗赠财产的方式逃避其依法应缴纳的税款和债务，否则，遗赠无效。

6. 遗赠的执行必须符合法律要求

遗赠由遗嘱人指定的遗嘱执行人执行，或者由公证机关、死者所在单位和居民委员会、村民委员会执行。遗嘱执行人必须保护受遗赠人的权利，不能以任何借口不执行遗赠。如果执行遗赠受到拒绝时，受赠人有权要求遗嘱执行人向自己履行交付遗赠财产的义务。但是受赠人不是遗嘱人的债权人，如果遗赠人负有债务时，应先清偿债务，在偿还债务之后，遗产有剩余时，才能向受赠人履行遗赠义务。我国继承法第三十四条规定："执行遗赠不得妨碍清偿遗赠人依法应当缴纳的税款和债务"。就是说，只有在保证遗赠人欠下的税款和债务能够得到清偿的前提下，才能执行遗赠人的遗赠。在具体做法上通常是，当继承开始以后，负责执行遗赠的遗嘱执行人，应当首先用遗赠人的遗产缴纳遗赠人欠下的税款和清偿遗赠人欠下的债务。缴纳税款和偿还债务后，如果遗赠人的遗产还有剩余，才用剩余的遗产去执行遗赠，把剩余的遗产按照遗赠人指定的数额交付给受遗赠人。如果缴纳税款和偿还债务后，遗赠人已经没有了剩余的遗产，甚至于全部遗产尚不足清偿遗赠人应交纳的税款和应偿还的债务时，遗嘱执行人就不需要执行遗赠了。由于遗赠的标的物已不存在，从而也就免除了遗嘱执行人执行遗赠的义务。

（十三）遗托

遗托，是指遗嘱人在遗嘱中向遗嘱继承人或受遗赠人附加提出的必须履行的某项义务的要求。遗托，亦称"附义务的遗嘱"或"附条件的遗嘱"。

我国继承法第二十一条指出："遗嘱继承或者遗赠附有义务的，继承人或者受遗赠人应当履行义务。没有正当理由不履行义务的，经有关单位或者个人请求，人民法院可以取消他接受遗产的权利。"这就是我国继承法关于遗托的规定。即遗嘱人在其设立的遗嘱中，可以要求遗嘱人或受遗赠人在继承或者接受遗赠时，必须履行一定的义务。这种义务相当广泛，既可以要求遗嘱继承人或受遗赠人为某种公共利益的义务，如为某学校设立奖学金出资，为某项公共利益捐款，也可以要求遗嘱继承人或受遗赠人为自己履行一定的义务。

根据我国继承法的规定，遗托的法律要求是：

1. 遗托必须以遗嘱的形式作出

只有遗嘱人以遗嘱的方式作出要求遗嘱继承人或受赠人履行某项义务时，才能产生遗托的法律效力。

2. 遗托是遗嘱继承和遗赠的附加义务

遗托不是一项独立的义务，遗嘱人只有授予遗嘱继承人和受遗赠人以遗嘱继承权和受遗赠权，才能要求遗嘱继承人和受遗赠人履行遗托的义务。

3. 履行遗托的义务以接受遗产和接受遗赠为前提条件

履行遗托义务是有条件的，只有遗嘱中指定的遗嘱继承人接受遗产和受遗赠人接受遗赠，遗嘱继承人和受遗赠人才有义务履行遗托。

4. 遗托必须履行

遗托是必须履行的，只要遗托不违背法律和公共利益，而且能够履行时，接受了遗产的遗嘱继承人或者受遗赠人，就应当履行遗嘱人所指定的遗托义务。为保护遗赠人生前处分他的合法财产的权利，我国继承法第二十一条还规定如果遗嘱继承人和受遗赠人“没有正当理由拒不履行义务的，经有关单位或者个人的请求，人民法院可以取消他接受遗产的权利”。最高人民法院在《最高人民法院关于贯彻执行〈中华人民共和国继承法〉若干问题的意见》中也指出：“附义务的遗嘱继承或遗赠，如义务能够履行，而继承人受遗赠人无正当理由不履行，经受益人或其他继承人请求，人民法院可以取消他接受附义务那部分遗产的权利，由提出请求的继承人或受益人负责按遗嘱人的意愿履行义务，接受遗产。”

（十四）遗嘱的执行

遗嘱的执行，是指遗嘱生效后，实现遗嘱内容的各种事项所必要的行为及程序。

1. 遗嘱执行人

遗嘱执行人是指有权按遗嘱人意志使遗嘱发生效力的人。我国继承法第十六条规定：“公民可以按照本法规定立遗嘱处分个人财产，并可以指定遗嘱执行人。”遗嘱执行人有三种：

（1）法定继承人担任遗嘱执行人

遗嘱人可以指定法定继承人中的一人或数人执行自己的遗嘱。遗嘱中没有指定遗嘱执行人或者遗嘱中所指定的人由于某种原因不能执行遗嘱时，则由全体法定继承人作为遗嘱执行人。也可以通过协商推选其中一人或数人作为遗嘱执行人执行遗嘱。

（2）由遗嘱人在遗嘱中指定继承人之外的人作为遗嘱执行人

遗嘱人可以在遗嘱中指定继承人之外的人作为遗嘱执行人，如指定最信任的亲属、朋友等。继承人之外的人作为遗嘱执行人，必须具备两个条件：第一，要有遗嘱人在遗嘱中的指定；第二，被指定的人同意承担遗嘱执行人的义务。

（3）遗嘱人生前所在单位或者继承开始地点的基层组织作为遗嘱执行人

如果遗嘱中指定的遗嘱执行人拒绝指定，或者由于某种原因而不能执行遗嘱，而且遗嘱人的法定继承人不能充当或者不愿充当遗嘱执行人时，遗嘱就由遗嘱人生前所在单位或者继承开始地点的基层组织根据法律规定负责执行。

2. 遗嘱执行人的权限

遗嘱执行人有下列权限：

（1）审查遗嘱

遗嘱人要忠实执行遗嘱，就必须首先掌握遗嘱中对各项处分的真实含义以及遗嘱是否真实合法。如遗嘱人是否有遗嘱能力，遗嘱是否出于遗嘱人的真实意愿，有无涂改、变换或隐匿等情形，是否给无劳动能力又无生活来源的继承人保留了必要的遗产份额以及是否处置了不属于自己的财产，等等。此外，对遗嘱中所指定的继承人、遗产的数量、遗产的所在地、继承的份额等问题，也必须予以明确。

（2）清理遗产

由于遗嘱的订立至遗嘱生效，一般要经过一段较长的时间，在这个过程中，遗嘱中所指定的遗产可能发生变化，或者遗产仍混在夫妻共同财产或家庭共有财产之中。因此需要清理，如果遗产项目较多，有编制清册的必要时，应编制遗产清册，遗产清册中应载明遗嘱人死亡时应属于他的全部遗产的名称、数量、价值、债权和债务的价值、债权人和债务人的姓名。清册应在执行人交付遗产之前或同时交与遗嘱继承人。遗嘱继承人也有权请求执行人编造和交付遗产清册。

（3）管理遗产

在继承人分割遗产或受赠人受领遗赠财物之前，遗嘱执行人应妥善管理和保护遗产，以防止遗产被毁损、灭失等情况的发生。管理和保护遗产，是指管理和保护遗嘱中所处分的遗产；对遗嘱中未作处分的遗产，遗嘱执行人自然无权管理。

管理遗产所需的费用从遗产中扣除或由继承人承担。

（4）排除妨碍

遗嘱执行人在执行职务时，任何人（包括继承人在内）不得妨碍和干涉。继承人亦不得处分与遗嘱有关的遗产，这里所谓的“继承人不得处分与遗嘱有关的遗产”，是指未经清算和按遗嘱分割的遗产；已明确属于继承人应继承的遗产，当然除外。如果继承人擅自处分未经分割的遗产或者有妨害遗嘱执行人执行职务的行为，遗嘱执行人应有权请求人民法院责令妨碍其执行遗嘱活动的人承担由于其行为而给自己和遗嘱继承人造成财产损失的赔偿责任。

3. 遗嘱执行人资格的取消

遗嘱执行人的任务，就在于遵守法律和准确无误地实现遗嘱人的意愿，维护遗嘱继承人和受遗赠人的合法权益。如果遗嘱执行人有不称职的行为，诸如执行迟延、不及时清理和管理遗产，或者对遗嘱内容解释不正确，有意偏袒某一继承人，甚至自身有侵占遗产的违法行为等等，遗嘱继承人和受遗赠人可依照民事诉讼程序对遗嘱执行人的违法行为提起诉讼，请求人民法院撤销其遗嘱执行人的资格，并赔偿由于他的违法行为给自己造成的损失。经人民法院撤销的遗嘱执行人，当即丧失执行人的资格。如果遗嘱执行人因遗嘱继承人或利害关系人提出异议而辞去职务时，其执行人的资格也自然随之消失。

四、遗产的处理

（一）继承何时开始

1. 继承开始的时间

我国继承法第二条规定："继承从被继承人死亡时开始。"根据这一规定，确定继承开始的时间，应以被继承人死亡的时间为准。"死亡"在法律上包括自然死亡与被宣告死亡。

（1）自然死亡

自然死亡，亦称生理死亡，或公民生命的绝对消灭。自然死亡，包括因病死亡、因意外事故死亡、因被杀害死亡，因依法剥夺生命权死亡，等等。在司法实践中，确定因公民自然死亡而继承开始的具体依据一般是：

① 继承人或其他人目睹被继承人呼吸停止，心脏最后停止跳动的时间；

② 医院的死亡证书中所记载的死亡时间；

③ 户籍管理登记册中所记载的公民死亡的时间。

（2）宣告死亡

宣告死亡是指法律对离开自己住所生死不明达到一定期间，人民法院根据利害关系人的申请，并按照民事诉讼法规定的特别程序宣告失踪人死亡。宣告死亡是人民法院依审判程序推定公民死亡的一种法律制度，它和公民自然死亡一样能够引起继承法律关系的发生，即继承的开始。

根据《中华人民共和国民法通则》的规定，宣告死亡必须具备以下条件和程序：

① 被宣告死亡的人必须是下落不明的失踪人

公民离开自己住所，杳无音讯，下落不明者为失踪人。这里指的"住所"是一个法律概念。我国是以公民经常居住地为其住所，被监护人以监护人的住所为住所。对于公民离开自己的住所、下落不明者，《中华人民共和国民法通则》第二十条有规定："公民下落不明满二年的，利害关系人可以向人民法院申请宣告他为失踪人。”“战争期间下落不明的，下落不明的时间从战争结束之日计算。”

② 失踪必须持续一定的期间

《中华人民共和国民法通则》第二十三条规定：“公民有下列情形之一的，利害关系人可以向人民法院申请宣告他死亡：下落不明满四年的；因意外事故下落不明，从事故发生之日起满二年的。战争期间下落不明的，下落不明的时间从战争结束之日起计算。”根据这一规定，公民下落不明满四年的，可以宣告该人为死亡；如果公民因遇意外事故，在受死亡威胁下失踪的，则从事故发生之日起满二年可以宣告该公民死亡；如果是军事行动，则从军事行动开始之日起满二年后作出死亡宣告。

③ 宣告失踪人死亡必须由利害关系人申请

宣告失踪人死亡，必须由利害关系人向失踪人最后居住地的基层人民法院提出宣告死亡的申请。这里所说的利害关系人与申请宣告失踪的利害关系人是一致的，即指配偶、父母、已成年的子女及兄弟姐妹等。反之，与失踪人无利害关系的人则无权提出宣告失踪人死亡的申请。必须指出，宣告失踪，不是宣告死亡的必经程序，是否先申请宣告失踪、后申请宣告死亡，应由利害关系人自行决定。

④ 宣告死亡必须由人民法院以判决的形式作出

宣告死亡必须由人民法院作出才具有法律效力，由其他机关所作的宣告死亡是不合法的，不具有法律效力。

（3）两个以上互有继承权的人在同一事件中死亡，其死亡时间的确定

对两个以上互有继承权的人在同一事件中死亡，其死亡先后时间如何确定，这是一个较为复杂的问题，而且确定的正确与否直接影响着继承人的利益。我国继承法对此虽无明文规定，但《最高人民法院关于贯彻执行〈中华人民共和国继承法〉若干问题的意见》第2条作了补充说明：“互有继承关系的几个人在同一事件中死亡，如不能确定死亡先后时间的，如几个死亡人辈分不同，推定长辈先死亡。死亡人各自都有继承人的，如几个死亡人辈分彼此不发生继承，由他们各自的继承人分别继承。”

2. 继承开始的地点

继承开始的地点，关系着继承人在何处接受遗产以及在一定的情况下如何接受遗产的问题。我国继承法没有关于继承开始的地点的具体规定，在司法实践中一般是以被继承人生前的最后住所地为继承开始的地点；如果最后住所没有主要遗产，则以被继承人主要遗产所在地作为继承开始的地点。所谓继承人生前的最后的住所，一般是指被继承人的最后的户籍所在地。

（二）继承的通知

继承法律关系是由被继承人的死亡或宣告死亡的法律事实所引起的。一旦被继承人死亡或宣告死亡，在正常情况下，他的配偶、父母和子女是会及时知道的，但是在有些情况下，他的所有的继承人或其中的几个继承人不能及时知道被继承人死亡、继承已经开始的事实。有的遗嘱继承人或受遗赠人（包括自然人和法人）并不知道自己已经由被继承人用遗嘱的方式指定为遗嘱继承人或受遗赠人。造成这种现象的原因主要是：有的继承人为私吞遗产，有意不通知其他继承人；死亡人的继承人或其他亲属都不在身边，无人知道被继承人死亡的事实；死亡人身边的继承人因为精神不健全或者年幼等原因不能通知其他继承人。因此，就发生了继承通知以及由谁负责将被继承人死亡、继承开始的事实通知给继承人和遗嘱执行人的问题。我国继承法第二十三条规定："继承开始后，知道被继承人死亡的继承人应当及时通知其他继承人和遗嘱执行人。继承人中无人知道被继承人死亡或者知道被继承人死亡而不能通知的，由被继承人生前所在单位或者住所地的居民委员会、村民委员会负责通知。"根据上述法律规定，被继承人死亡后，由知道被继承人死亡的法定继承人及时将被继承人死亡、继承开始的事实通知给其他继承人和遗嘱执行人。如果所有的法定继承人中无人知道被继承人死亡的事实，或者由于继承人无行为能力而无法通知时，则由被继承人生前所在单位或者住所地居民委员会、村民委员会负责通知。

（三）遗产如何保管

为保护继承人、受遗赠人和被继承人的债权人的利益，我国继承法第二十四条规定：“存有遗产的人，应当妥善保管遗产，任何人不得侵吞或者争抢。”《最高人民法院关于贯彻执行〈中华人民共和国继承法〉若干问题的意见》第44条指出：“人民法院在审理继承案件时，如果知道有继承人而无法通知的，分割遗产时，要保留其应继承的遗产，并确定遗产的保管人或保管单位。”

继承开始后，负有保管遗产义务的，首先是存有遗产的人。存有遗产的人既可能是继承人、受遗赠人、遗嘱执行人，也可能是继承人之外的任何人。根据我国继承法第二十四条的规定，他们都有义务妥善保管好他们各自存有的遗产，等待遗产的处理。根据法律规定，继承开始后，存有遗产的继承人、受遗赠人是当然的遗产保管人；如果存有遗产的继承人是无行为能力人或行为能力受限制的人，他们的法定代理人是当然的遗产保管人；如果在继承地点无继承人或者具有继承人，但继承人无行为能力、又无代理人代为保管遗产时，或者在场的继承人对如何保管遗产意见不一致时，应由一定的社会组织对遗产采取暂时性保管措施。

第一，被继承人生前所在的机关、团体、企业、事业单位，对继承人不在继承地点的遗产，有权采取措施，也有义务将遗产加以清理，编造遗产清册，妥善保管遗产，以便把遗产移交给继承人、受遗赠人或被继承人的债权人。

第二，被继承人住所所在地或主要遗产所在地的基层组织（居民委员会、村民委员会）在居民、村民死亡而继承人又不在继承地点时，有权将遗产保护起来，或指定专人保管。

第三，公证机关在其所公证的遗嘱中所指定的继承人或法定继承人不在继承地点，而且死者生前所在单位或组织对死者遗产也未加管理时，可以指定他人保管遗产。如果被继承人在遗嘱中指定了执行人，公证机关应委托遗嘱执行人保管遗产。

第四，公证机关也可以与他人签订合同委托保管遗产；如果继承人放弃继承或受遗赠人放弃接受遗赠，同时又无法定继承人，公证机关应负责将此项无人继承的遗产转交给国家或集体组织。

无论是存有遗产的继承人保管遗产，或者是在继承开始地点的继承人保管遗产或者是单位、基层组织、公证机关保全遗产，都应对遗产进行清理登记；对于贵重物品不仅应清理登记，还应采取特别保护措施，如金、银或金银制品、货币、国库券和其他有价证券、文化艺术珍品，或科学、文化珍贵手稿以及文学作品等，应从一般的遗产中清理出来作特殊的保管。对于被保管的遗产任何人不能争抢和侵吞。对因争抢、侵吞遗产而给继承人、受遗赠人造成财产损失的，受损失者有权诉请人民法院判令侵权行为人赔偿损失。对于因遗产保管而花费的费用，如因保护、清理、保管、付有遗产所必需的运输费、劳务费、贵重物品的保管费等，应从遗产的现金中支付，或由继承人、受遗赠人分担。

（四）继承和受遗赠的接受与放弃

继承和受遗赠的接受与放弃，就是指继承人、受遗赠人同意接受遗产和不接受遗产的意思表示。

1. 继承和受遗赠的接受与放弃的一般规则

（1）继承、受遗赠接受的方式

接受是一种法律行为，必须用一定的方式为意思表示。

接受继承的方式有两种：一种是明示方式，另一种是默示方式。所谓明示的方式，就是用书面或口头的方式向其他继承人、向参加协助办理继承事务的遗嘱执行人、被继承人生前的所在单位、最后住所地或主要遗产所在地的基层组织，或者向人民法院明确表示其愿意接受继承的意思。所谓默示的方式，是指继承人虽然没有公开明确地表示接受继承的意思，但在法律上以其行为推定了他接受了继承。我国继承法第二十五条规定：继承开始后，继承人没有表示放弃继承的，就视为接受继承。

关于受遗赠，我国继承法第二十五条规定，受遗赠人在法定的时效期间内既没有作出接受遗赠的意思表示，也没有作出放弃受遗赠的意思表示时，即视为放弃受遗赠。这说明，受遗赠的接受，与继承的接受方式不同，必须以明示的方式为之。

（2）继承、受遗赠接受的期间

我国继承法没有规定接受继承时效的具体时间，一般规定在继承开始后、遗产处理前这一段时间内为接受时效的期间。可见我国继承接受的期间长短要视遗产处理的实际情况而定，遗产处理得早，期间就短；遗产处理得长，期间就长。在此期间内，继承人没有表示放弃继承的，视为接受。但是，我国继承法对于接受遗赠的时效作了具体规定，继承法规定，受遗赠人应当在知道受遗赠后的两个月内作出接受的意思表示，到期没有表示的，则视为放弃遗赠。

（3）继承接受的效力

继承接受的效力溯及到继承开始。也就是说，接受继承的意思表示一经作出；其法律效力一直溯及到继承开始之时。表示接受继承之后，继承人对被继承人留下的遗产便享有全部权利。在实际中，从继承开始到表示接受继承一般都要经过一定时期。在此期间，遗产会发生种种不同的变化，例如：存款又增加了利息（法定孳息），果树又结下了果实（天然孳息），部分遗产被他人非法侵占后返还，等等。继承人表示接受继承之后，他有权取得继承开始后遗产产生的一切收益，追讨被侵占的部分和取得遗产孳息。接受继承的人如果死亡，这些权利由其继承人行使。

2. 继承和受遗赠的放弃

放弃继承之意思表示的作出，不得影响继承人履行法定义务。在继承人负有某种法定义务且必须用遗产加以履行的情况下，就必须对继承人放弃继承的意思表示加以必要的限制。例如，夫妻共同对某项债务的清偿负有连带责任，现在夫妻中的一人死亡并留有遗产，所欠连带之债的偿还统一由生存一方承担。在这种情况下，生存的一方不得放弃继承，否则可能损害债权人的利益。《最高人民法院关于贯彻执行〈中华人民共和国继承法〉若干问题的意见》第46条规定：“继承人因放弃继承权，致其不能履行法定义务的，放弃继承权的行为无效。”

（1）放弃继承权的方式

我国继承法第二十五条规定：“继承开始后，继承人放弃继承的，应当在遗产处理前，作出放弃继承的表示；没有表示的，视为接受继承。”这一规定说明我国法律规定放弃继承以明示方式为限。这是因为，放弃继承的意思表示直接关系到继承人的实际财产权益，不能无根据地轻易推定继承人放弃了接受继承的权利。明示的方式一般有两种：一种是书面方式，一种是口头方式。继承人放弃继承权一般应当用书面方式向其他继承人作出明确、肯定的表示。用口头方式表示放弃继承权的，如果本人承认，或有其他充分证据证明的，也应该认定其有效。在诉讼当中，如果继承人向人民法院用口头表示放弃继承的，要制作笔录，并由表示放弃继承的继承人签名。

继承人作出了放弃继承权的意思表示一经作出，就意味着继承人自动丧失了取得被继承人遗产的权利。如果在遗产处理前或者在诉讼进行中，继承人对其放弃继承又表示反悔的，应由人民法院根据其提出翻悔的具体理由，决定是否予以承认。在遗产处理完毕后，继承人对其放弃继承权翻悔的，不予承认。《最高人民法院关于贯彻执行〈中华人民共和国继承法〉若干问题的意见》第50条指出：“遗产处理前或在诉讼进行中，继承人对放弃继承翻悔的，由人民法院根据其提出的具体理由，决定是否承认。遗产处理后，继承人对放弃继承翻悔的，不予承认。”

（2）放弃继承、受遗赠的期间

放弃继承或受遗赠的意思表示应当于继承开始后、遗产分割前作出。这是因为，首先，只有继承开始后，继承人或受遗赠人才有可能支配继承权或受遗赠权；其次，遗产分配完毕后，继承人已实际上通过继承方式取得了继承人所遗留的财产所有权，这样，继承人在遗产分配完毕后表示放弃继承的，就不再是继承权了，而是财产的所有权。《最高人民法院关于贯彻执行〈中华人民共和国继承法〉若干问题的意见》第49条指出：“被继承人放弃继承权的意思表示，应当在继承开始后、遗产分割前作出，遗产分割后表示放弃的不再是继承权，而是所有权”。

（3）放弃继承、受遗赠的效力

放弃继承或受遗赠的法律效力，追溯到继承开始的时间。放弃继承或受遗赠标志着继承人丧失了对某特定被继承人遗产的继承权或受遗赠权，因而该继承人、受遗赠人不得占有、使用、收益和处分被继承人的遗产。如果在表示放弃继承或受遗赠之前就已经取得部分遗产，则该继承人负有返还这部分遗产的义务。法律上之所以这样规定，其目的在于保证被继承人的遗产能够完整地移转给其他继承人，从而防止发生纠纷。

（五）遗产与共有财产的区别

在现实社会生活中，公民可能会出于满足家庭生活需要的目的或其他各种目的而与家庭成员或其他社会成员建立财产共有关系。例如，夫妻之间建立的夫妻共同财产，父母子女共同劳动所获得的收益、公民之间合伙所集中起来的资产，等等。在该公民死亡的情况下，准确地区分其遗产与共有财产，不仅有利于确定遗产范围、实现继承人的利益，而且也有利于保护其他共有人的财产权利。

1. 遗产与家庭共有财产的区别

家庭共有财产，从范围来看，包括家庭成员共同劳动所得的合法收入、共同积累的储蓄、共同建造的房屋，共同所有的生活用品和生产资料；共同享有的债权和共同负担的债务，共同继承的遗产、共同接受的赠予，等等。从共有关系的性质来看，主要是共同共有，如夫妻双方的收入；但也有按份共有的情况，如共同继承所得的财产。在家庭成员一人或数人死亡时，确定被继承人遗产的范围，必须区分遗产与家庭共同财产。《中华人民共和国继承法》第二十六条规定：“遗产在家庭共有财产之中的，遗产分割时，应当先分出他人的财产。”

（1）遗产与夫妻共有财产的区别

夫妻共有财产，是指夫妻在婚姻关系存续期间共同所得的财产。根据《中华人民共和国婚姻法》规定，夫妻在婚姻关系存续期所得的财产，归夫妻共同所有，双方另有约定的除外。夫妻对共同所有的财产，有平等的处理权。夫妻共有财产，在性质上属于共同共有，双方对共同财产不分份额地共同享有平等的所有权。夫妻共同财产主要包括：婚后一方或双方的劳动收入；婚后一方或双方继承所得、接受赠予和接受遗赠所得，但遗嘱或赠予中指明属于夫妻一方的除外；婚后共同购置的财产；还有其他共有财产。

夫妻共有财产的性质决定了当夫妻一方死亡时，只能将夫妻共同所有财产的二分之一作为死者的遗产，其余二分之一则属于尚生存的配偶的个人财产。不能将夫妻共同所有的财产都作为死亡者的遗产来继承，否则，必然会侵害生存一方的合法权益。由于夫妻婚后往往将各自所有的个人财产与对方所有的个人财产或夫妻共同所有财产相混杂，所以在区分遗产与夫妻共有财产时，必须划清夫妻双方的个人财产与夫妻共有财产的界限。下面几种情况属于夫妻共有财产：第一，如果在夫妻关系存续期间已将个人财产投入共同生活之中，就不再认定为个人所有，而应视为夫妻共同财产。第二，实际上已经难以判清夫妻个人财产与夫妻共有财产的，应按夫妻共有财产处理。第三，夫妻在共同生活期间，一方若已将其个人财产全部投入夫妻共同生活并已共同消费掉，而另一方在无事先约定的情况下未将其个人财产投入夫妻共同生活或者虽投入夫妻共同生活但并未消费掉，则后者的个人财产的相应部分亦应作为夫妻共同财产对待。上述三种情况下，夫妻一方死亡，可将共有财产的一半划为遗产继承。

（2）遗产与其他家庭共有财产的区别

当家庭成员除夫妻之外还有子女、父母、祖父母和外祖父母以及兄弟姐妹等人时，家庭共有财产的情况就会错综复杂起来，区分遗产与家庭共有财产也就变得更加复杂。从司法实践来看，下面若干问题是值得注意的。

① 不同辈分的全体家庭成员基于共同经济生活需要而共同积累起来的财产，属于全体家庭成员共同所有。其中某一成员死亡时，只能将其应当拥有的财产份额从家庭共有财产中分出作为遗产，由其他家庭成员取得。

② 家庭中有未成年子女的，他们的生活用品、通过接受赠予、遗赠或继承方式所获得的财产，以及通过创作和小发明而获得的报酬或奖励物品，

虽然因其没有完全行为能力而暂由父母代为管理，但其所有权属于该未成年子女。父母死亡时，确定父母的遗产范围，应当将属于未成年子女所有的财产同其父母的遗产加以区分，尤其不能把父母替未成年子女代为管理的财产混同为父母的遗产。

③ 成年后参加劳动或工作的子女，将其收入已投入了家庭共同财产的积累，应当确认他们对家庭共有财产所享有的一定权利。如果父母死亡并继承其遗产时，必须把直接参加了家庭共有财产积累的子女所拥有的财产份额从共同共有的家庭财产中划分出来，不得把全部家庭共有财产都作为父母的遗产。

④ 家庭成员之间出于共同的经济目的，各自按一定比例出资建立的财产，一般为按份共有财产。参加了这种共有关系的各个家庭成员，仅对自己所拥有的财产份额享有权利、承担义务。当其中一人死亡时，不得将全部按份共有财产作为遗产，而只能把死亡者拥有的那一份早已确定的财产作为遗产。

⑤ 家庭成员共同继承的遗产，如未实际分割，则家庭成员之间对该遗产存在着按份共有的财产关系。如果在实际分割前，某一家庭成员死亡，应将其拥有的一定财产份额划分出来为遗产，而不能把原来尚未实际分割的按份共有遗产统统作为死亡者的个人遗产。

⑥ 不同家庭成员之间的各种财产资助均属于赠予。赠予物的所有权只能属于接受赠予的家庭成员，而不能视为家庭共有财产，这是由财产赠予的受赠人特定化所决定的。被继承人死亡时，已确定某项被赠予财产是属于他的，可以作为其遗产继承。

⑦ 确定被继承人的遗产与家庭共有财产的区别时，还应将被继承人生前由于个人需要所欠下的个人债务与整个家庭为共同生活所欠下的共同债务相区分。如果确定是以被继承人每次欠下的、又纯系用于满足其个人某种特殊需要的债务，则属于被继承人生前的个人债务，应作为他的遗产，以其遗产中的其他财产抵偿。但如果用被继承人的名义所欠下的债务完全或部分地用于全体家庭成员的共同生活，那么，该种债务就应当全部或部

分地作为家庭共同债务，用家庭共有财产偿付，而不能作为被继承人的债务用其全部遗产来清偿。

2. 遗产与其他共有财产的区别

公民之间的财产共有关系，除了上述家庭成员间的财产共有关系之外，还存在着其他许多公民之间的财产共有关系。例如，公民之间的合伙，其内部财产关系就是典型的按份共有关系。这类合伙，往往都是由二人或二人以上的数人联合起来的，各人按比例投资，共同经营开发性的农、林、牧、副、渔业，加工业、商业、服务业等。各合伙人按照他所拥有的一定份额，对合伙的财产享有相应的财产权利和承担一定的财产义务。当合伙中有人死亡时，必然会发生死者的继承人继承其财产份额的问题。处理时，应当将按份共有财产中属于被继承人所有的份额划分出来，连同其按份收益和按份债务，一同转移给其继承人。如果其继承人愿意继续参加合伙，就不必再对合伙财产进行实际分割，只要确定该继承人作为新合伙人应当享有的按份权利与按份义务即可。

（六）保留胎儿的继承份额

我国继承法并未确认继承开始时尚未出生的胎儿有继承权，但根据养老育幼的原则，又肯定分割遗产时应为胎儿保留一定的继承份额。如果胎儿出生时为死体，则为其保留的遗产份额由其他法定继承人取得。

我国继承法第二十八条规定："遗产分割时，应当保留胎儿的继承份额。胎儿出生时是死体的，保留的份额依照法定继承办理。"这一规定，是我国继承制度中养老育幼原则的体现。我国继承法在第二十八条中使用"应当保留胎儿的继承份额"一语，就是强调继承人的这种义务性。如果继承人明知被继承人留有胎儿，但在分割被继承人遗产时却未给胎儿保留一定的继承份额，那么，胎儿的母亲有权要求其他继承人从他们已得的遗产份额中扣回。

我国继承法并不承认尚未出生的胎儿有继承能力，因为此时的胎儿尚不属于独立的民事主体，所以，法律上规定分割遗产时应当为胎儿保留一定的遗产份额，并不意味着说胎儿此时已经实际取得了对这部分遗产的权利。只有在该胎儿出生时为活体的，才能以继承人的身份取得为其保留的遗产份额的权利。由此决定了在分割被继承人的遗产时，为胎儿保留的遗产份额一般应由其母亲代为保管。当出生的胎儿为活体时，则由其享有实际权利。如果胎儿出生时为死体的，那么，原为其保留的遗产份额仍视为被继承人的尚未分割的遗产，由被继承人的继承人依法分配。如果该胎儿出生时尚为活体，但不久后即死亡，则原来为其保留的遗产份额就应当属于他的遗产，由他的法定继承人依法定继承方式继承。

（七）遗产分割的基本规则

对遗产的分割，应当遵循如下基本法律规则。

1. 先遗嘱继承，后法定继承

遗嘱继承优先于法定继承，因此，在被继承人生前立有合法有效遗嘱的情况下，首先应按遗嘱继承方式分割被继承人的遗产。然而，如果出现某些法律事实时，遗嘱继承方式就不能完全适用，而只能采用法定继承方式。我国继承法第二十七条规定：“有下列情形之一的，遗产中的有关部分按照法定继承办理：遗嘱继承人放弃继承或者受遗赠人放弃受遗赠的；遗嘱继承人丧失继承权的；遗嘱继承人、受遗赠人先于遗嘱人死亡的；遗嘱无效部分所涉及的遗产；遗嘱未处分的遗产。”

2. 互谅互让、协商分割

我国继承法所贯彻的互谅互让、团结和睦的原则体现在遗产分割问题上，要求继承人之间互相关心、互相谦让，彼此协商分割遗产。对那些未成年人和缺乏劳动能力、生活特殊困难的继承人，在分割遗产时应当给予照顾；遗嘱内容不得取消缺乏劳动能力又没有生活来源的继承人应得的必要遗产份额；对被继承人尽了主要赡养义务或者与被继承人共同生活的继承人，应当适当多分得遗产。

3. 注意发挥遗产的实际效用

被继承人所遗留的个人财产，可能既包括生产资料，又包括生活资料。

在分割遗产时，应当根据遗产的性质和效用，从有利于继承人的生产和生活需要出发，把适合于继承人生产或生活中某种特殊需要的遗产分配给他们，以便充分发挥遗产的实际效用，实现国家和个人的利益。正因为如此，我国继承法第二十九条第一款规定："遗产分割应当有利于生产和生活需要，不损害遗产的效用。"根据这一条法律规定，继承人之间分割遗产应当互相协商，选择最佳分配方案。一方面使所分配的遗产能基本满足各继承人生产或生活中的不同需要，另一方面又不致因分割遗产而损害遗产的实际效用。《最高人民法院关于贯彻执行〈中华人民共和国继承法〉若干问题的意见》第58条中指出："人民法院在分割遗产中的房屋、生产资料和特定职业所需要的财产时，应依据有利于发挥其使用效益和继承人的实际需要，兼顾各继承人的利益进行处理。"

（八）遗赠抚养协议

我国继承法第三十一条规定："公民可以与扶养人签订遗赠扶养协议。按照协议，扶养人承担该公民生养死葬的义务，享有受遗赠的权利。公民可以与集体组织签订遗赠扶养协议。按照协议，集体所有制组织承担该公民生养死葬的义务，享有受遗赠的权利。"

根据上述规定，所谓遗赠扶养协议，是指由遗赠人（亦称被扶养人）与扶养人签订的，由遗赠人立下遗嘱，将自己所有的合法财产，指定在其死后转移给扶养人所有，而由扶养人承担遗赠人生养死葬义务的协议。

遗赠扶养协议有两种，一是公民与公民签订的遗赠扶养协议，二是公民与集体所有制组织签订的遗赠扶养协议。

遗赠扶养协议的法律要求是：

1. 遗赠扶养协议是双方订立的合同关系

协议的成立，需要遗赠人与扶养人双方意思表示相一致。即需要由遗赠人作出遗赠予接受扶养的意思表示，和由扶养人作出接受遗赠予承担扶养义务的意思表示，并且就遗赠的具体财产、扶养的具体条件、要求，双方的具体权利和义务等内容达成协议，遗赠扶养协议才能成立和发生法律效力。遗赠扶养协议和遗赠不同，如前所述，遗赠是单方法律行为，遗赠人设立遗嘱，只要有遗赠人依法律规定的一定方式作出处分自己死后财产的意思表示，这项遗赠即产生法律效力，并不需要征得受遗赠人的同意。即使受遗赠人拒绝接受遗赠，也并不影响该项遗赠的有效成立。

2. 遗赠扶养协议的双方当事人均承担合同义务

遗赠扶养协议的双方当事人建立的是一种有偿、互利的关系，彼此的权利义务是对等的，即双方当事人既有权利，也承担义务。在遗赠扶养协议中，遗赠人在用设立遗嘱的方式将自己财产指定于其死后转归扶养人所有的同时，便取得了扶养人对其生养死葬承担义务的权利；扶养人在签订协议、承担扶养遗赠人至死亡的义务的同时，便取得受领遗赠人遗赠财产的权利。这同遗赠与赠予不同。遗赠是一种单方的、无偿的法律行为，受遗赠人只享受遗赠人指定的赠予财产的权利，而不承担财产上的义务；赠予也是单方法律行为，双方的权利义务没有关联、对应的性质。在赠予合同中，赠予人只承担赠送财产的义务，受赠人只享有接受赠送财产的权利，单方面受益，不必向对方为自己所受的利益支付任何代价。

3. 遗赠扶养协议一经签订立即发生法律效力

虽然遗赠扶养协议所规定的财产所有权的转移，也要到遗赠人死后才能实现。但是，协议一经订立，遗赠扶养协议中的扶养部分，即扶养人在协议中承担对遗赠人生养死葬义务的那一部分内容，则在协议达成之后，遗赠人活着时就要履行。从这一意义上说，这部分内容属于生前的法律行为。

4. 遗赠扶养协议必须以书面形式设立

由于遗赠扶养协议涉及遗赠人的财产处分和扶养人的扶养责任，特别是财产转移要延到遗赠人死亡方能实现。为了保障遗赠扶养的顺利执行，根据我国继承法第三十一条规定，遗赠抚养协议应当以书面形式签订。

5. 遗赠扶养协议的法律效力高于法定继承和遗嘱继承

继承法第五条规定："继承开始后，按照法定继承办理；有遗嘱的，按照遗嘱继承或遗赠办理；有遗赠扶养协议的，按照协议办理。"这说明由于遗赠扶养协议是遗嘱人生前与扶养人所订立的，因此其法律效力不仅高于法定继承，也高于遗嘱继承。

6. 遗赠扶养协议双方必须履行协议约定的义务

被扶养人对协议中指明的财产，在其生前可以占有、使用，但不能处分，如出卖、交换、赠予等。如果遗赠的财产因此而灭失，扶养人有权要求解除遗赠扶养协议，并要求补偿已经支出的扶养费用。扶养人则必须认真履行扶养义务，如果扶养人不尽扶养义务，或者以非法手段谋夺遗赠人之财产，经遗赠人的亲属或有关单位的请求，人民法院可以取消扶养人的受遗赠权。如果扶养人不认真履行扶养义务，致使被扶养人经常处于生活缺乏照料的情况时，人民法院可以酌情对遗赠财产的数额给以限制。

（九）无人继承遗产如何处理

无人继承的遗产，是指公民死亡时没有法定继承人又无遗嘱继承人与受遗赠人，或者其全部继承人都表示放弃继承，受遗赠人表示不接受遗赠，则死者的遗产即属于无人继承的遗产。

无人继承遗产的处理规则如下。

1. 分别情况归国家或集体所有

我国继承法第三十二条规定："无人继承又无人受遗赠的遗产，归国家所有；死者生前是集体所有制组织成员的，归所在集体所有制组织所有。"根据该条规定，应分别死者生前的身份，决定其遗产的归属。第一，如果死者生前属于农村或城镇集体所有制组织的成员，他所遗留的无人继承又无人受遗赠的遗产，则应归属于生前所在的集体所有制组织所有。第二，其他公民死后，其遗产归国家所有。

2. 清偿死者债务

依照我国继承法第三十三条规定，取得死者遗产的人必须负担清偿其债务的责任。"总体继承遗产"的原则也适用于无人继承遗产的处理。因而，无论是由国家或是由集体所有制组织取得了死亡者的无人继承遗产，都必须在所取得的遗产价值范围内清偿死亡者生前所欠债务。清偿债务后的剩余部分，才由国家或集体所有制组织所有。

（十）被继承人债务的清偿

我国继承法第三十三条第一款规定：“继承遗产应当清偿被继承人依法应当缴纳的税款和债务，缴纳税款和清偿债务以他的遗产实际价值为限；超过遗产实际价值的部分，继承人自愿偿还的不在此限。”这一法律规定表明，我国的财产继承制度在对待被继承人债务清偿的问题上，亦是贯彻“限定继承遗产”原则的。

1. 被继承人所欠债务的范围

被继承人所欠债务，是指被继承人生前以个人名义欠下的完全用于被继承人个人需要的或其他依法应当由其个人承担清偿责任的债务。

所谓“完全用于被继承人个人需要”，是指与家庭共同生活需要或增加家庭共有财产、偿还家庭共同债务无关的只是用来满足被继承人某种特殊需要而欠下的债务。

至于“其他依法应当由其个人承担清偿责任的债务”，则包括如下几类：第一，被继承人生前依照《中华人民共和国个人所得税法》和其他有关国家税收法规的规定应当缴纳的税款；第二，被继承人生前因从事了民事侵权行为，依照民事法律规范的规定应当承担损害赔偿的责任；第三，被继承人生前没有合法根据而获取的不当得利；第四，被继承人生前作为无因管理之债的债务人所应承担的补偿管理人因对被继承人的事物进行管理所支出的必要费用的责任；第五，共同债务中属于被继承人应当承担的部分，也应列入其遗产的债务范围内。

2. 界定被继承人债务的法律要求

（1）应当将被继承人个人所欠债务同家庭共同债务相区别

家庭共同债务，是指家庭成员共同作为债务人所承担的财产责任。它包括：第一，用于家庭全体成员共同生活需要所欠的债务；第二，为增置家庭共有财产所负担的债务；第三，为偿还先前欠下的其他家庭共同债务而又负担的新债。上述债务，无论是以家庭全体成员的名义欠下的，还是以家庭成员中某一人（包括被继承人）的名义欠下的，都应作为家庭共同债务。按照我国民法的规定，对家庭共同债务应当用家庭共有财产偿还，而不能由哪一个家庭成员完全承担清偿责任。如果家庭共有财产数量较少，尚不足以清偿家庭共同债务，就必须由家庭成员分别承担清偿责任。当然，应当由被继承人偿还的部分债务份额，可以列入被继承人的遗产之中，在其遗产价值范围内偿还。但是，在清偿家庭共同债务时，不能同被继承人的个人债务相混淆，不能用被继承人的遗产偿还全部家庭共同债务。

（2）应当把被继承人的债务同继承开始时因殡葬被继承人所生之债相区别

继承开始时，因殡葬被继承人所欠下的债务，不属于被继承人的债务。因为殡葬被继承人，是继承人应尽的义务。如果继承人为殡葬被继承人而向他人借贷，便在继承人与出借人之间发生借贷之债，继承人为债务人，应当由共用个人财产偿还该项债务。在处理被继承人的遗产时，不能把因殡葬被继承人所生之债列入被继承人的遗产之内，否则，必然要影响被继承人的债权人的合法权益；同时，也可能会妨碍受遗赠人实现其受遗赠权。

3. 清偿被继承人债务的法律要求

（1）承担清偿被继承人债务之责任的必要前提条件

继承人接受继承，是其承担清偿被继承人债务之责任的必要前提条件，这是由遗产的总体性所决定的。遗产作为被继承人所遗留的财产权利和财产义务的统一体，要求承受者必须将其中的财产权连同财产义务一同继承。

我国继承法第三十三条第二款明确规定："继承人放弃继承的，对被继承人依法应当缴纳的税款和债务可以不负偿还责任。"显然，这条法律规定是以继承人表示接受继承作为继承人承担清偿被继承人债务之责任为前提条件的。

（2）清偿被继承人债务的通告

继承开始后，为了保护被继承人之债权人的合法利益，继承人或其他遗产管理人应当及时通告债权人声明债权，以便分割遗产时给予清偿。如果被继承人的债权人在接到通告后的法定期限内不主张债权，则失去了请求人民法院依法强制继承人向某履行清偿债务的权利。我国《民法通则》第一百三十五条规定：“向人民法院请求保护民事权利的诉讼期限为二年，法律另有规定的除外。”

（3）继承人承担清偿被继承人债务的责任范围以其所接受的遗产实际价值为限

依照限定继承原则，继承人在接受了遗产的情况下，他对于被继承人所遗留的债务并不负担无限责任，而仅在其所接受的遗产的实际价值范围内负责清偿应当交付给被继承人的债权人的债务。由于遗产继承方式的差别，在适用该条法律规定时必须明确；第一，被继承人有若干法定继承人时，如果他生前设立了遗嘱，指定其中某一法定继承作为遗嘱继承人而取得遗产中的财产权利，但对遗产中的财产义务未做任何明确的处分，意在由其余法定继承人偿还，则其余法定继承人有权通过放弃继承的方法以拒绝承担清偿被继承人债务的不公平责任，由遗嘱继承人在其所得的遗产实际价值范围内予以偿还。第二，在被继承人利用、所设立的遗嘱将遗产中的债务完全处分给了遗嘱继承人的这种情况下，遗嘱继承人就可以通过放弃继承的方法，拒绝承担清偿被继承人债务的责任；实际清偿被继承人债务的责任，则必须由取得遗产的法定继承人在遗产实际价值范围内承担。

法律上要求继承人承担清偿被继承人债务应以遗产的实际价值范围为限的原则规定，并不排斥和否定继承人自愿偿还被继承人所欠的超过遗产实际价值的部分债务的行为的有效性。

（4）共同继承人按照各自继承遗产的份额比例分担清偿被继承人债务的责任

如果接受继承的不止一人，则共同继承人必须按照各自继承遗产的份额，比例分担清偿被继承人债务的责任。

① 法定继承方式中的债务清偿

在若干法定继承人依照选定继承方式接受继承的情况下，清偿被继承人的债务时，原则上应当按照各法定继承人实际继承的遗产份额多少比例分担。但是，由于各法定继承人的经济状况差别不等，可能有的生活特别困难，有的部分或全部丧失了劳动能力又无生活来源，分割遗产时就应合情合理地确定各法定继承人承担的清偿被继承人债务的责任。

在法定继承方式中，如果参加继承的不仅有法定继承人，而且还有代位继承人，因此，在确定法定继承人和代位继承人应承担的清偿被继承人所欠债务的责任时，不能笼统地按法定继承人和代位继承人的人数多少而均摊清偿被继承人债务的责任，而只能根据代位继承人有权继承的遗产份额的多少，相应地确定代位继承人应当承担的清偿被继承人债务的责任。

② 遗嘱继承方式中的债务清偿

由于遗嘱继承是直接根据被继承人在遗嘱中指定的继承人范围和继承份额而分割遗产的，因此，各遗嘱继承人所继承的遗产份额可以是均等或不均等的，他们所承担的清偿被继承人债务的责任亦可能与其取得的遗产份额成比例或不成比例。如果被继承人已经在其设立的遗嘱中指定了各遗嘱继承人所继承的遗产份额和各遗嘱继承人所承担清偿被继承人债务的具体责任，那么，无论这两方面的指定是否成比例，只要各遗嘱继承人均表示接受继承，他们就有义务在各自所得遗产份额的实际价值范围内承担清偿被继承人债务的责任。

（5）清偿被继承人债务不得取消特定继承人必要的遗产份额

依照我国继承法确立的养老育幼原则，分割遗产时，应当为缺乏劳动能力又没有生活来源的继承人保留必要的遗产份额。同样，在清偿被继承人的债务时也必须遵循这一法律准则，无论被继承人的遗产能否完全清偿其所负的债务，都不得取消继承人中缺乏劳动能力又没有生活来源的人必要的遗产份额，而应当为其保留适当的遗产，以保障其最低的生活实际需要。

（6）清偿被继承人的债务优先于执行遗赠

遗赠，系被继承人利用遗嘱的方式将其财产权利于死后赠予他人的法律行为。在被继承人负债的情况下，为了保障债权人的合法权益，必须对被继承人的遗赠行为加以必要限制，防止被继承人利用遗赠方式转移财产，从而损害其债权人的财产利益。因此，我国继承法第三十四条规定：“执行遗赠不得妨碍清偿遗赠人依法应当缴纳的税款和债务。”对清偿债务后的剩余财产部分，才能用于执行遗赠。

4. 清偿被继承人债务的具体方式

在司法审判实践中一般有两种清偿被继承人债务的方式。

（1）总体清偿方式

按照这种清偿方式的要求，继承人应当首先从被继承人的遗产中取出与被继承人所欠债务价值相等的财物，总体交付给债权人；然后，再按照各继承人应当取得的遗产份额的多少，分别扣除应由其负担的清偿被继承人债务的份额。这种清偿方式的优点在于：在分割遗产前一次性清偿被继承人所欠债务，有利于债权人的债权及时、完整地受偿，防止因遗产分割完毕致使债务得不到完全清偿而引起纠纷的发生。

（2）分别清偿方式

分别清偿方式，是指遗产已被分割后，由各继承人按照其所取得的遗产份额的比例，在遗产份额的实际价值范围内对其应当承担的清偿被继承人债务的责任份额，分别向债权人偿付。

5. 共同继承人对清偿被继承人债务的连带责任

在有数位继承人接受继承时，被继承人的债权人就有权请求共同继承人中的任何一人在遗产实际价值范围内向其清偿全部债务；共同继承人中的任何人均不得以任何借口拒绝债权人的请求。当共同继承人中的一人向债权人清偿了全部债务后，分割遗产时他便有权请求其他共同继承人按照各自所得的遗产份额分别扣回应当由其承担的债务清偿份额。

6. 遗产已被分割后的债务清偿

在被继承人的遗产尚未清偿债务而已经被继承人和受遗赠人分割的情况下，根据《最高人民法院关于贯彻执行〈中华人民共和国继承法〉若干问题的意见》第 62 条规定，遗产已被分割而未清偿债务时，如有法定继承又有遗嘱继承和遗赠的，首先由法定继承人用其所得遗产清偿债务；不足清偿时，剩余的债务由遗嘱继承人和受遗赠人按比例用所得遗产偿还；如果只有遗嘱继承和遗赠的，由遗嘱继承人和受遗赠人按比例用所得遗产偿还。

图书在版编目（CIP）数据

婚姻家庭法律指南 / 巫昌祯主编． —北京：中国社会出版社，2013.8
ISBN 978-7-5087-4500-8

Ⅰ. ①婚… Ⅱ．①巫… Ⅲ．①婚姻法—中国—指南 Ⅳ．① D923.9-62

中国版本图书馆 CIP 数据核字（2013）第 178409 号

书　　名： 婚姻家庭法律指南
主　　编： 巫昌祯
责任编辑： 白晓虹
策划编辑： 杨春岩

出版发行： 中国社会出版社　　　邮政编码：100032
通联方法： 北京市西城区二龙路甲 33 号
编辑部：（010）66061704
邮购部：（010）66081078
销售部：（010）66080300　（010）66085300
传　真：（010）66051713　（010）66083600
（010）66080880　（010）66080880
网　　址： www.shcbs.com.cn
经　　销： 各地新华书店

印刷装订： 中国电影出版社印刷厂
开　　本： 170mm×240mm　1/16
印　　张： 15.5
字　　数： 220 千字
版　　次： 2013 年 9 月第 1 版
印　　次： 2013 年 9 月第 1 次印刷
定　　价： 28.00 元